U0640524

运筹帷幄的兵学秘诀　决胜千里的谋略智慧

◎彩图全解◎

孙子兵法与三十六计

思履 主编

红旗出版社

图书在版编目(CIP)数据

彩图全解孙子兵法与三十六计 / 思履主编.
— 北京：红旗出版社，2017.3
ISBN 978-7-5051-4080-6
Ⅰ.①彩… Ⅱ.①思… Ⅲ.①兵法－中国－古代－通俗读物 Ⅳ.①E892.2-49
中国版本图书馆CIP数据核字（2017）第047178号

书　　名	彩图全解孙子兵法与三十六计		
主　　编	思　履		
出 品 人	李仁国	责任编辑	于鹏飞
总 监 制	高海浩	封面设计	子　时
出版发行	红旗出版社	地　　址	北京市朝阳区化工路18号
邮政编码	100727	编 辑 部	010-51274617
E－mail	hongqi1608@126.com		
发 行 部	010-57270296		
印　　刷	北京中创彩色印刷有限公司		
成品尺寸	720毫米×1020毫米　1/16		
字　　数	358千字	印　　张	20
版　　次	2017年5月第1版	2017年5月第1次印刷	
书　　号	ISBN 978-7-5051-4080-6	定　　价	56.00元

欢迎品牌畅销图书项目合作　　联系电话：010-57274627
凡购本书，如有缺页、倒页、脱页，本社发行部负责调换

前言

"用兵如孙子，策谋三十六"，《孙子兵法》与《三十六计》代表着我国古代军事理论的最高水平。它们所体现出的丰富的智慧和内涵，使其影响已远远超出军事学领域，不但为中外政治家、军事家学习和运用，而且被众多哲学家、文学家和企业家所借鉴，并成为人们日常生活的精神指导和成功指南。

《孙子兵法》的作者孙武，字长卿，孙子或孙武子都是对他的尊称。他是中国军事学的奠基人，古人称他为"兵圣"。孙武的生卒年月在历史上没有明确的记载，我们只知道他生于春秋晚期，出生地是齐国，活动于公元前 6 世纪末至公元前 5 世纪初，大约和孔子同时期。孙武从事军事活动是他由齐国到了南方的吴国以后，经吴国名将伍子胥推荐，和伍子胥一同辅助吴王治国练兵。当时吴王阖闾非常欣赏孙武和他著成的兵法十三篇，想看看兵法十三篇的可操作性，于是集合了吴宫一百八十名宫女请孙武训练。被娇宠惯了的两个任队长的吴王宠姬，三令五申之后仍然嬉戏无度，不听号令。孙武随即严命斩首，吴王出来说情也无效，结果一百八十名宫女被训练得令行禁止，纪律严明。之后，孙武担负起吴国的军国重任，他率领吴军西破强大的楚国，北方与齐晋抗衡，对吴国的崛起起了十分重要的作用。他所著的《孙子兵法》被喻为"兵经"、"百世谈兵之祖"，历代兵学家、军事家甚至政治家无不从中汲取养料，曹操、唐太宗、宋仁宗、王阳明、张居正等都曾力主学习此书。在国外，人们对《孙子兵法》更是推崇备至。不少国家的军校把它列为教材，比如美国的国防大学、西点军校、海空军指挥学院等就把《孙子兵法》列为战略学和军事理论的必读书。在商业领域，《孙子兵法》也是大放异彩，哈佛商学院将《孙子兵法》列为高级管理人才培训的必读教材，日本的"经营之神"松下幸之助更是将其奉为圭臬，他的经营思想中无不渗透着《孙子兵法》的军事精华。

《三十六计》是根据我国古代卓越的军事思想和丰富的斗争经验总结而成的兵书，是我国古代兵家计谋的总结和军事谋略学的宝贵遗产。该书在 20 世纪 40

年代之前，未见诸任何文献记载，因此无法确切考证是何人何时所著。据很多学者称是南北朝时檀道济所著。“三十六计”一语，出自《南齐书·王敬则传》，《传》云：“檀公（道济）三十六策，走为上计，汝父子为唯应走耳。”意思是王敬则讽刺东昏侯父子，败局已定，无可挽回，唯有退却，才是上策。《三十六计》蕴含了丰富的军事斗争经验和卓越的军事思想，集“韬略”、“诡道”之大成，素有兵法、谋略奇书之称，是古代兵家行军作战的决胜宝典。它蕴含着丰富的东方智慧，曾使中国历史多次被改写，并以独特的魅力影响着世界的政治、经济和军事，使世界无数政治家、企业家、军事家扬名于天下。法国海军上将科拉斯特称赞它是一本“小百科全书”，系统形象地描绘了“诡道的迷宫”，而日本人则称其为“运筹帷幄的诀窍”。它既是政治家、军事家的案头书，也是企业家与商人在商海中进退自如的法宝。

时至今日，《孙子兵法》与《三十六计》已被译为近30种文字在世界范围内广泛流传。本书将这两部经典著作合二为一，在原著基础上增设了注释、译文、实用谋略等栏目，在重现古典兵书原貌的同时，以现代视角对古典计谋进行全新解读。同时，为了帮助读者全面深入地理解这两部内容博大精深的著作，编者还精心绘制了800余幅精美插图，这些图分为战例示意图、战略解析图和人物事迹图。战例示意图是随文列举历代最经典的战例，绘制成战争双方军力部署、进退虚实以及天候地理的情况，以实际战例加深读者对原著的理解。战略解析图是随文绘制的用《孙子兵法》与《三十六计》解析著名战役战略思想的系列图表，使读者更加直观地掌握这两部著作所蕴含的令人惊叹的谋略智慧。人物事迹图生动再现了历史上著名的军事战争和政治斗争以及重大历史事件中的人物活动，让读者感受接近真实的历史情景，通过真实的人和事具体而微地学习《孙子兵法》与《三十六计》的用兵之道中所承载的普遍哲理。

科学简明的体例、充满智慧的文字、精美珍贵的图片、注重传统文化与现代审美的设计理念，多种视觉要素有机结合，打造出一个彩色的阅读空间，全面提升本书的欣赏价值和艺术价值。通过阅读本书，可以帮助读者在竞争日益激烈的当代社会里纵横捭阖、游刃有余，真正实现运筹帷幄之中，决胜千里之外。

目录

孙子兵法

三十六计

孙子，名武，字长卿，中国古代著名军事家、哲学家，被后世尊称为“兵圣”，其光辉的军事思想为古今中外军事家所尊崇。

孙子兵法

计 篇

【原文】

孙子曰：兵者①，国之大事，死生之地，存亡之道，不可不察也。

故经之以五事②，校之以计而索其情③：一曰道，二曰天，三曰地，四曰将，五曰法。道者，令民与上同意也④，故可以与之死，可以与之生，而不畏危。天者，阴阳、寒暑、时制也⑤。地者，远近、险易、广狭、死生也⑥。将者，智、信、仁、勇、严也⑦。法者，曲制、官道、主用也⑧。凡此五者，将莫不闻⑨，知之者胜，不知者不胜。

故校之以计而索其情，曰：主孰有道？将孰有能？天地孰得？法令孰行？兵众孰强？士卒孰练？赏罚孰明？吾以此知胜负矣。

将听吾计⑩，用之必胜，留之；将不听吾计，用之必败，去之。

计利以听⑪，乃为之势，以佐其外⑫。势者，因利而制权也⑬。

【注释】

孙子曰：兵者，国之大事，死生之地，存亡之道，不可不察也。

①兵：原指兵器。这里指战争。②经之以五事：指从道、天、地、将、法这五个方面对制胜的条件和因素进行分析研究。经，度量、衡量。③校（jiào）之以计而索其情：衡量敌对双方的各种条件，从中探求战争胜负的情形。校，通“较”，衡量、比较。计，指下文“主孰有道”等“七计”。④令民与上同意：使民众与国君的意志相一致。⑤阴阳：指昼夜、晴雨等天时气象的变化。寒暑：指寒冷、炎热等气温的波动。时制：指四季时令的更替。⑥远近、险易、广狭、死生：指路程的远近、地势的险阻或平坦、作战场地的宽阔或狭窄、地形是否有利于攻守进退。⑦智、信、仁、勇、严：指将帅的才能智谋、赏罚有信、爱护部属、勇敢果断、纪律严明等条件。⑧曲制：指有关军队组织编制等方面的制度。官道：指有关各级将官的职责区分、统辖管理等方面的制度。主用：指有关各种军需物资后勤保障的制度。主，掌管。用，物资费用。⑨闻：知道、了解。⑩将听吾计：有两种解释，一说“将”是“听”的助动词，表示假设；一说

兵者，国之大事，死生之地，存亡之道

战争是国家的大事，关系到国家生死存亡。所以，制定策略应对战争，才能保证战争胜利，国家昌盛。

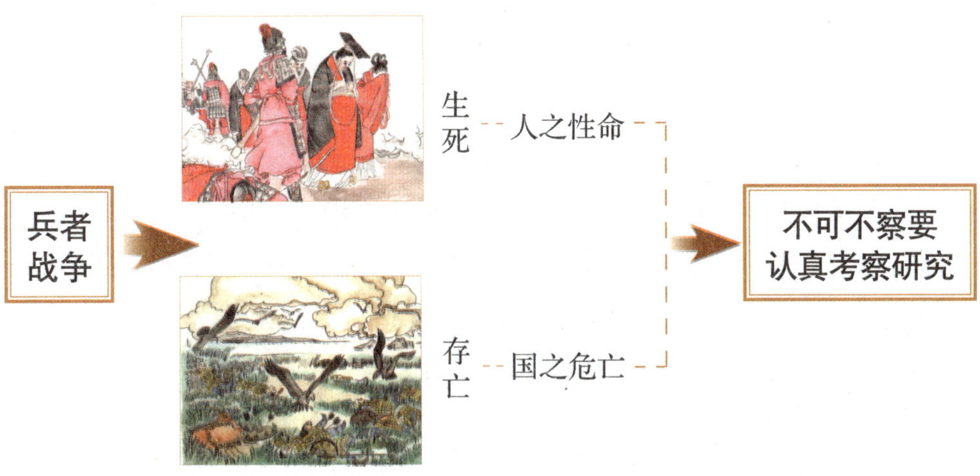

“将”指将领。这里取第一种解释。⑪ 计利以听：指有利的计策已经被采纳。计，这里指战争决策。以，同“已”。听，听从、采纳。⑫ 佐：辅助。⑬ 因利而制权：根据利害得失而掌握战场的主动权。

【译文】

孙子说：战争，是国家的大事，它关系到生死存亡，是不可以不详加考察和研究的。

所以，要从以下五个方面分析研究，从计谋上加以衡量，并从中探求战争胜负的情形：一是道，二是天，三是地，四是将，五是法。道，是使民众与君主的意志相一致，所以可以使民众与国君一同赴死，一同相养相生，而不会畏惧危险。天，是指阴阳、寒暑、四时的更替变化。地，是指征战路途的远近，地形的险阻与平坦，作战场地的广阔与狭窄以及哪里是死地、哪里是生地等。将，是指将帅是否足智多谋，是否赏罚有信，是否爱护部属，是否勇敢果断，是否军纪严明。法，是指军队的组织编制、各级将官的职责区分、军需物资的供应管理等制度规定。凡属这五个方面的情况，将领们没有不知道的。只有充分地了解，才能获胜；否则，就不能取胜。

所以，要从以下七个方面对敌我双方的情况进行研究分析，从中探求战争胜负的情形，包括：哪一方的君主更正义？哪一方的将领更有才能？哪一方占据了更多的天时地利条件？哪一方的法令能够更加切实地贯彻执行？哪一方的兵力更为强大？哪一方的士卒更加训练有素？哪一方的赏罚更加公正严明？我们根据这些，就可以推知谁胜谁负了。

如果能听从我的计谋，用兵就一定能够胜利，我就留在这里；如果不能听从我的计谋，用兵就必定会失败，我就离开这里。

有利的计策已经被采纳，还要设法造势，以辅助作战的进行。所谓“势”，就是根据对敌我双方利害得失的把握而掌握主动权。

【原文】

兵者，诡道也①。故能而示之不能②，用而示之不用，近而示之远③，远而示之近；利而诱之，乱而取之，实而备之，强而避之，怒而挠之④，卑而骄之⑤，佚而劳之⑥，亲而离之，攻其无备，出其不意。此兵家之胜⑦，不可先传也⑧。

夫未战而庙算胜者⑨，得算多也⑩；未战而庙算不胜者，得算少也。多算胜，少算不胜，而况于无算乎！吾以此观之，胜负见矣⑪。

【注释】

①兵者，诡道也：用兵打仗是一种诡诈、谲变的行为。诡，诡诈、奇诡。②能而示之不能：意即能打却故意装作不能打，能守却故意装作不能守。示，显示、假装。③近而示之远：本来要从近处进攻，故意装作要从远处进攻。④怒而挠之：意即对于暴躁易怒的敌将，要用挑逗的办法激怒他，使其失去理智，轻举妄动。挠，挑逗。⑤卑而骄之：意即对于鄙视我方的敌人，应设法使其变得骄傲自大，然后伺机将其击破。⑥佚而劳之：意即对于休整充分的敌人，要设法使其疲劳。佚，通“逸”。⑦胜：奥妙。⑧不可先传：指不可事先进行传授，意即只能在战争中根据实际情况加以灵活运用。⑨庙算：古时候出师作战之前，一般要在庙堂里举行会议，商议谋划作战方略，分析战争的利害得失，预测战争胜负，这就叫作“庙算”。⑩得算多：指具备很多取胜的条件。算，计数用的筹码，这里引申指获胜的条件。⑪胜负见矣：胜负的结果显而易见。见，通“现”，显现。

【译文】

用兵打仗是一种诡诈之术。所以，能打却装作不能打；能攻而装作不能攻；要打近处，却装作要在远处行动；要打远处，却装作要在近处行动。敌人贪利，

攻其无备，出其不意。

故经之以五事

从道、天、地、将、法五个方面分析研究战争胜负，方可制敌，赢取胜利。

赢得战争胜利须考量的五个方面

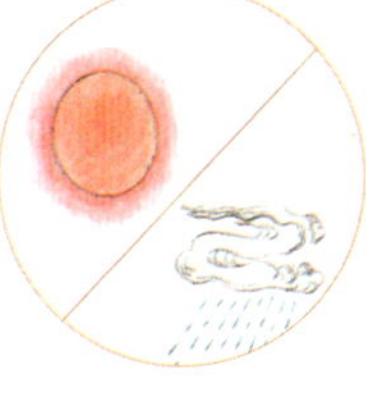
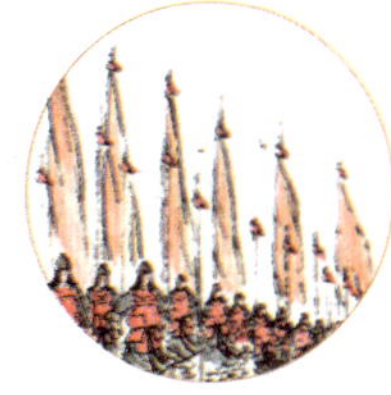

道

使民众与君主的意愿相一致，可与君主同生死。

天

季节、气候、天气条件。

地

地理条件。

将

将领素质。

法

军队组织编制，将帅职责区分，物资的供应管理等制度规定。

度量思考

主孰有道？将孰有能？天地孰得？法令孰行？兵众孰强？士卒孰练？赏罚孰明？

推断出战争胜负

就用利引诱它；敌人混乱，就乘机攻击它；敌人实力雄厚，就要注意防备它；敌人实力强劲，就暂时避开它的锋芒；敌人冲动易怒，就要设法骚扰激怒它；敌人鄙视我方，就要设法使其变得骄傲自大；敌人休整充分，就要设法使它疲困；敌人内部团结，就要设法离间它；要在敌人没有防备的地方发动攻击，要在它意料不到的时候采取行动。这是兵家取胜的奥妙所在，（其中的深意必须在实践中方能体会）是无法事先传授的。

凡是在开战之前就预计能够取胜的，是因为筹划周密，胜利条件多；开战之前就预计不能取胜的，是因为筹划不周，胜利条件少。筹划周密、条件具备就能取胜，筹划不周、条件缺乏就不能取胜，更何况根本不筹划、没有任何胜利条件呢？我们依据这些来观察，胜负的结果也就很明显了。

实用谋略

勾践灭吴

春秋末年，吴国和越国为争夺霸权，在公元前506年至公元前473年的三十多年间发生过多次交锋。公元前494年，吴王夫差在今浙江绍兴东南一带大败越国。越王勾践忍辱求和，一方面用卑屈的姿态麻痹夫差，一方面暗中积蓄力量，最后成功灭吴，一雪前耻。勾践灭吴的例子，在许多方面印证了《孙子兵法·计篇》的合理性与正确性。

吴国和越国是位于长江中下游的两个国家，崛起于春秋中后期。

公元前494年春，越王勾践讨伐吴国，结果为吴王夫差所败。勾践为保全越国，遂采纳大夫范蠡之计，派文种到吴国求和。文种到吴国后，极力劝说夫差答应议和。尽管吴大夫伍子胥极力反对，但夫差还是答应了越国的请求。

越王勾践卧薪尝胆。

其后，勾践将国家交给文种治理，自己则和妻子、范蠡一道入吴为人质，并做了夫差的奴仆。夫差为了羞辱勾践，就让他住在吴王阖闾坟前的一个小石屋中守坟喂马，有时还故意要他牵马从吴国百姓面前走过。勾践忍辱负重，毫无怨言，对夫差百依百顺，伺候得无微不至。文种则不时派人用厚礼贿赂吴太宰伯嚭，让他在夫差面前多多美言。夫差认为勾践是真心归顺，便在三年后将他释放回国。

勾践回国后，首先下了一道“罪己诏”，检讨自己轻率与吴国开战，致使许多百姓在战争中送命的行为。为了显示自己的诚意，勾践还亲自去慰问受伤的战士，抚养阵亡者的家属。

为了激励自己不忘雪耻，勾践特意睡在柴薪之上，并在屋中悬挂了一枚苦胆，每次吃饭之前都要先尝一尝。勾践和夫人与百姓同甘共苦，过着清贫的生活：勾践亲自下田耕作，夫人自己养蚕织布，他们吃饭不食鱼肉，所穿的衣服也不加修饰。

越国战败之后，人口锐减，经济上更是损失惨重，针对这一情况，勾践采取了休养生息的政策，以恢复国家的元气。勾践下令：妇女怀孕临产时要报告给官府，由官府派医生去看护；生男孩的人家奖赏两壶酒和一条狗，生女孩的人家奖赏两壶酒和一头小猪；生三胞胎的人家由官府出钱请乳母，生双胞胎的人家由官府补贴粮食。凡是死了嫡子的人家，免除三年的劳役；死了庶子的人家，免除三个月的劳役。勾践又减轻刑罚，鼓励百姓开荒种地，宣布十年之内免征赋税，每户人家都有三年的粮食储备。由于实行了“去民之所恶，补民之不足”的措施，越国百姓亲近勾践就像儿子孝敬父母一般。

在改革内政的同时，勾践继续对吴国采取怀柔的策略，不间断地送给夫差珍宝和美女。在送去吴国的美女之中，最得宠的就是西施。这一举措不仅消除了夫差对越国的戒备，也让其沉溺于财色之中，助长了他的骄气。勾践还暗中搞垮吴国经济，高价收购吴国的粮食，造成吴国的粮荒。勾践一直比较忌惮吴国那些贤能的股肱之臣，于是他巧用离间计让夫差疏远老臣伍子胥而更加宠信伯嚭。夫差刚愎自用，很轻易就中计了，对伍子胥的逆耳忠言越来越听不进去，后来又听信谗言，认定伍子胥要勾结齐国谋反，就派人给他送了一把宝剑，令他自杀。伍子胥嘱托门客，让门客等他死后把他的眼珠挖出来，置于东门之上，说自己要亲眼目睹吴国的灭亡。夫差这一自毁长城之举正中勾践下怀。

在取得一系列战争的胜利后，吴国领土得到了极大的扩展，夫差因此变得越来越骄狂自大，而勾践则静静地蛰伏着，随时准备给予敌人致命一击。

夫差完全没有看到越国的威胁，公元前 484 年，夫差听说齐景公去世，认为自己称霸中原的最佳时机已经到来，遂决定出兵北上伐齐，并在艾陵击败齐军。公元前 482 年，夫差又约晋定公和各国诸侯前往黄池（在今河南封丘西南）会盟，并带去了吴国三万精锐部队，只留下一些老弱军士同太子一起留守国内。

夫差的举国远征给了越国可乘之机。在吴军刚离国北上时，勾践就想出兵攻吴，被范蠡劝住，范蠡认为吴军离境不久，调头回师不难，越国应当暂缓出兵。数月之后，范蠡估计吴军已经抵达黄池，断定时机已经成熟，遂建议勾践率领越军四万九千人，兵分两路，一路切断北去吴军的归路，一路入侵吴国南部，进而直逼姑苏。

吴太子友得到越国来袭的消息，于是率兵到达泓上（今江苏苏州近郊），太子友知道吴国精锐尽出，国内空虚，决定不与越军交战，而是坚守待援，同时通知夫差尽快回军。然而部将不顾太子友坚守疲敌的主张，率军主动出击，虽然开始取得小胜，但最后却被越军打败。越军俘虏了太子友，趁势占领了吴国的国都姑苏。

夫差听说姑苏被占和太子被俘的消息时，正在与晋定公争夺霸主之位，为了封锁消息，他将前来报讯的人统统杀掉，并用武力威胁晋国让步，这才勉强做了霸主，然后又匆忙回军。然而，在归国途中，吴军士卒接连听到太子被杀、国都失守等消息，军心涣散，完全丧失了斗志。夫差感到现在反击没有必胜的把握，于是在途中派伯嚭向越国求和。勾践和范蠡估计己方的力量还不能立即消灭吴国，遂同意议和，然后撤兵回国。

夫差回到吴国后，自然咽不下这口恶气，本想马上报复越国，怎奈年年征战使国内经济遭受严重破坏，国内又接连闹起了灾荒，于是夫差宣布“息民散兵”，打算等待时机一雪前耻。

文种见到这一情况，担心等吴国实力恢复之后，要想再战胜它就很困难了，便建议勾践趁吴国疲惫、国内防务松弛之机，抓紧完成灭吴大业。勾践听完了文种的分析，采纳了他的建议，遂于公元前478年乘吴国大旱、仓廪空虚之机，再次进攻吴国。

与吴国决战前，勾践召集群臣进行了周密的部署，采纳了明赏罚、备战具、严军纪、练士卒等建议，做了充分的准备。勾践打出为国复仇的口号，赢得了越国人民的支持。并规定独子及体弱有病者免服兵役，家中有兄弟二人以上的留一人在家奉养父母。出师前又历数吴王夫差的罪状，使得全军士气高涨。

因为战前准备充分，又挟着上次得胜之威，越军一路势如破竹，所到之处尽数占领，一举消灭了吴军主力，彻底扭转了吴强越弱的形势。

吴军节节败退，最后固守姑苏，由于姑苏城防坚固，越军一时未能攻下，勾践便采取长期围困的战略。

外无援兵，内无粮草，吴军在苦苦坚持了两年后终于势穷力竭。越军趁势发起强攻，一举拿下姑苏城。夫差率残部逃到姑苏台上，眼看走投无路，只能派人向勾践求和。

勾践担心夫差效法自己忍辱负重，进而励精图治一雪前耻的例子，遂拒绝了

勾践与群臣商议灭吴。

他的请求。夫差见求和无望，最终自杀身亡，越国赢得了最终胜利，勾践也凭借灭吴之战成为春秋时期的最后一位霸主。

作为一个弱小的国家，越国能灭掉实力强大的吴国，具体原因有以下几点：

首先，越国能从失败中吸取教训，制定正确的发展方略，“去民之所恶，补民之不足”。与此同时，勾践以复仇雪耻为号召，激发了越国人民强烈的爱国热情，他们热烈拥护国君，积极参与到灭吴的战事之中，真正做到了“令民与上同意”。

其次，在战略上，面对强大的敌人，越国能够避其锋芒、韬光养晦，并通过采用休养生息的政策，既保存了实力，又极大地增强了国力，为最终战胜强敌创造了条件。

再次，在蛰伏等待时机的过程中，越国对吴国君臣进行了充分研究，并针对他们的弱点，分别采取了“利而诱之”、“强而避之”、“亲而离之”等策略，有效地麻痹了敌人，妄自尊大的夫差自毁长城，穷兵黩武，亲手将自己的国家和臣民推向万劫不复的深渊。

最后，越国等到时机完全成熟时才发起攻击，临战前又进行精心策划，采取了乘虚偷袭的作战方针，出其不意，攻其不备，一击致命，打得吴军只有招架之功，而无还手之力，最终赢得了这场战争的胜利。

通过这个事例我们不难看出，越国采用的许多策略都与《孙子兵法·计篇》所述的思想相符合。

【点评】

《计篇》中提出了三条兵学原则：一、“先计而后战”，即预先对决定战争胜负的基本条件进行详细研究；二、“以庙算胜”，即为实现上述基本条件而进行战略准备与筹划，从而提出了大战略思维；三、“攻其无备，出其不意”，即灵活机动，提高作战时的能动性。

“国之大事，在祀与戎。”“祀”是祭祀，“戎”就是战争。但我们研究战争，争取赢得最后胜利，不是为了战争本身，而是为了制止战争，是为了国家和民族的兴盛、人民的生命安全。这种对战争性质的深刻认识，对后世产生了极其深远的影响。

而且，这种对战争的认识，同样可以运用到我们的人生和事业当中——人总会面临诸如升学考试、就业选择乃至独立创业等人生的重大选择，它们关系着我们一生的幸福，故而必须作出正确的抉择。

在这种关键时刻，最重要的是什么？那就是精心研究一切主客观条件，对于难得的机遇一定要牢牢把握，这时候，我们也可以按照孙子提出的“五事七计”作出分析，努力为自己创造成功的条件。

比如运用到学习上，“五事”中的“道”，指学习的目的和目标；“天”和“地”，指应当具备的客观条件；“将”，指教师的教学水平；“法”，则指我们的学习方法。如果我们在学习中能对此进行全面的分析，发扬优势，改进不足，就能取得长足的进步。

人生大事亦如国家大事，不可不察。做好了这一点，我们就离自己的理想目标又迈进了一大步。

作战篇

【原文】

孙子曰：凡用兵之法，驰车千驷[①]，革车千乘[②]，带甲十万[③]，千里馈粮[④]；则内外之费[⑤]，宾客之用[⑥]，胶漆之材[⑦]，车甲之奉[⑧]，日费千金，然后十万之师举矣[⑨]。

其用战也胜[⑩]，久则钝兵挫锐，攻城则力屈[⑪]，久暴师则国用不足[⑫]。夫钝兵挫锐、屈力殚货[⑬]，则诸侯乘其弊而起[⑭]，虽有智者，不能善其后矣。故兵闻拙速，未睹巧之久也[⑮]。夫兵久而国利者，未之有也。故不尽知用兵之害者，则不能尽知用兵之利也。

【注释】

凡用兵之法，驰车千驷，革车千乘。

①驰车千驷（sì）：战车千辆。驰车，快速轻便的战车。驰，奔走。驷，原指同一车套四匹马，这里作量词，即辆。②革车千乘（shèng）：重车千辆。革车，又叫守车、重车，是专门用于运送粮食和器械的辎重车辆。乘，辆。③带甲：穿戴盔甲的士兵，这里泛指军队。④千里馈粮：辗转千里运送粮食。馈粮，运送粮食。馈，供应、运送。⑤内外：这里泛指前方和后方。⑥宾客之用：指与各诸侯国使节往来所花的费用。⑦胶漆之材：指制作和维修作战器械所需的物资材料。胶漆，是制作、保养弓矢器械的材料。⑧车甲之奉：指保养、补充武器装备的开销。车甲，车辆盔甲。奉，同“俸”，费用、花销。⑨举：出动。⑩用战也胜：指在战争耗费巨大的情况下用兵，就要求速战速胜。⑪力屈：力量耗尽。屈，竭尽、穷尽。⑫久暴师则国用不足：军队长期在外作战，国家的经济就会发生困难。暴，暴露。⑬屈力殚（dān）货：力量耗尽，财力枯竭。殚，枯竭。货，财货、财力。⑭弊：疲困，危机。⑮巧：巧妙，工巧。

【译文】

孙子说：大凡用兵，其规律是要出动轻型战车千辆，辎重车千辆，军队十万，还要跋涉千里运送粮食。那么前后方的用度，接待使节来宾的开支，胶、漆一类作战物资的供应，保养、补充武器装备的花销，每天的耗费多达上千金，然后十万大军才能出动。

故兵闻拙速，未睹巧之久也

行兵打仗只听说宁可粗略简单只求迅速取胜，没见过要求精巧而久拖战局的。速战速决才是胜负的关键。

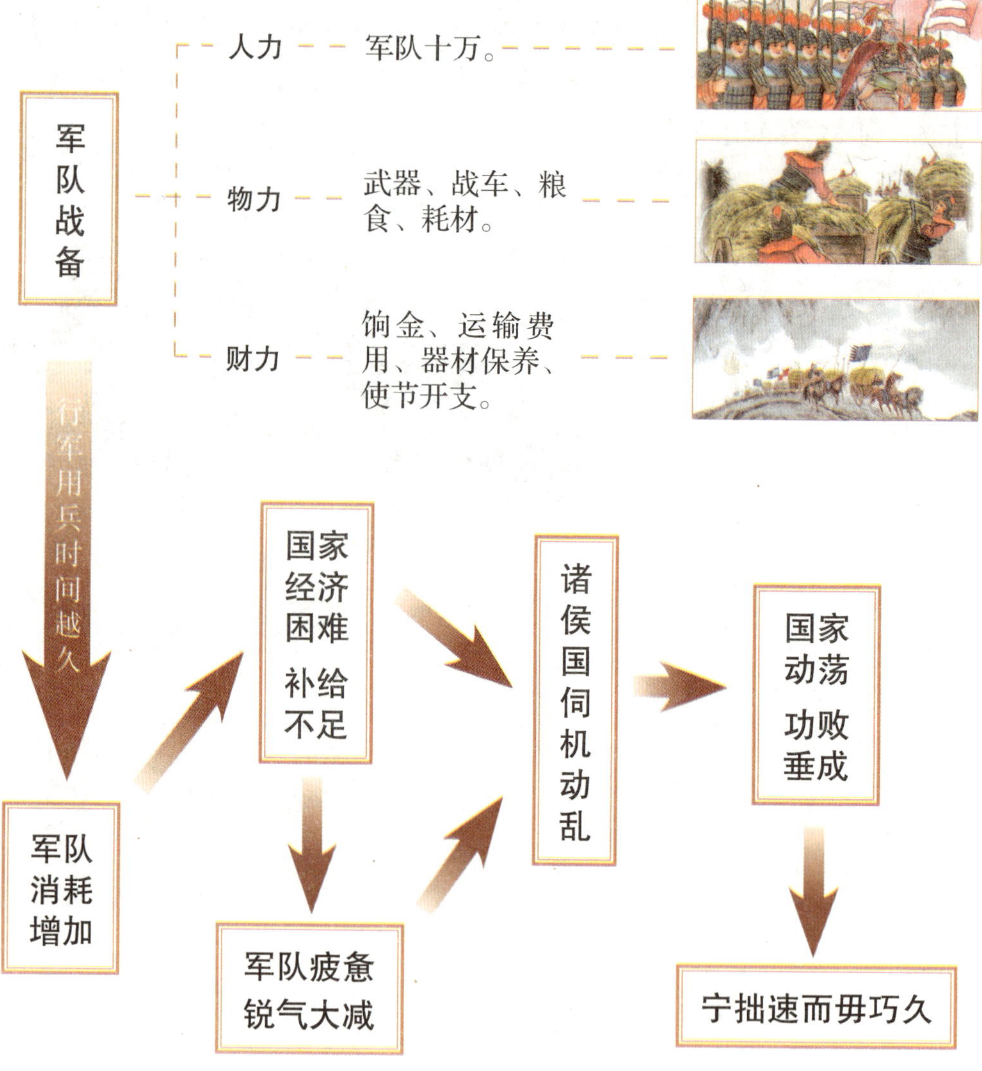

用这样庞大的军队去作战，就要求速战速胜，时间一久就会使军队疲惫、锐气挫伤；攻城会使力量消耗殆尽；军队长期在外作战，会造成国家财力的紧张。军队疲惫、锐气挫伤、国力耗尽、财力枯竭，那么其他诸侯就会乘此发兵进攻，到那时，即使有足智多谋的人，也无法收拾残局。所以，在用兵上只听说过有讲究战术简单而追求速胜的，没见过有讲究战术技巧而将战争拖得很久的。战事旷日持久而对国家有利的情形，从来就没有过。所以，不能完全了解用兵害处的人，也就不能完全了解用兵的益处。

【原文】

善用兵者，役不再籍①，粮不三载②；取用于国③，因粮于敌④，故军食可足也。

国之贫于师者远输⑤，远输则百姓贫。近于师者贵卖⑥，贵卖则百姓财竭，财竭则急于丘役⑦。力屈、财殚，中原内虚于家⑧。百姓之费，十去其七；公家之费，破车罢马⑨，甲胄矢弩⑩，戟楯蔽橹⑪，丘牛大车⑫，十去其六。

故智将务食于敌，食敌一钟⑬，当吾二十钟；萁秆一石⑭，当吾二十石。

故杀敌者，怒也；取敌之利者，货也⑮。故车战得车十乘已上，赏其先得者，而更其旌旗。车杂而乘之，卒善而养之，是谓胜敌而益强。

故兵贵胜，不贵久。

故知兵之将，生民之司命⑯，国家安危之主也⑰。

【注释】

因粮于敌。

①籍：本指名册，这里作动词，指征集兵员。②载：运输、运送。③取用于国：指武器装备等从国内取用。④因：依靠。⑤国之贫于师者远输：因为用兵而导致贫困的国家，远途运输是一个重要的原因。师，军队。⑥贵卖：意思是物价飞涨。⑦急：这里有加重的意思。丘役：军赋。丘，古代地方行政区划单位，一丘为一百二十八家。⑧中原内虚于家：国内百姓的家因为远途运输而变得贫困、空虚。中原，这里泛指国内。⑨破车：战车破损。罢（pí）马：战马疲敝。罢，同“疲”。⑩甲胄（zhòu）矢弩：泛指装备战具。甲，铠甲。胄，头盔。矢，箭。⑪戟（jǐ）楯（dùn）蔽橹（lǔ）：泛指各种攻防兵器。戟，古代一种兵器的名称。楯，同“盾”。蔽橹，攻城时用作屏蔽的大盾牌。丘牛大车：指辎重车辆。⑫丘牛：从兵役中征集来的牛。⑬钟：容量单位，每钟相当于六十四斗。⑭萁（qí）秆：泛指牛、马等牲畜的

饲料。萁，同“萁”，豆秸。秆，禾茎。石（dàn），古代容量单位，三十斤为一钧，四钧为一石，即一百二十斤为一石。⑮ 取敌之利者，货也：想要使军队勇于夺取敌人的财物，就要先用财货来奖赏士卒。利，财物。货，财货，这里指用财货进行犒赏，以调动官兵杀敌的积极性。⑯ 生民：泛指民

国之贫于师者远输

国家会因用兵而招致贫困。因此善于用兵的人，就会尽量缩短出征的时日，减少战争的损耗，保留实力，稳定国情。

导致国家衰弱的连锁反应

出兵导致国家贫困

远途运输

国家耗损严重 国力衰微

近军处物价飞涨

民不聊生 百姓人力耗尽

物资补给不足 百姓生活艰难

为保证补给而增加赋税

于私

百姓财物耗去七成。

于公

公家资产（战车、战马、武器等）耗损六成。

众。司命：星宿名，传说中主死亡，这里喻指命运的主宰。⑰主：主宰。

【译文】

善于用兵的人，不一再征集兵员，不多次运送粮草；武器装备等从国内取得，粮草则在敌国解决，这样，军队的粮食供应就得到满足了。

国家之所以会因为用兵而变得贫困，远途运输是重要原因，远途运输就会使百姓陷于贫困。临近军队的地区物价飞涨，物价飞涨就会使百姓财力枯竭，百姓财力枯竭，就更加急迫地征收赋税。国力耗尽，财政枯竭，国内就会家家空虚。百姓的财力，将会耗去十分之七；政府的财力，由于车辆破损、战马疲惫，装备、兵器、战具的补充以及辎重车辆的征调，要耗去十分之六。

所以，明智的将帅务求在敌国就地解决粮食的供给问题。消耗敌国一钟粮食，相当于从本国运送二十钟粮食；消耗敌国一石饲料，相当于从本国运送二十石饲料。

要想使士兵奋勇杀敌，就要激发他们同仇敌忾的勇气；要想夺取敌人的物资，就要用财货奖赏士卒。因此在车战中，缴获战车十辆以上，要奖赏最先夺得战车的士兵，并且更换战车上的旗帜，混入自己的战车编队之中。对于俘虏，要善待和供养他们。这就是所谓战胜敌人而使自己的力量更加强大。

所以用兵贵在速胜，而不宜旷日持久。

所以精通用兵之道的将帅，是民众命运的掌握者，是国家安危的主宰者。

实用谋略

诸葛亮陇上抢割新麦

古代生产力落后，军事物资相对而言比较匮乏，将领都会尽量降低本国资源的消耗，而想方设法从敌人手中夺取粮食，来保障我军的粮草供应和需求。下面这个故事就很好地展示了何谓“取用于国，因粮于敌”。

公元231年二月，诸葛亮率领十万大军，四出祁山，继续进行伐魏大业，司马懿率张郃、费曜等大将迎战，两军就此展开了对峙。

诸葛亮兵至祁山后，发现魏军早有防备，便对众将说：“孙子曰：‘重地则掠。’深入敌人的腹地，就要掠取敌人的粮草来补充自己。现如今，我们长途远征，粮草供应不上，但据我估计，陇上的麦子已经成熟，我们可以秘密派兵去抢割陇上的麦子。”计议已定，诸葛亮便留下王平、张嶷等人守卫祁山大营，亲率姜维、魏延等部将直奔上邽。

这时，司马懿率大军赶到祁山，却不见蜀军出战。司马懿心中疑惑，又得到

诸葛亮陇上抢割新麦。

消息说有一支蜀军径往上邽而去，立刻恍然大悟，急忙引军去救上邽。

诸葛亮火速赶到上邽后，驻守上邽的魏将费曜领兵出战，姜维和魏延皆是当世勇将，他们将费曜打得大败。

趁此机会，诸葛亮命令手下三万精兵手执镰刀、驮绳，抢在司马懿大军到来之前，把陇上的新麦全都收割掉了，然后运到卤城打晒。

司马懿棋差一招，失去了陇上的新麦，心有不甘，于是和副都督郭淮引兵前往卤城，打算偷袭蜀军，趁乱夺回新麦，最好还能生擒诸葛亮。

而诸葛亮对此早有防备，他让姜维、魏延、马忠、马岱四将各带两千人马，埋伏在卤城东西的麦田之中。等到魏兵抵达卤城城下时，只听一声炮响，伏兵四起，蜀军主力趁势从城内杀出。司马懿在部将的护卫下拼死力战，总算突出重围，狼狈逃回大营。

【点评】

在《作战篇》中，孙子着重论述了战争给国家带来的影响。

孙子所在的年代，生产力低下，维持一支庞大的军队和进行旷日持久的战争往往会给国家和人民带来难以估量的负担和损失。因此，如何认识战争给国家带来的利与害，如何最大程度地减少战争给国家经济带来的不利影响，也就成为兵家的探究方向和追求的根本。

在《作战篇》中，孙子在分析了战争的持久可能给国家带来的一系列损害之后，提出了速胜的军事思想，认为用兵宁可“拙速”，不能“巧久”。接着，他又讲到了减少战争负担的具体方法，也就是“因粮于敌”，尽量在敌人的地盘上解决自己军队的吃用问题，将敌人的战车和士兵转化成为自己的力量，以实现“以战养战”的目的。

后人将“兵闻则速，未睹巧之久也”概括为“巧久不如拙速”的战争原则，

孙子着重论述战争给国家带来的影响。

历代兵家把它奉为圭臬。从战争所造成的损失和伤害来说，这无疑是正确的，尤其是普通人，与战争相伴随的鲜血与伤痛更是挥之不去的梦魇，而战争的代价最后也会转嫁到他们头上，自然会不遗余力地反对统治者穷兵黩武。

但就我们每个人来说，人生中有些事情着急是没用的，一个人的成长需要岁月的磨砺，知识需要长期学习、积累和不断更新，远大目标的实现更是需要坚持不懈的奋斗，等等。这就是“心急吃不了热豆腐”、“一口吃不成胖子”等俗语中所蕴含的深刻道理。

随着现代生活的节奏越来越快，社会的普遍心态也越来越浮躁，不少人一心只惦记着挣大钱、升高位，恨不能一夜暴富或者立马攀上世界之巅，或是不费吹灰之力就实现了人生的全部梦想。然而，这终究是不现实的，人生虽如白驹过隙，但终究是由一分一秒、一朝一夕慢慢累积起来的，要实现理想和目标，一定要有耐心，不要怕“巧久”，要使生活中的每一秒都变得充实起来。

谋攻篇

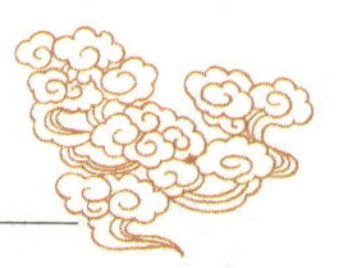

【原文】

孙子曰：凡用兵之法，全国为上，破国次之[①]；全军为上，破军次之；全旅为上，破旅次之；全卒为上，破卒次之；全伍为上，破伍次之[②]。是故百战百胜，非善之善者也[③]；不战而屈人之兵，善之善者也。

故上兵伐谋[④]，其次伐交[⑤]，其次伐兵[⑥]，其下攻城。

攻城之法为不得已。修橹辒辒[⑦]，具器械，三月而后成，距闉[⑧]，又三月而后已。将不胜其忿而蚁附之[⑨]，杀士三分之一而城不拔者，此攻之灾也。

故善用兵者，屈人之兵而非战也[⑩]，拔人之城而非攻也，毁人之国而非久也，必以全争于天下，故兵不顿而利可全[⑪]，此谋攻之法也。

故用兵之法，十则围之[⑫]，五则攻之，倍则分之，敌则能战之[⑬]，少则能逃之，不若则能避之[⑭]。故小敌之坚，大敌之擒也[⑮]。

【注释】

① 全国为上，破国次之：以自己实力为后盾，完整地使敌方降服为上策；而通过战争，攻破敌方城池则稍逊一筹。全，全部、完整。国，春秋时主要指都城，有时也包括外城及周围地区。② 伍：都是古代军队的编制单位。旧说一万二千五百人为军，五百人为旅，百人为卒，五人为伍。不过，春秋以后，各诸侯国军队编制不完全一样。③ 非善之善者也：不是好中最好的。④ 上兵伐谋：用兵的最高境界是用谋略战胜敌人。上兵，上乘的用兵之法。伐谋，以谋略攻敌赢得胜利。伐，进攻、攻打。谋，谋略。⑤ 伐交：指通过外交途径，分化瓦解敌人的盟友，巩固扩大自己的同盟，使敌人陷入孤立的境地，最后不得不屈服。⑥ 伐兵：以武力战胜敌人。⑦ 修橹轒（fén）辒（wēn）：制造大盾和攻城用的四轮大车。修，制作、制造。

全国为上。

橹，这里指藤革等材料制的大盾牌。辒，攻城用的四轮大车，是以桃木制成，外蒙生牛皮，可以容纳十余人。⑧距闉（yīn）：指为攻城做准备而堆积的高出城墙的土山。闉，同“堙”，土山。⑨蚁附之：指士兵像蚂蚁一样爬梯攻城。⑩非战：指不用交战的办法，而用“伐谋”、“伐交”等方法迫使敌人屈服。⑪顿：同“钝”，这里是疲惫、挫折的意思。⑫十则围之：有十倍于敌人的兵力，就要四面包围他。⑬敌则能战之：指同敌人兵力相等时，要设法战胜敌人。敌，这里指兵力相当、势均力敌。⑭不若则能避之：指当各方面条件均不如敌人时，要设法避免与敌交战。⑮小敌之坚，大敌之擒：力量弱小的军队，如果一味固守硬拼，就会为强大的敌人所俘虏。

【译文】

孙子说：大凡用兵的指导法则，使敌国完整地降服为上策，击破它就次一等；使敌军完整地降服为上策，击破它就次一等；使敌人全旅完整地降服是上策，击破它就次一等；使敌人全卒完整地降服为上策，击破它就次一等；使敌人全伍完整地降服为上策，击破它就次一等。因此，百战百胜，还不算是高明中的高明；不出战就能使敌人屈服的，才是高明中的高明。

上兵伐谋，其次伐交。

所以，用兵的上策是用谋略来战胜敌人，其次是在外交上封锁、孤立敌人，再次是直接出兵击败敌人，下策是攻打敌人的城池。

选择攻城是迫不得已的办法。建造攻城用的大盾和四轮大车，准备攻城的器械，费时三个月的工夫才能完成。而构筑攻城用的土山，又要花费三个月才能完成。如果主将不能控制自己愤怒焦急的情绪而驱使士兵们像蚂蚁一般爬梯攻城，士兵伤亡了三分之一，而城池未能攻克，这就是攻城所带来的灾难。

所以，善于用兵的人，使敌军屈服不是靠交战，夺取敌人的城池不是靠强攻，灭亡敌人的国家不是靠久战。一定要用全胜的谋略争胜于天下。这样，军队不会劳累疲惫，又能取得完满的胜利。这就是以谋略攻取敌人的法则。

所以，用兵的法则，拥有十倍于敌人的兵力就包围敌人；拥有五倍于敌人的兵力，就主动进攻；拥有两倍于敌人的兵力就设法分割敌人；兵力同敌人相当的，要设法战胜敌人；兵力少于敌人的，要设法摆脱敌人；各方面条件均不如敌人的，要设法避开敌人的锋芒。因此，弱小的军队如果一味固守硬拼，就会成为强大敌人的俘虏。

上兵伐谋

巧用谋略来取得胜利是用兵之道的最高境界。

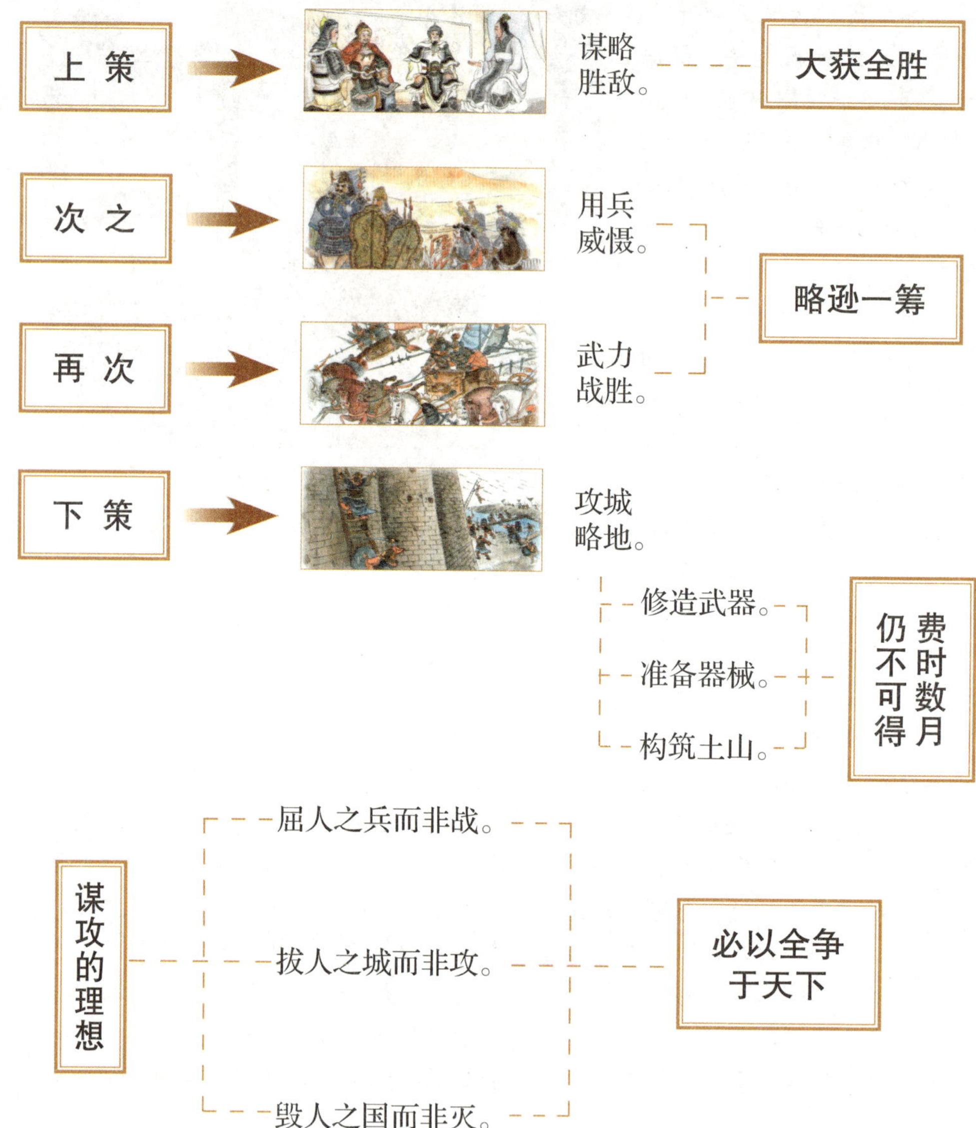

小敌之坚，大敌之擒

弱小的军队如果只知坚守硬抗，就可能成为强大敌人的俘虏。实力悬殊时，要灵活应对、见机行事，才能成事。

用兵之法

【原文】

夫将者，国之辅也[①]。辅周则国必强，辅隙则国必弱[②]。

故君之所以患于军者三[③]：不知军之不可以进而谓之进[④]，不知军之不可以退而谓之退，是谓縻军[⑤]。不知三军之事而同三军之政者[⑥]，则军士惑矣。不知三军之权而同三军之任[⑦]，则军士疑矣。三军既惑且疑，则诸侯之难至矣，是谓乱军引胜[⑧]。

故知胜有五：知可以战与不可以战者胜；识众寡之用者胜；上下同欲者胜[⑨]；以虞待不虞者胜[⑩]；将能而君不御者胜[⑪]。此五者，知胜之道也。

故曰：知彼知己者，百战不殆[⑫]；不知彼而知己，一胜一负；不知彼，不知己，每战必殆。

【注释】

①辅：辅助，这里引申为助手。②隙：缺陷、漏洞。③患：危害。④谓：告诉，这里是命令的意思。⑤是谓縻（mí）军：这叫作束缚军队。縻军，束缚军队，使军队不能相机而动。縻，束缚、羁縻。⑥同：共，这里是参与、干预的意思。政：这里指军队的行政。⑦权：权变、权谋。任：统率、指挥。⑧引：引导、导致。⑨同欲：同心、齐心。⑩以虞待不虞者胜：指自己在有准备的情况下对付没有准备的敌人就能获胜。虞，有准备。⑪御：驾驭，这里是牵制、干预的意思。⑫殆（dài）：危险，失败。

【译文】

将帅，是国君的助手。如果辅助周密得力，国家就必定强盛；如果辅助上有缺失疏漏，国家就必定衰弱。

国君可能对军队产生危害的情况有三种：不知道军队不能前进而强令军队前进，不知道军队不能后退而强令军队后退，这叫作束缚军队；不懂得军中事务而去干预军队的行政，就会使将士们产生迷惑；不懂得军事上的权谋机变而去干涉军队的指挥，就会使将士们产生疑虑。军队既迷惑又心存疑虑，那么其他诸侯乘机进攻的灾难就随之来临了，这就叫作扰乱自己的军队而导致敌人的胜利。

君患于军者三。

所以，能够预知胜利的情况有五种：知道什么情况下可以打，什么情况下不能打的，能够取得胜利；懂得根据兵力多寡而采取不同战法的，能够取得胜利；上下一心的，能够取得胜

将者，国之辅也

将帅是国君的左膀右臂，将帅能力的强弱，与君主关系的亲疏，都会影响国家的兴衰。

辅臣优劣可影响国家运势

良将

庸臣

辅佐周全

辅佐不周

与君主亲密

与君主疏离

五种可赢得胜利的情况

- 掌握合适的战机。
- 了解双方兵力。
- 全军一心，同心协力。
- 随时备战，攻敌不意。
- 重用和信任有才将领。

国君危害军队的三个可能

扰乱己军 助敌获胜

- 不了解军队行军状况而下令行军，致使军队受束缚。
- 使军队士兵困惑不知道军队事务而干涉内务。
- 使军队士兵疑虑不知道用兵权谋而干涉军队指挥。

利；事先有所准备来对付事先没有准备的，能够取得胜利；将帅贤能而国君不掣肘的，能够取得胜利。这五条，就是预知胜利的方法。

所以说，既了解敌人，又了解自己的，百战百胜；不了解敌人而了解自己的，胜负参半；既不了解敌人，又不了解自己的，每战必败。

实用谋略

赤壁之战

“谋攻”的思想主要包含两个层次：一个是“不战而屈人之兵”，一个是在不得已而用兵作战的情况下，尽可能减少损失，实现破中求全。赤壁之战中，孙、刘联军在敌强我弱不得已而用兵的情况下，巧施计谋，最终击败了强大的曹操。

曹操基本统一北方之后，于建安十三年（208）正月回到邺城（在今河北临漳西南），开始着手准备南征事宜。

为了解决后顾之忧，曹操一面逼汉献帝封自己为丞相，进一步巩固了自己的地位；一方面又上表天子册封驻守关中地区的马腾和马超父子，又令马腾及其家属迁至邺城作为人质，减轻了来自后方的威胁。

同年七月，曹操挥师南下，攻打荆州（约今湖北、湖南一带）。八月，荆州牧刘表病死，其子刘琮继位。当时，刘备依附于刘表，又三顾茅庐请诸葛亮出山，率军驻扎在樊城，准备抵御曹军的进攻。刘琮无能，唯恐不敌曹军，便背着刘备偷偷降了曹操。直到曹操大军抵达宛城时，刘备才意识到刘琮已降，心中又惊又怒，为了避免陷入孤立，只能弃城南逃。

刘琮手下不少人和荆州的百姓听说刘琮打算投靠曹操，于是纷纷归附刘备，随他一起逃走，结果大大延缓了刘备军队的行进速度。有人劝刘备扔下百姓先走，刘备心中不忍，断然拒绝，最后被曹军精骑追上。刘备兵微将寡，不敌曹军，只带着张飞、赵云、诸葛亮等数十骑逃走。曹军夺得刘备军马、辎重不计其数。

此时，孙权盘踞江东已久，当时还击败江夏守将黄祖，攻克夏口，占领了江夏数县，打开了西入荆州的门户，正相机吞并荆、益二州（成都）。听闻曹军南下，孙权遂派鲁肃前往荆州，劝说刘备与己方联合。此后，刘备与关羽水军会合，加上刘表长子刘琦所部一万余人，一起退守下口。

十月，曹操留曹仁驻守江陵，自己亲率大军南下。诸葛亮见形势危急，于是主动向刘备请求出使东吴，然后与鲁肃一同前往柴桑（在今江西九江西南）。刘备也移师长江南岸，驻军樊口。

曹操操练水军。

来到东吴后，诸葛亮故意用激将法刺激孙权，发现他并不愿受制于曹操，只是他看到对方人多势众，担心无法与之匹敌。于是诸葛亮就当前形势向孙权进行了详细分析，指出曹军有几项弱点：劳师远征，连续作战，士卒疲惫；曹军多为北方人，不习水战；时值初冬，粮草缺乏；水土不服，必生疾病。并表示只要利用好曹军的这些弱点，再联合刘备抗曹，是可以取胜的，孙权终于答应联刘抗曹。

曹操占领荆州之后，派人给孙权送来一封劝降书，其中隐含着恐吓之意。孙权立即召集群臣商议对策，以张昭为首的文官主降，而以老将黄盖为代表的武官坚决主战，两派各持己见，争论不休。孙权一时也难以决断，鲁肃则告诉孙权说，如果他自己投降曹操，还可继续为官，而孙权本为一方之主，即使投降，也不会为曹操所容，那些主张投降的人都是只顾自己利益，不足以采信。孙权认同了鲁肃的看法。

驻守鄱阳的周瑜听说此事后，星夜赶回，在孙权面前就曹军弱点逐一进行了分析，与诸葛亮的观点大致相同；继而指出来自中原的曹军不过十五六万，而且久战之下多已疲惫，而曹军中的荆州降卒七八万人与曹操并不同心，不会为曹操卖命死战。最后，周瑜表示只要自己统率五万精兵就可以战胜曹操。

至此，孙权终于下定抗曹决心，并当众拔剑砍下桌角，说："诸将吏敢复有言当迎操者，与此案同！"于是任命周瑜和程普为左右都督，命其率三万精锐水师与刘备共同抗曹，孙权本人则亲为后援，替大军运输辎重粮草。

十二月，周瑜率军与刘备在樊口会合，两军总共五万人一起逆水而上，行至赤壁，与正在渡江的曹军相遇。当时曹军中瘟疫流行，新编水军与荆州水军配合尚不默契，士气也较为低落，结果双方刚一交战，曹军即大败而回。初战不利，曹操不得不将战船停靠在长江北岸，继续操练水军，等待良机。周瑜则把战船停靠在南岸，隔长江与曹军对峙。

由于江面上风急浪颠，曹操军中的北方士兵晕船现象极其严重，更不要提作战了，曹操便下令用铁索将舰船首尾相连，中间搭上木板，这样，人马在船上行走如履平地。黄盖于是向周瑜建议说，如今敌众我寡，难以战胜敌人，现在曹军船舰首尾相连，正可采用火攻将其消灭。周瑜采纳了这一计策，并与黄盖上演了一出“苦肉计”。黄盖写信向曹操诈降，骗取了他的信任。

准备就绪后，黄盖率蒙冲（一种用于快速突击的小战船）、斗舰数十艘，上面满载干草，灌以油脂，并插上旌旗龙幡巧加伪装，乘着风势快速驶向曹军战船，曹军官兵毫无防备，还在引颈观望。在距离曹军二里处时，黄盖下令点燃柴草，自己则登上后面的战船，然后解开绳索，小船顺着大风如箭一般直接冲入了曹军水寨，风助火势，火借风威，曹军舰船被铁索相连，无法解开，霎时间变成了火海，大火还顺势蔓延至岸上的营寨，曹军人马烧死、溺死的不计其数。

对岸的孙刘联军趁机擂鼓向前，横渡长江，曹军士兵不敢恋战，纷纷逃命，曹操眼见败局已定，当即烧毁剩下的战船，引军从华容小道（今湖北监利北）退走，周瑜、刘备军队水陆并进，一直尾随追击。此战中曹军伤亡过半，孙刘联军取得了赤壁之战的胜利。

赤壁之战后，曹操失去了在短时间内统一全国的可能性，而孙刘两家则凭借此次大胜开始发展壮大各自的势力。可以说，赤壁之战对确立三国鼎立的局面具有决定性意义。

火烧赤壁。

实力上处于劣势的孙刘联军，能正确分析形势，针对曹军弱点综合运用《孙子兵法》所提出的“伐谋”、“伐交”、“伐攻”、“用间”、“火攻”等策略，最终成就了这场以少胜多、以弱胜强的著名战役。

知己知彼，百战不殆

既要掌握敌军情报，也要清楚我军情况，这样才能做到百战百胜。

掌握全面信息才可制胜

战机的判断。

军队规模和战术。

上下团结一致。

万全的准备。

有能力的将领。

	认识状况		结果
	对方(敌方)	自己(己方)	
1	○	○	百战百胜。
2	×	○	一胜一败。
3	×	×	一败涂地。

【点评】

在《谋攻篇》当中，孙子提出了“上兵伐谋，其次伐交，其次伐兵，其下攻城”的战略思想，在整部《孙子兵法》中，到处都渗透着孙子对于“全胜”的追求。将战争的成本降至最低，而将战争的收益扩至最大，这可以作为“全胜”的另外一种诠释。实际上，无论是“伐谋”、“伐交”、“伐兵”，还是“攻城”，都是“谋攻”的具体表现形式，是谋略的作品。战之万变，皆在谋中，而

不战而屈人之兵。

善用谋者，总能以最小的损失换得最大的胜利，最终达到“以全争于天下”的目的。

在军事领域中，“伐谋”关系着将士的生死、国家的存亡；在经济领域中，“伐谋”关系着企业的兴衰；在个人事业中，“伐谋”关系着事业的成败乃至人生价值的高低。要想建立事业、实现个人价值，务必要善于伐谋、精于伐谋，只有如此方能达到“不战而屈人之兵”的效果。

在《谋攻篇》的最后，孙子提出了一条战争中最为真实朴素的规律，即“知己知彼，百战不殆”。所谓“知己知彼”，就是把敌我双方的各方面条件加以估计比较，以探求战争胜败的形势。具体的分析方法便是《计篇》当中的“五事”和“七计”，这实际上是战争前不可逾越的一步，战争双方哪一方能够更加深入地去“知己”和“知彼”，哪一方的胜算也就更大。

而现在，这一原则早已超越了军事范畴，成为指导人们进行实践活动的基本规律。

用于商业，它要求全面了解对消费者的定位是否准确，自己的产品是否适应市场需求，主要竞争对手的情况等；用于求职，它要求全面了解自己的长处和短处，招聘单位的性质，面试时还包括考官的真实意图等；用于交际，它指导我们更全面地认识彼此，以免错失良友或遇人不淑；等等。我们甚至可以说，生活中时时处处都需要牢记“知己知彼，百战不殆”这条真理。

知彼固然不易，真正知己却更难，知己知彼自然难上加难，需要的是智慧、决心和勇气，还有最重要的实践。

形 篇

【原文】

孙子曰：昔之善战者，先为不可胜[①]，以待敌之可胜[②]。不可胜在己，可胜在敌。故善战者，能为不可胜，不能使敌之可胜。故曰：胜可知而不可为[③]。

不可胜者，守也；可胜者，攻也。守则不足，攻则有余[④]。善守者，藏于九地之下；善攻者，动于九天之上[⑤]，故能自保而全胜也。

见胜不过众人之所知[⑥]，非善之善者也；战胜而天下曰善，非善之善者也。故举秋毫不为多力[⑦]，见日月不为明目，闻雷霆不为聪耳[⑧]。古之所谓善战者，胜于易胜者也。故善战者之胜也，无智名，无勇功。故其战胜不忒[⑨]，不忒者，其所措必胜[⑩]，胜已败者也。故善战者，立于不败之地，而不失敌之败也。是故胜兵先胜而后求战，败兵先战而后求胜[⑪]。善用兵者，修道而保法，故能为胜败之政[⑫]。

兵法：一曰度[⑬]，二曰量[⑭]，三曰数[⑮]，四曰称[⑯]，五曰胜。地生度，度生量，量生数，数生称，称生胜。故胜兵若以镒称铢[⑰]，败兵若以铢称镒。胜者之战民也，若决积水于千仞之谿者，形也。

【注释】

①先为不可胜：先创造条件，使敌人不能战胜自己。为，造就、创造。不可胜，指我方不致被敌人打败。②待：等待、寻找、捕捉。③胜可知而不可为：指胜利是可以预知的，但敌人是否会出现破绽从而被我击败，则不是我所能决定的。④守则不足，攻则有余：采取防守的办法，是因为自身的力量处于劣势；采取进攻的办法，是因为自身的力量处于优势。⑤九地、九天：九地极言深不可测，九天极言高不可测。⑥见：预见。不过：不超过。知：认识。⑦秋毫：用来比喻最轻微的事物。⑧闻雷霆不为聪耳：能够听到雷霆声算不上耳朵灵敏。聪，指听觉灵敏。⑨不忒（tè）：意思是无疑误，确有把握。忒，失误，差错。⑩措：筹措、措置。⑪求胜：希求胜利，这里含有希望侥幸取胜的意思。⑫政：主其事叫作“政”，这里引申指决定、主宰。⑬度：度量土地幅员。⑭量：容量，这里指战场容量。⑮数：数量，指计算兵员的多寡。⑯称：权衡，这里指双方力量的对比。⑰镒（yì）、铢（zhū）：都是古代的重量单位。一镒为二十四两，一两为二十四铢。这里用来比喻两军实力的悬殊。

【译文】

孙子说：从前善于用兵的人，先创造条件使自己不被敌人战胜，然后等待可

故其战胜不忒，不忒者，其所措必胜。

以战胜敌人的时机。不被敌人战胜的主动权掌握在自己手里，能否战胜敌人则取决于敌人是否留下可乘之隙。所以，擅长作战的人，能（创造条件）使自己不被战胜，而不能保证敌人一定为我所战胜。所以说：胜利可以预见而不可强求。

不能战胜敌人的时候，就要加强防守；能战胜敌人的时候，就应该发起进攻。防守是因为取胜条件不足，

先为不可胜

善于用兵的人，先创造条件使自己不会被敌人战胜，然后等待可以战胜敌人的时机。

如何做到不可战胜

使自己立于不败之地

加强自身防务建设，形成牢固的防守形势。

战术上完善准备，使军队进可攻，退可守。

审时度势，对敌我双方实力进行综合对比。

整顿军纪，鼓舞士气，并对制度进行修整，使敌军没有可乘之机。

● 自保而全胜

确立优势地位，创造有利条件，先确保军队立于不败之地，再寻求敌人的可乘之机。

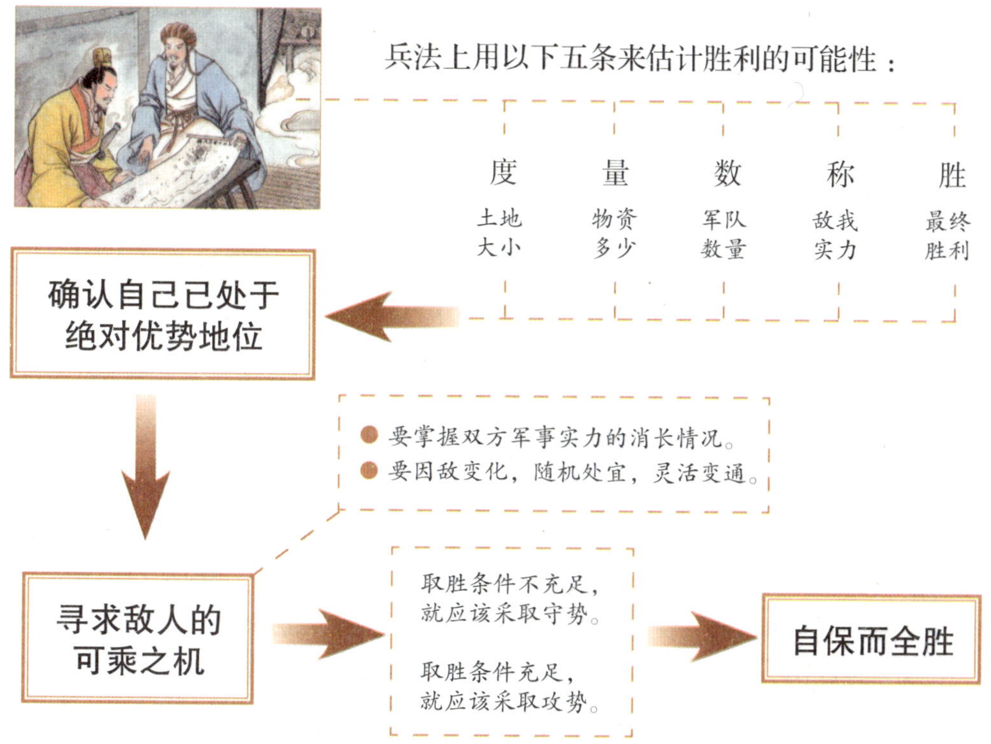

进攻是因为取胜条件有余。善于防守的人，就像深藏于地下（而使敌人无从下手）；善于进攻的人，就像从九天之上发动攻击（而使敌人无从逃避）。如此，就能自我保全，从而大获全胜。

对胜利的预见不超过一般人的见识，不算高明中的高明；因为战胜而被天下人说好，不算高明中的高明。这就像能举起秋毫的不算力大，能看见日月的不算眼明，能听到雷霆之声的不算耳聪一样。古时候所说的善战之人，都是战胜那些容易战胜的敌人。所以那些善战之人即使胜利了，也不会留下智慧的名声，不会表现为勇武的战功。他们取得胜利是毫无疑问的。之所以毫无疑问，是因为他们所采取的作战方略和部署是合理的，战胜的是已经处于失败地位的敌人。所以善战之人，总是确保自己立于不败之地，而又不放过任何击败敌人的机会。因此，胜利的军队总是先从各方面寻求战胜敌人的条件，然后与之交战；失败的军队总是先与敌人交战，然后才希求侥幸获胜。善于用兵的人，能够从各方面修治“先胜”之道，确保“自保而全胜”的法度，因而能掌握战争胜负的决定权。

兵法上用五条法则来估计胜利的可能性：一是“度”，二是“量”，三是

"数"，四是"称"，五是"胜"。根据战场地形的实际情况，作出利用地形的判断；根据对战场地形的判断，计算出战场容量的大小；根据战场容量的大小，计算出双方兵力的多寡；根据双方兵力的多寡，判断出双方军事实力的强弱；根据双方军事实力的强弱，判断出作战的胜负。所以，胜利的军队（对失败的军队），就好像以镒称铢（那样居于绝对优势的地位）；失败的军队（对胜利的军队），就好像以铢称镒（那样居于绝对劣势的地位）。胜利者在指挥军队作战时，就像决开了千仞之上的溪水（那样势不可挡），这就是所谓的"形"。

实用谋略

隋文帝先备后战灭陈国

孙子在论述攻和守时，强调首先要确保自己立于不败之地，然后寻求敌人的可乘之隙，最终在条件成熟的情况下，一鼓作气消灭敌人。隋文帝灭陈的事迹，便很好地体现了孙子的这一思想。

南北朝后期，当时的北周丞相杨坚受禅让而继帝位，建立隋朝，是为隋文帝。当时，南方陈朝与隋隔江对峙，而北部尚有游牧民族突厥不时南侵。尽管新建的王朝力量单薄，但隋文帝胸怀大志，决心先灭突厥，后灭陈国，一统天下。

为了增强国力，隋文帝在政治、经济等方面进行了一系列改革，他精简政府机构，鼓励农耕，提倡习武，在他的精心治理下，隋朝政权巩固，社会安定，人口增长迅速。

开皇三年（583），隋军北上攻打突厥，为了稳住陈朝，以免其趁机进攻，导致自己腹背受敌，隋文帝对陈朝采取了十分"友好"的策略：每次抓获陈国间谍，不但不杀，反而以礼相待并送还；如果有人前来投靠，只要是陈国人，必定加以拒绝。

在击溃了突厥之后，隋文帝开始着手灭陈大计。但中间隔着长江天险，如果贸然进攻，很难一举成功。"不可胜者，守也"，隋文帝不急不躁，在耐心等待时机的同时，不断为自己创造获胜的条件。

每到收获季节，隋文帝就调集大军，集结于长江沿岸，并大肆制造过江攻陈的舆论。陈朝只能每次都紧急征调人马，结果不得不放弃田里的农活，延误了农时，影响了收成。江南的粮仓多是用竹木搭建而成，隋文帝就派间谍偷偷潜入陈国纵火，陈国的粮仓多次被焚毁。这样过了几年，直接造成陈朝国库空虚，军队疲惫，国力日渐衰弱。

“守则不足，攻则有余。”面对上述有利形势，隋文帝判断灭陈的时机已经成熟，“可胜者，攻也”，于是果断任命杨素为水军总管，日夜操练水军。隋军屯兵大江前沿，每次换防时都故意虚张声势。陈军惊惧不已，以为隋军要渡江进攻，急忙调大军来防。时间久了，陈军疲于应付，劳累不堪，然而始终不见隋军进攻，渐渐地就放松了警惕。渡江前夕，隋军这边又派出大批间谍潜入敌国进行骚扰、破坏，搅得陈国军民不得安宁，士气自然也变得低落。

隋军横渡长江天堑。

开皇九年（589）大年初一，陈国正沉浸在节日的喜庆氛围之中，正是警惕性最低的时候，隋军却在大将贺若弼的率领下，于午夜时分悄然渡江，顺利登上京口城楼。另一大将韩擒虎也率领数百勇士摸黑渡江，占领了采石矶。隋军宛如从天而降的神兵，正是“善攻者，动于九天之上”。

而后，两军从东西两面沿长江向陈朝都城建康进军。南朝军队在战斗力上向来不及北方军队，加上疏于防备，一个个惊慌失措，不战而逃。隋军一路攻无不克，二十天后占领建康。至此，隋朝终于结束了西晋末年以来三百多年的分裂局面，统一了中国。

【点评】

《形篇》实际上是孙子“全胜”思想的一种延伸。在这里，孙子指出，胜利者与失败者在战争之前所处的形势就已经不同了。在战争中能够取得胜利的一方，往往在军事实力、外部环境、战前筹划等各方面都比对手高出一截，所以在开战之前就已经处于胜利的地位。

诚然，在历史上，以少胜多，以弱胜强的例子屡见不鲜，但《孙子兵法》讨论的是战争中的普遍规律，即实力决定着战争的主动权。实力的强大就像“决积水于千仞之溪者”，一旦倾泻下来，便势不可当。

然而，对于战争的胜负是否就完全由实力决定，孙子的态度还是十分谨慎的，他没有打保票，只是告诉我们：“不可胜在己，可胜在敌。”是不是能够打

孙子谈兵。

败敌人，这是由诸多因素决定的；但是，我们至少先要保证使自己立于不败之地。

战胜对手、获得荣誉当然令人神往，但其间的难度正如孙子所言：“胜可知而不可为。”做一件事到底能不能成功，自己本身可以决定一部分，剩下的则还要取决于其他因素。比如你可以通过刻苦学习，巩固并提高知识水平，但是当你走进考场之后，同学的水平也是会变化的，而考试过程本身也会出现不确定因素，因此是否能取得理想的名次或者成绩是没有绝对把握的。

客观地讲，没有人能绝对“立于不败之地”，因为你会这样想，对手也会这样想，甚至比你做得更好。但我们不必悲观绝望，凡事先打好基础，充分利用一切条件，尽最大努力，这样，成功的概率就大多了；即便是失败了，也可以问心无愧。

势 篇

【原文】

孙子曰：凡治众如治寡[①]，分数是也[②]；斗众如斗寡[③]，形名是也[④]；三军之众，可使必受敌而无败者[⑤]，奇正是也[⑥]；兵之所加，如以碫投卵者[⑦]，虚实是也[⑧]。

凡战者，以正合[⑨]，以奇胜。故善出奇者，无穷如天地，不竭如江河。终而复始，日月是也。死而复生，四时是也。声不过五，五声之变[⑩]，不可胜听也。色不过五，五色之变[⑪]，不可胜观也。味不过五，五味之变[⑫]，不可胜尝也。战势不过奇正，奇正之变，不可胜穷也。奇正相生[⑬]，如循环之无端[⑭]，孰能穷之[⑮]？

【注释】

① 治众如治寡：管理人数众多的部队就如管理人数很少的部队一样。治，治理、管理。② 分数：把整体分为若干部分，这里指军队的组织编制。③ 斗众：指挥人数众多的军队作战。④ 形名：指古时军队使用的旌旗、金鼓等指挥工具，这里引申为指挥。古代战场上投入的兵力多，分布面积很广，加上通讯不发达，临阵对敌时，将士们无从知道主帅的指挥意图和信息，所以主帅便用高举的旗帜

凡治众如治寡。

来让将士明白何时前进或后退等，用金鼓来节制将士进行或结束战斗。形，指旌旗。名，指金鼓。⑤必受敌：一旦遭受敌人进攻。必，一旦。⑥奇正：指古代军队作战的变法和常法，常法为“正”，变法为“奇”。含义甚广，简单来说，就是指常规战术和灵活变换的战术。⑦碫（duàn）：磨刀石，泛指石块。⑧虚实：指强弱、劳逸、众寡、真伪等，这里是以强击弱、以实击虚之意。⑨合：会合、交战。⑩五声：我国古代将宫、商、角、徵、羽五个基本音阶称为五声。⑪五色：我国古代以青、赤、黄、白、黑五种颜色为正色。⑫五味：指甜、酸、苦、辣、咸五种味道。⑬奇正相生：奇正之间相互依存、转化。⑭循环之无端：指奇正变化转换，循环不止，永无尽头。循，顺着。环，圆环。无端，无始无终。⑮穷：穷尽。之：代指奇正相生变化。

【译文】

孙子说：要想做到管理人数众多的军队像管理人数少的军队一样，靠的是好的组织编制；要想做到指挥人数众多的军队作战如同指挥人数少的军队作战一样，靠的是指挥号令的有力贯彻；要想使三军将士，即使受到敌人的攻击也不会溃败，要靠“奇、正”运用得当；要想使军队进攻敌人如同以石击卵一般，靠的是“以实击虚”的战略战术运用得当。

大凡作战，都是以正兵当敌，以奇兵取胜。所以，善于出奇制胜的人，其战法变化就如天地那样无穷无尽，如江河那样永不枯竭。终而复始，就像日月此起彼落；死而复生，就像四季交替更迭。声音不过是宫、商、角、徵、羽，然而这五个音阶的组合变化，却产生了听不胜听的音调；颜色的正色不过是青、赤、黄、白、黑，然而这五种颜色的配合变化，却产生了看不胜看的色彩；味道不过是酸、甜、苦、辣、咸，然而五种味道的调配变化，却产生了尝不胜尝的味道。战势，不过奇、正两种，然而这奇与正的变化，却无穷无尽。奇、正的变化，就像顺着圆环行走，没有起点和终点，谁能穷尽它呢？

【原文】

激水之疾[①]，至于漂石者，势也；鸷鸟之疾[②]，至于毁折者，节也[③]。是故善战者，其势险，其节短。势如彍弩[④]，节如发机[⑤]。

激水之疾，至于漂石者。

纷纷纭纭，斗乱而不可乱也[⑥]；浑浑沌沌，形圆而不可败也[⑦]。乱生于治，怯生于勇，弱生于强[⑧]。治乱，数也[⑨]；勇怯，势也；强弱，形也。故善动敌者，形之，敌必从之[⑩]；予之，敌必取之。以利动之，以卒待之[⑪]。

治众如治寡

只要编制合理，号令得当，治理再大的军队也如同治理一个小军队一样简单。

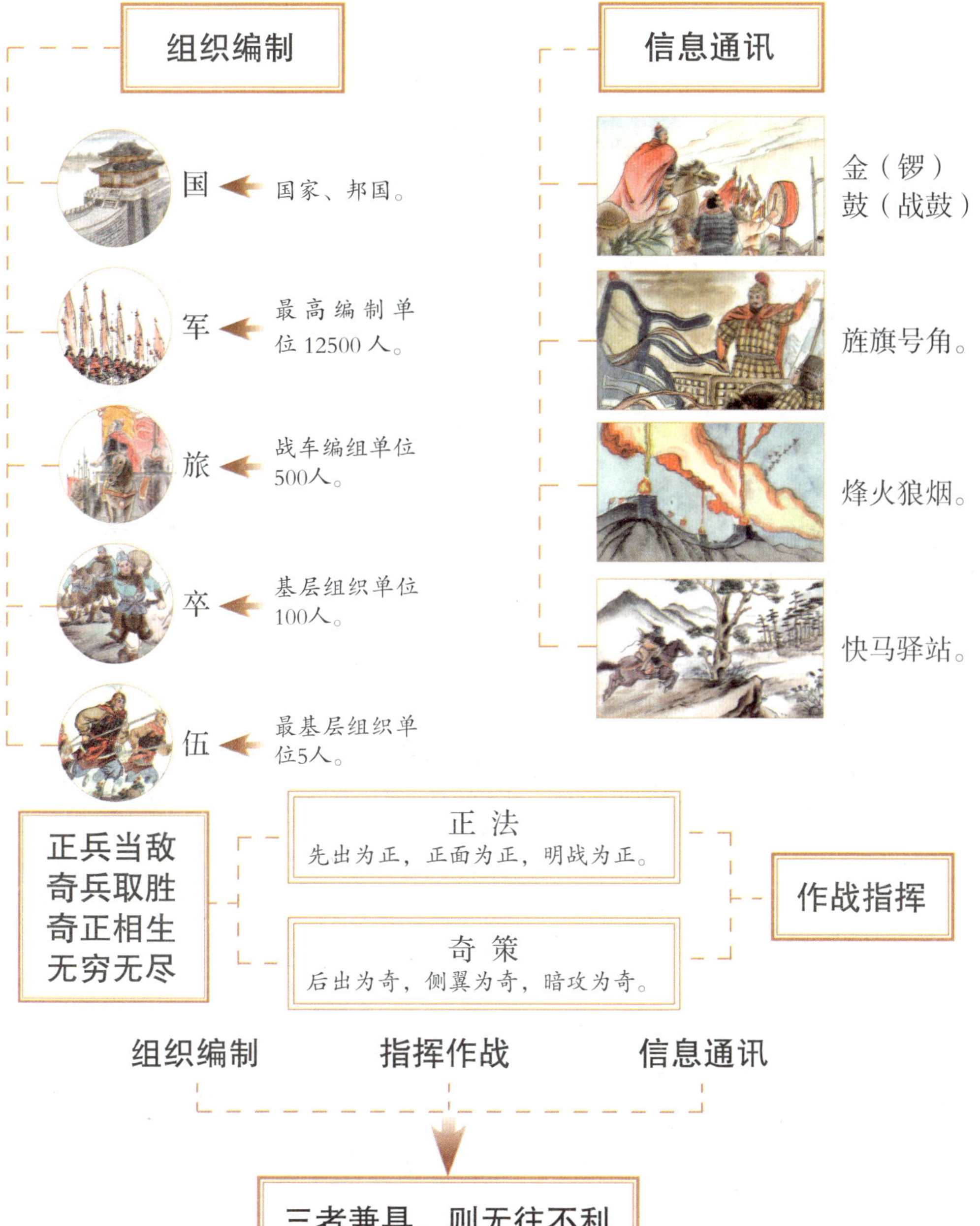

斗乱而不可乱也

即使再混乱的局面，都不能使己方变得混乱，要冷静沉着，以合适的谋略方式应对。

要擅于应对你的敌人

有严整的组织。

装作混乱示敌。

士卒勇猛有志。

装作怯懦示敌。

有强大的兵力。

装作弱小示敌。

1. 整治或混乱，由编制的好坏决定。
2. 勇敢或怯懦，由战势的得失产生。
3. 强大或弱小，由兵力优劣而形成。

1. 用假象迷惑敌人，敌人一定会上当。
2. 用利益引诱敌人，敌人一定会被诱惑。

用好处牵动敌人。

用伏兵伺机掩击敌人。

擅于牵制敌人

【注释】

①激水之疾：指湍急的水流以飞快的速度奔泻。疾，急速。②鸷（zhì）鸟：凶猛的鸟，如鹰、雕等。③节：节奏。④彍（guō）弩：指张满待发的弓弩彍。彍，把弓弩张满。⑤发机：触发弩机的机钮，将弩箭突然射出。机，弩机，古代兵器，“弩”的机件，类似于今天枪上的扳机。⑥斗乱：指在混乱的状态下作战。⑦形圆：指摆成圆阵，保持态势，部署周密，首尾连贯，与敌作战时应付自如。⑧乱生于治，怯生于勇，弱生于强：关于这句话有两种解释：一说，在一定条件下，“乱”可以由“治”产生，“怯”可以由“勇”产生，“弱”可以由“强”产生。一说，军队要装作“乱”，本身必须“治”；要装作“怯”，本身必须“勇”；要装作“弱”，本身必须“强”。这里取第一种解释。⑨治乱，数也：军队的治与乱，是由组织编制是否有序决定的。数，指军队的组织编制，即前面所说的“分数”。⑩形之，敌必从之：指用假象去迷惑敌人，敌人必定会判断失误而上当。形，即示形，将伪装的形态展示给敌人。⑪以利动之，以卒待之：指用小利引诱调动敌人，用伏兵等待敌人并一举将其击破。

【译文】

湍急的流水似飞快的速度奔泻，以致能把石块漂移，这是由于它强大的水势；猛禽从空中突然疾速俯冲下来，以致能使目标毁折，这是由于它节奏的迅猛。因此，善于指挥作战的人，他所造成的态势是险峻的，他的行动节奏是短促的。这种态势，就像张满弓弩；这种节奏，就像扣发弩机。

旌旗纷乱，人马混杂，在混乱的情形下作战，要能使自己的军队整齐不乱；在战局模糊不清、势态混沌不明的情况下作战，要部署周密而能应付四面八方的情况，保持态势让自己立于不败之地。在一定条件下，严整可以转化为混乱，勇敢可以转化为怯懦，强大可以转化为弱小。军队的严整与混乱，是由组织编制是否有序决定的；勇敢与怯懦，是由军队所处的态势决定的；强大与弱小，是由实力决定的。所以，善于调动敌人的人，制造假象来迷惑敌人，敌人一定会被他调动；给敌人一些小利，敌人一定会前来夺取。用利益来引诱调动敌人，再埋伏士兵伺机打击它。

【原文】

故善战者，求之于势，不责于人①，故能择人而任势②。任势者，其战人也③，如转木石。木石之性，安则静④，危则动⑤，方则止，圆则行。故善战人之势，如转圆石于千仞之山者，势也⑥。

【注释】

①不责于人：不苛求部属。责，苛求。②择人而任势：挑选适当的人才，充分利用形势。任，任用、利用。③战人：指挥将士作战。与《形篇》中“战民”的意义相同。④安：安稳，这里指地势平坦。⑤危：高峻、危险，这里指地势高峻陡峭。⑥势：指在“形”（军事实力）的基础上，发挥将帅的主观能动性，所造成的有利的军事态势和强大的冲击力量。

【译文】

所以，善于指挥作战的人，所寻求的是可以利用的“势”，而不会苛求部属，因而能选到合适的人去利用有利的形势。能够利用有利形势的人，他指挥将士作战，就像转动木头和石头那样。木头和石头的本性，放在平坦的地方就静止，放在高峻陡峭的地方就滚动；方形的木石就容易静止不动，圆形的木石就容易滚动。所以善于指挥作战的人所造成的有利态势，就如同把圆石从千仞的高山上推下来（那样不可阻挡），这就是所谓的“势”。

善战者，求之于势

善于指挥作战的人，会把精力专注于战势上。要善于创造和利用各种态势来制造胜利的机会。

利用“势”赢得胜利

善战者
求之于势，不责于人

实用谋略

淝水之战

大凡作战，都是以正兵当敌，以奇兵取胜。善于出奇制胜的人，其战法变化就如天地那样无穷无尽。东晋将领谢石在“淝水之战”中出奇制胜，便很好地体现了这一点。

东晋时，占据北方的前秦在贤臣王猛的辅佐下迅速强盛起来，秦王苻坚踌躇满志，一心想吞并偏安江南的东晋王朝。王猛去世前，再三告诫苻坚不要发兵攻打东晋。但没过多久，苻坚就把王猛的苦心叮咛抛在了脑后，欲以“疾风扫秋叶”之势一举荡平东南，完成大统。

公元383年八月，苻坚不顾群臣反对，亲率步兵六十万、骑兵二十万、羽林军三万从长安南下；又命梓潼太守裴元略率水师七万从巴蜀顺流东下，向建康进军。苻坚骄狂地宣称：“以吾之众旅，投鞭于江，足断其流。”意思是把队伍里所有的马鞭投到江里，就能截断水流。

面对这生死存亡的危急关头，东晋王朝中以丞相谢安为首的主战派决意奋起抵御。晋帝任命谢安之弟谢石为征讨大都督，谢安之侄谢玄为先锋，率领战斗力较强的“北府兵”（东晋战斗力最强的主力军，是从北方的流亡移民中选拔精壮者，经过严格训练而建立起来的一支军队）八万迎击秦军主力；派胡彬率领水军五千火速增援战略要地寿阳（今安徽寿县）；任命桓冲为江州刺史，率十万晋军于长江中游地区阻截顺江东下的秦巴蜀军。

十月十八日，苻坚之弟苻融率前锋部队攻占寿阳，并俘虏了守将徐元喜。苻坚一到寿阳，就派原东晋降将朱序前往晋军大营劝降。然而，令苻坚万万想不到的是，朱序到晋营后不但没有劝降，反而向谢石提供了秦军的情况，并献策说：“秦军虽有百万之众，但还在进军之中，如果兵力集中起来，晋军将难以抵挡。应该趁秦军尚未全部抵达的时机，迅速发起进攻，只要能击败其前锋部队，挫其锐气，就能击破前秦百万大军。”谢石认为朱序的分析很有道理，便采纳了他的建议，改变先前制订的坚守不战、待敌疲惫再伺机反攻的作战方针，决定转守为攻，主动出击。

十一月，谢玄派刘牢之率精兵五千奔袭洛涧，揭开了淝水之战的序幕。秦将梁成率部五万在洛涧边上列阵迎敌。刘牢之分兵一部迂回到秦军阵后，切断其归路；自己则亲率士兵强渡洛水，猛攻秦阵。秦军不敌，勉强抵挡了一阵便土崩瓦

淝水之战。

解，死伤达一万五千余人，主将梁成战死，余下的官兵争先恐后渡过淮河逃命去了。

洛涧大捷令晋军士气空前高涨。谢石趁势水陆并进，直抵淝水（今淝河，在安徽寿县南）东岸，在八公山边扎下大营，与寿阳的秦军隔岸对峙。苻坚在寿阳城上，看到晋军军容严整，行阵整齐，心中有些惊慌，误把淝水东面八公山的草木也当成是晋兵了。他对弟弟苻融说："这是劲敌！怎能说他们是弱敌呢？"于是命令部队坚守河岸，等待后续援军的到达。

谢石看到敌众我寡，知道只能速战速决；但秦军紧逼淝水西岸布阵，晋军无法渡河交战，此时他心生一计，便派使者去见苻融说："将军率军深入晋地，却紧逼河岸布阵，难道是想长久相持，而不打算速战速决吗？不如你把阵地稍稍向后移，空出一块地方，让我军渡过淝水，双方一决胜负，如何？"

秦军诸将都表示反对，但苻坚认为己方可以将计就计：先让军队稍向后退，等到晋军渡河渡到一半时，突然以骑兵冲杀，晋军进退两难，又无法组织起有效的抵抗，必败无疑。这也是兵法上常用的一招。

苻融对苻坚的计划表示赞同，于是答应了谢石的要求，指挥秦军后撤。但秦兵人数众多，加上多是被强行征至前线卖命，士气低落，结果一后撤就失去了控制，阵势大乱。谢玄率领八千多骑兵，趁势抢渡淝水，向秦军发起了猛烈进攻，这正是"善战者，其势险，其节短。势如 弩，节如发机"。

与此同时，身处秦军阵后的朱序大声喊道："秦兵败了！秦兵败了！"周围的秦兵信以为真，纷纷转身奔逃。后军的动摇就像滚雪球一样蔓延到了前军。苻融眼见大事不妙，急忙骑马前去阻止，企图稳住阵脚，不料战马被乱兵冲倒，还没从地上起来，就被后面晋军的追兵杀死。

失去主将的秦兵越发混乱，没多久便彻底崩溃。前锋的溃败自然引起后部的惊恐，秦军后方主力也随之溃逃，最后全军向北败退。秦军溃兵宛如惊弓之鸟，一路只顾逃命，不敢稍作停留，听到风声和鹤的鸣叫声，都以为是晋军追兵的呼喊声，吓得心胆俱裂。晋军乘胜追击，一直到达寿阳附近的青冈。秦兵慌不择路，人马自相践踏，死尸遍野，苻坚本人也中箭负伤，最初的近百万人马逃回洛阳时仅剩十余万。

淝水之战，前秦军被歼和逃散的共七十多万，苻坚统一南北的希望彻底破灭。不仅如此，鲜卑慕容垂部率领完整无损的三万人马趁机自立，羌族的姚苌和其他各族也重新崛起，北方暂时统一的局面宣告结束，再次分裂成多个地方民族政权。苻坚本人则在两年后为姚苌所杀，前秦也随之灭亡。

“淝水之战”是中国历史上以少胜多的著名战例，它对后世兵家的战争观念和决战思想产生了深远的影响。

【点评】

势，就是态势，它的含义非常广泛。在《势篇》当中，孙子没有给出“势”的确切定义，只是用常见的例子来类比，“木石之性，安则静，危则动，方则止，圆则行，故善战人之势，如转木石于千仞之山者，势也”。由此我们能够体会出，势实际上是一种落差、一种动力。电因为有了电势差才形成了电流；水因为有了高低不平的地势才能够流动；苍鹰捕捉猎物的时候快如电光石火，是因为它从高空中俯冲而下；大军背水扎营却大败敌人，是因为已无退路只能死中求生。

孙子说“治众如治寡”，又说“斗众如斗寡”，多寡通吃，举重若轻，这样高深的境界，看上去普通人是难以企及了。其实不然，只要讲求方法，复杂事情往往也能迎刃而解。

生活中遇到的情况和问题更加复杂，但无论问题是大是小、是多是少，总是“万变不离其宗”，只要方法对头，总是能够解决的。

孙子又说：“以利动之，以卒待之。”这一作战原则向我们阐述了应该如何面对“取舍”与“得失”。古往今来，凡成大事者，无不有大气魄、大胸怀，为了长远的利益，可以暂时放弃某些小利；为了掌握全局，可以舍弃局部；为了换取更大的胜利，可以付出部分牺牲的代价。《老子》上说：“将欲取之，必先予之。”可以说是孙子示形动敌，以利诱敌思想的本源。

虚实篇

【原文】

孙子曰：凡先处战地而待敌者佚[①]，后处战地而趋战者劳[②]。故善战者，致人而不致于人[③]。能使敌人自至者，利之也；能使敌人不得至者，害之也。故敌佚能劳之，饱能饥之，安能动之。

出其所不趋[④]，趋其所不意。行千里而不劳者，行于无人之地也。攻而必取者，攻其所不守也；守而必固者，守其所不攻也。故善攻者，敌不知其所守；善守者，敌不知其所攻。微乎微乎[⑤]，至于无形，神乎神乎，至于无声，故能为敌之司命。

进而不可御者，冲其虚也；退而不可追者，速而不可及也。故我欲战，敌虽高垒深沟，不得不与我战者，攻其所必救也；我不欲战，画地而守之，敌不得与我战者，乖其所之也[⑥]。

故形人而我无形[⑦]，则我专而敌分；我专为一，敌分为十，是以十攻其一也，则我众而敌寡；能以众击寡者，则吾之所与战者约矣[⑧]。吾所与战之地不可知，不可知，则敌所备者多；敌所备者多，则吾所与战者寡矣。故备前则后寡，备后则前寡，备左则右寡，备右则左寡，无所不备，则无所不寡。寡者，备人者也；众者，使人备己者也。

【注释】

①凡先处战地而待敌者佚：指在作战的时候，如果能率先占据阵地，就能使自己处于主动地位，以逸待劳。处，占据。佚，通“逸”，安逸、从容。②后处战地而趋战者劳：指在作战的时候，如果后来占据战地，仓促应战，就会疲劳被动。趋战，这里指仓促应战。趋，奔赴。③致人而不致于人：调动敌人而不为敌人所调动。致，招致、引来。④出其所不趋：出兵要指向敌人无法救援的地方，即击其空虚。出，出击。不，这里当“无法”、“无从”讲。⑤微：微妙。⑥乖其所之：指调动敌人，把它引向别的地方去。乖，违背、背离，这里有改变、调动的意思。之，往、去。⑦形人而我无形：指使敌人现形而我方隐蔽真形。形人，使敌人现形。我无形，即我无形迹。⑧能以众击寡者，则吾之所与战者约矣：能够以众击寡，那么我想要攻击的敌人必定弱小有限，难有作为。约，少而弱。

先占据战地而等待敌人前来的就掌握主动权。

【译文】

孙子说：凡是先占据战地而等待敌人前来的就从容主动，后到达战地而且仓促应战的就疲劳被动。所以，善于指挥作战的人，能调动敌人而不为敌人所调动。能使敌人自己自投罗网的，是用利益引诱它的结果；使敌人不肯前来的，是因为让它感受到了威胁。所以，敌人休整得好，就要使它疲劳；敌人粮草充足，就要使它饥饿；敌军驻扎安稳，就要使它移动。

出兵要指向敌人无法救援的地方，行动于敌人意料不到的方向。部队行军千里而不觉得疲困，是因为行进在没有敌人防守的区域里。只要发起进攻就必然能够夺取，是因为攻击的是敌人没有防守的地方；只要防守就必然固若金汤，是因为防守的是敌人不敢进攻或不宜进攻的地方。所以，善于进攻的人，能使敌人不知道该怎样防守；善于防守的人，能使敌人不知道该如何进攻。微妙啊，微妙到看不出一点形迹；神奇啊，神奇到听不见一点声息。因此能够成为敌人命运的主宰。

想要进攻，敌人就无法抵御，因为攻击的是敌人防备虚弱的地方；想要撤退，敌人就无法追击，因为行动速度让敌人追赶不及。所以，我如果想交战，敌人即使据守深沟高垒，也不得不出来与我交战，这是因为我攻击的是敌人必须援救的地方；我如果不想交战，即使只是在地上画了座城池进行防守，敌人也无法与我交战，这是因为我诱使敌人改变了进攻方向。

所以，要设法使敌人暴露形迹而使我军不露痕迹，那么我就可以集中兵力，而敌人不得不分散兵力处处防备。我将力量集中于一处，敌人的力量却要分散于十处，这样，我以十倍的力量去攻击它，从而造成我众而敌寡的局面；能做到以众击寡，与我正面交战的敌人就会减少。我所要进攻的地方敌人无法得知，无法得知，敌人需要防备的地方就会很多；敌人需要防备的地方多了，我所要进攻并与之交战的敌人就会相对减少。所以，防备了前面，后面的兵力就会减弱；防备了后面，前面的兵力就会减弱；防备了左翼，右翼的兵力就会减弱；防备了右翼，左翼的兵力就会减弱；处处防备，就会处处兵力薄弱。兵力之所以处处薄弱，是由于处处防备的缘故；兵力之所以强大，是迫使敌人分兵防备我们的结果。

出其所不趋，趋其所不意

向敌人来不及救援的地方出兵，向敌人想不到的地方行军。避实而击虚，才是战胜之道。

避实击虚的作战方法

攻

向敌人不急于进兵的地方出兵，向敌人意料不到的方向行进。

攻击敌人不设防的地方必然能得手

善攻者敌不知其所守

进

我军想要决战，敌人就不得不作战，因为进攻了它必须要救援的地方。

守

走千里长途却不困乏的是走在没有敌人出没的地方。

防守敌人不进攻的地方必然牢固

善守者敌不知其所攻

退

我军不想决战，敌人就无法来作战，因为已将它牵引到别的方向去。

致人而不致于人

抢先占据战场主动权，不为敌人所牵制，才能主动灵活地争取战争的胜利。

调动敌人行动以制胜

致人而不致于人

	致　人	致于人
战机（天时）	先行而主动。	受牵制而被动。
地势（地利）	抢占有利地形。	落入敌军陷阱。
军容（人和）	从容备战。	疲惫应战。

先据战地以待敌人来战的安逸
后据战地以趋敌就战的疲劳

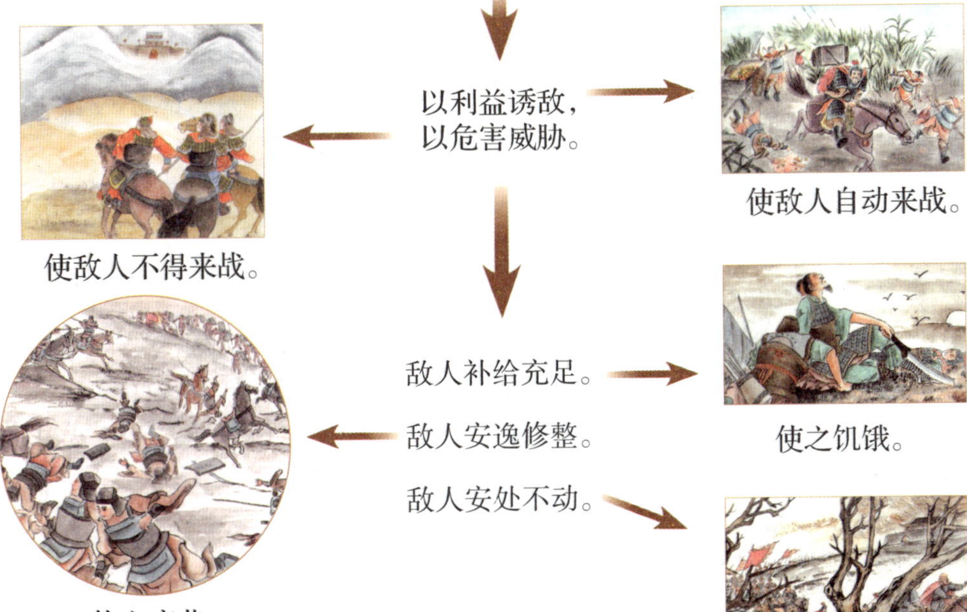

形人而我无形

以示形的方式诱敌暴露其目的，而不使自己暴露行迹。以“虚”掩“实”，巧妙运用战术战胜敌人。

以虚对实的战略方法

形人而我无形

诱敌暴露企图而我军隐藏

我军集中而使敌军分散

与战之地不可知

我军进攻敌方而不让敌军知道

敌军处处防备则兵力分散

我军势众而敌军势寡

并非我军真的势众，而是通过战术使敌军分散而无法聚合。

【原文】

故知战之地，知战之日，则可千里而会战。不知战地，不知战日，则左不能救右，右不能救左，前不能救后，后不能救前，而况远者数十里，近者数里乎？以吾度之[①]，越人之兵虽多，亦奚益于胜败哉[②]？故曰：胜可为也。敌虽众，可使无斗。

故策之而知得失之计[③]，作之而知动静之理[④]，形之而知死生之地[⑤]，角之而知有余不足之处[⑥]。故形兵之极，至于无形；无形，则深间不能窥[⑦]，智者不能谋。因形而错胜于众[⑧]，众不能知；人皆知我所以胜之形[⑨]，而莫知吾所以制胜之形。故其战胜不复[⑩]，而应形于无穷。

夫兵形象水[⑪]，水之形，避高而趋下；兵之形，避实而击虚。水因地而制流，兵因敌而制胜。故兵无常势，水无常形；能因敌变化而取胜者，谓之神。故五行无常胜[⑫]，四时无常位[⑬]，日有短长，月有死生[⑭]。

用兵要根据敌情来制定不同的取胜方法。

【注释】

①度（duó）：忖度、推测、推断。②越人之兵虽多，亦奚益于胜败哉：指越国军队虽然人数众多，然而不懂得众寡分合的运用，对战争的胜败又有什么帮助呢？奚，疑问词，何、岂。益，补益、帮助。③策：筹算，策度。得失之计：指敌人计谋的优劣得失。④作：兴起，这里是挑动的意思。动静之理：指敌人的行动规律。⑤死生之地：指敌人的优势所在或薄弱致命环节。⑥角：较量，这里指进行试探性进攻。⑦深间不能窥：指即使有深藏的间谍，也无法探知我方的真实情况。窥，偷看。⑧错胜于众：指将胜利摆在众人面前。错，同“措”，放置。⑨形：形态，这里指作战的方式方法。⑩战胜不复：获胜的方法不重复，意思是作战方法机动灵活。⑪兵形：用兵的规律。⑫五行无常胜：指金、木、水、火、土五种元素相生相克而没有定数。古人认为，金、木、水、火、土是构成万物的基本元素，它们彼此间是“相生相胜”的关系。所谓“相生”，即木生火，火生土，土生金，金生水，水生木。所谓“相胜”，又叫“相克”，指金克木，木克土，土克水，水克火，火克金。⑬四时无常位：指春、夏、秋、冬四季推移变化永无止息。四时，四季。常位，指一定的位置。⑭日有短长，月有死生：指白昼因季节变化而有长短的变化，月亮因循环而有盈亏的变化。日，这里指白昼。死生，这里指盈亏晦明的月相变化。

【译文】

所以，能够预知交战的地点，能够预知交战的日期，那么即使相隔千里也可以前去与敌人交战。如果不能预知交战的地点，不能预知交战的日期，就会导致左军救不了右军，右军救不了左军，前军救不了后军，后军救不了前军，何况远的多达几十里，近的也要相隔几里呢？据我分析，越国的士兵虽多，可是对决定战争的胜败又有什么帮助呢？所以说，胜利是可以争取的。敌人虽然众多，但可以使它无法与我交战。

所以，要通过分析筹算来推知敌人作战计划的优劣得失；要通过调动敌人来了解敌人的活动规律；要通过佯动示形的方式来探明敌人生死命脉之所在；要通过试探性的进攻来掌握敌人兵力的虚实强弱。所以，佯动示形以诱敌的战术运用到极致，就进入了“无形”的境界。没有了形迹，即使有深藏的间谍，也无法窥知我方的真实动向；即使是老谋深算的敌人，也想不出对付我方的计策。即使把根据具体情况灵活运用战术而取得的胜利摆在众人面前，众人还是看不出其中的奥妙所在。人们都知道我军取胜的战略战术，却不知道我军所用战术必然克敌制胜的奥妙。因为每一次取胜所采用的方法都不是简单的重复，而是针对不同的情况灵活运用、变化无穷。

用兵的规律就像水。水流动的规律，是避开高处而流向低处；用兵打仗的规

形兵之极，至于无形

示形诱敌的方法运用到极处，便能使人无所循迹，这就是所谓的以虚对实，以无形取胜。

侦察敌情的四个步骤

估计敌情	挑动敌军	观察地形	战斗侦查
明了敌军作战计划之优劣。	了解敌军活动之规律。	摸清敌军所在地形之利弊。	探明敌军兵力部署之虚实。

间谍无法探取我方虚实，谋士不能献计对付我方。

侦察敌人虚实的步骤和运用虚实之秘才能以无形制胜。

律，是避开敌人的坚实之处而攻击其虚弱的地方。水根据地势的高低而不断改变其流向，用兵则要根据敌情来制定不同的取胜方法。所以，用兵打仗没有固定不变的方式方法，就像水流没有一成不变的形态一样。能够根据敌情的变化而灵活取胜的，就可以叫作"用兵如神"了。五行相生相克而没有定数，四季交替更迭而没有一定的位置，白昼有短有长，月亮有缺有圆（用兵的规律和自然现象一样，永远处于变化之中）。

实用谋略

司马懿平定辽东

孙子指出，善于作战的人，一定要善于调动敌人，而不要为敌人所调动。司马懿在平定辽东时，没有直接强攻敌人的城池，而是把敌人调动出来，最终将其歼灭。

魏明帝景初二年（238），魏明帝曹睿把太尉司马懿从长安召回京师洛阳，命他率军去征讨雄踞辽东的公孙渊。

魏明帝问司马懿："行军四千里远征作战，虽说要用奇谋取胜，但也要有足够的兵力，不应当过分计较军费开支的多少。据你推测，公孙渊将采取什么样的对策？"

司马懿回答说："放弃城邑而预先逃走，这是上策；凭据辽水以抗拒我军，这是中策；坐守襄平而单纯防御，这是下策。"

明帝又问："这三种计策，公孙渊将会采用哪一种呢？"

司马懿答道："只有贤明的人才能正确估量敌我双方的力量，并能预先对所用计策作出正确取舍，而这并不是公孙渊所能做到的。"

明帝又问："此次出征往返将用多少天？"

司马懿回答说："前往辽东需要一百天的时间，班师回朝需要一百天的时间，与公孙渊作战也需要一百天的时间，再用六十天的时间进行休整。这样，一年时间足够了。"

于是，司马懿率军向辽东进发。公孙渊派遣大将军卑衍、杨祚率领数万步骑兵进驻辽隧，构筑围墙堑壕二十余里，以此抵御司马懿的进攻。魏军诸将都想立即发起攻击，但司马懿说道："敌人构筑坚固的防御工事，这是想长期地与我军对峙，企图把我军拖垮。要是现在去进攻，那正好落入他们的圈套。再说敌人主力集中在这里，他们的老巢必定空虚。我军舍此不攻而直捣襄平，就一定能够大破公孙渊。”

于是，司马懿命令魏军多插旗帜，伪装成要进攻敌人阵地南端的样子，自己却率领大军偷偷渡过济水，向北直取襄平。驻守在辽隧的卑衍、杨祚发觉己方中计，就迅速率本部人马救援襄平。军队行至首山的时候，公孙渊又命令回军截击魏军，司马懿率军迎战，大破公孙渊军队。魏军随即前来围攻襄平。

当时正逢秋雨连绵之际，辽水暴涨，船只能够借着雨水一直行到襄平城下。雨下了一个多月还没有停止，长久在雨水中浸泡的魏军士卒军心开始动摇。很多人提出来要找高处重新扎营。司马懿此时却传令下去：“有敢再言要移营者斩。”都督令史张静违反了命令，司马懿毫不留情地将他斩首示众，军队这样才安定下来。

而襄平城中的公孙渊军，凭借着大水的阻隔，竟然还能在魏军包围圈的缺口处放牧打柴。魏军诸将再也不能忍受了，都要求对其进行攻击，司马懿则根本不听。随军司马陈珪提出疑问说：“当年您率军攻打上庸的时候，八支人马一齐攻城，昼夜不息，因而只用了十五天便将城攻破，杀了孟达。如今您长途跋涉而来，却变得谨慎而多有顾虑，对此，我实在有些迷惑不解。”

司马懿说：“上庸之战，孟达兵少而粮食却够吃一年，我军兵力相当于孟达四倍，但粮食却不够吃一个月，以仅有一个月的存粮来对抗敌人一年的存粮，怎能不求快速制胜？用四倍于敌的兵力去攻打敌人，即使损失一半兵力，只要城攻破

司马懿令士卒挖掘地道。

了，还是值得的。这种情况之下是不去计较人员伤亡的，而只是从敌我粮食多少这一情况出发。如今的形势是敌众我寡，敌饥我饱，加之大雨不停，攻城器械未备，急忙进攻又能有什么作为？我军从京师远道而来，不怕敌人进攻，只怕敌人逃走。现在敌人的粮食将尽，而我军的合围却还没有完成，如果现在去抢他们的牛马，抄取他们的柴草，这是催他们逃跑啊。战争是一种诡诈的行为，做将帅的要善于根据具体的情况制定出相应的策略。现在敌人虽然饥饿，但还不肯束手就擒。我们应当伪装成无能为力的样子稳住它。要是因为贪求小利而使他们逃走，那能算是好的策略吗？”

不久，雨过天晴，司马懿令部队制造攻城器械，挖掘地道，堆起攻城的土山，开始日夜不停地攻城。城中的公孙渊军疲于应对，又陷于粮尽的窘困境地，甚至出现了人吃人的现象，城中的很多将领士兵都出城投降。这样，没过几日，襄平城便被攻破了。公孙渊和他的儿子公孙修带领着几百骑兵向东南方向突围，被魏军追上，皆被斩杀。司马懿就这样平定了辽东。

平定辽东之役中，司马懿决定不攻重兵防守的辽隧，转攻兵力薄弱的敌人老巢襄平，而辽隧的军队得知这一消息，也从深沟高垒里跑了出来，去救援襄平，半途为魏兵所败。司马懿避实击虚、引蛇出洞的战术，正应了孙子的“故我欲战，敌虽高垒深沟，不得不与我战者，攻其所必救也”的思想。

在这次战役中，司马懿还运用了示形诱敌的战术。秋雨连绵无法速攻之际，故意摆出无所作为之态，以求稳定住敌人，不使其仓皇逃窜。“形”是《虚实篇》中所要详细阐述的一个重要概念。形就是表象，这种表象可以是敌人的，可以是自己的；可以是真的，可以是假的。通过表象看到本质，使敌人暴露真形是制胜的关键；而隐藏自己的真实意图，做出种种假象迷惑敌人同样也很重要。孙子所说的“策之而知得失之计，作之而知动静之理，形之而知死生之地，角之而知有余不足之处”，就是为了看清敌人的真实意图和具体情况所进行的周密而详细的探知活动，然后才能制定出有效的克敌之法，使力量有所专攻。至于“形人而我无形”的境界，则是在使敌人暴露的要求之上又加上了隐藏自己一条。能够将自己的真实情况和真实意图隐藏起来，敌人对我也就无从下手，不知道对我应该防备些什么，最终对我处处进行防备，形成了“我专而敌分”的局面。

【点评】

“虚”与“实”是一对矛盾，而我们的世界正是由无数矛盾交织而成的，就像有白天就会有黑夜，有美丽就会有丑恶，有长处就会有短处。实际上，矛盾是世间万物内在联系和相对性的一种表现。《老子》里说：“天下皆知美之为美，斯恶已。皆知善之为善，斯不善已。故有无相生，难易相成，长短相形，高下相倾……”可见，在很早的时候，人们就开始认识到了世间万物的关联性和相对性，进而又认识到了这种关联性和相对性也是随着环境和立场等因素的变化而不断变化的。

古希腊哲学家赫拉克利特有一句名言：“人不能两次踏入同一条河流。”意思是说，河水是不停流动的，当人们第二次踏入同一河流时，他们所接触到的水流已不是原来的水流而是变化了的新水流了。这句名言揭示了一个真理：世间的一切事物都处在不断变化之中。

孙子的“兵形象水”同样印证了这一道理：战场上瞬息万变，因而选择作战方向、制定作战方针、实施作战计划都必须灵活机动。

人生的道路虽然不如战场凶险，但也充满了各种变数，所以人们常说“每天的太阳都是新的”，既然计划赶不上变化，那么，唯一的应对办法就是因势利导。具体问题具体分析，方不至于被湮没。

军争篇

【原文】

孙子曰：凡用兵之法，将受命于君，合军聚众[①]，交和而舍[②]，莫难于军争[③]。军争之难者，以迂为直，以患为利[④]。故迂其途，而诱之以利，后人发，先人至，此知迂直之计者也。

故军争为利，军争为危[⑤]。举军而争利，则不及；委军而争利，则辎重捐[⑥]。是故卷甲而趋[⑦]，日夜不处，倍道兼行[⑧]，百里而争利，则擒三将军[⑨]，劲者先，疲者后，其法十一而至[⑩]；五十里而争利，则蹶上将军[⑪]，其法半至；三十里而争利，则三分之二至。是故军无辎重则亡，无粮食则亡，无委积则亡[⑫]。

故不知诸侯之谋者，不能豫交[⑬]，不知山林、险阻、沮泽之形者[⑭]，不能行军，不用乡导者[⑮]，不能得地利。

【注释】

①合军聚众：指聚集民众，组成军队。合，聚集、聚结。②交和而舍：指两军剑拔弩张对垒而处。交，接，接触。和，即“和门”，指军门。③军争：两军争夺制胜的条件。④以迂为直，以患为利：指以迂回曲折的途径达到近直的目的，化不利为有利。迂，迂回、曲折。患，祸患、不利。⑤军争为利，军争为危：指军争是为了使形势对自己有利，但军争也是一件危险的事情。⑥委军而争利，则辎重捐：如果放弃笨重的物资器械而去争利，那么装备辎重将会遭受损失。委军，指丢弃笨重物资器械，轻装前进。委，丢弃、舍弃。辎重，指行军时运输部队携带的物资，包括军用器械、营

合军聚众。

具、粮秣、被服等。捐，损失。⑦ 卷甲而趋：指卷起铠甲急速行进的意思。甲，铠甲。趋，快速前进。⑧ 倍道兼行：以加倍的速度昼夜不停地连续行军。倍道，行程加倍。兼行，昼夜不停地连续行军。⑨ 三将军：指上、中、下三军主帅。⑩ 十一而至：指部队仅有十分之一的兵力到位。⑪ 五十里而争利，则蹶（jué）上将军：奔赴五十里而争利，则前军将领很可能遭受挫败。蹶，失败、挫败。⑫ 无委积则亡：指军队没有物资储备作补充，就无法生存。委积，泛指物资储备。⑬ 不知诸侯之谋者，不能豫交：不知道诸侯列国的意图谋划的，不宜与其结交。⑭ 沮（jǔ）泽：水草丛生的沼泽地带。⑮ 乡导：即向导。

【译文】

孙子说：大凡用兵的法则，将帅接受国君的命令，从聚集民众结成军队，到开赴前线与敌人对阵，这期间最困难的事情莫过于与敌人争夺制胜的条件。争夺制胜条件最困难的地方，又在于如何以迂回曲折的方法达到近直的目的，如何化不利因素为有利因素。所以，要使敌人的路途变得迂曲，用小利引诱误导敌人，这样，即使自己比敌人后出发，也能先敌人而到达。如此就算是掌握了“迂”与“直”的道理的人。

所以，争夺制胜条件是为了使形势对自己有利，但争夺制胜条件也常常是一件危险的事情。如果以整支军队去争利，往往因为行动迟缓而无法按时到达预定地点；如果放弃笨重的物资而去争利，辎重就会被丢下。因此，卷起铠甲急速行进，日夜不停，速度加倍地连续行军，赶到百里以外去与敌人争利，三军将帅很可能为敌人所擒，强健的士兵先到达，疲困的士兵远远地落在了后面，这样的做法常常导致只有十分之一的兵力能够如期到达；奔行五十里去与敌人争利，前锋部队的将领很可能遭受挫败，这样的做法常常导致只有半数的兵力能够如期到达；奔行三十里去与敌人争利，只有三分之二的兵力能够如期到达。须知军队没有辎重就会遭受失败，没有粮食就不能生存，没有物资储备就无以为继。

以迂为直。

所以，不了解诸侯列国战略意图的，不能与其结交；不熟悉山林、险阻、沼泽等地形的，不能率众行军；不使用向导的，就不能得到地利。

军争之难者

两军争夺制胜的条件最难的是如何将自己的劣势加以利用，使之成为抵抗敌军的有利条件。

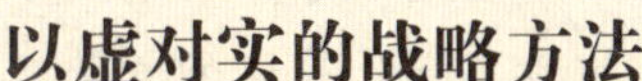

君主 → 指派 → 将帅 → 组织 → 民众 → 编制 → 军队

军队 → 出征 → 与敌人争夺有利的制胜条件

其难点在于

通过曲折达到径直的目的。

如何将不利形势转为有利形势。

通过谋略筹划使之实现

先发制人，化不利为有利

运用以弯曲迂回为捷径，变不利为有利的道理

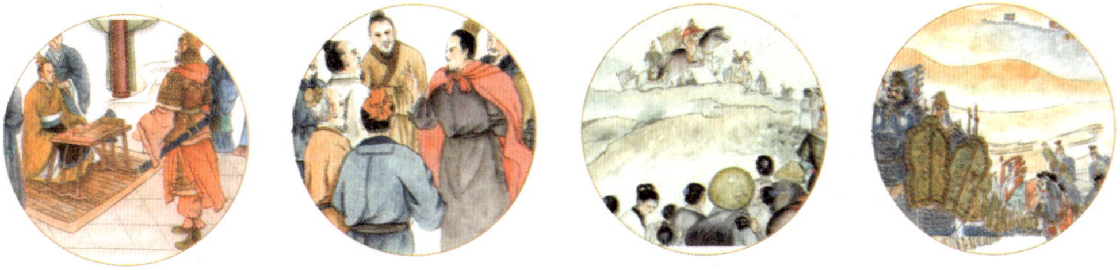

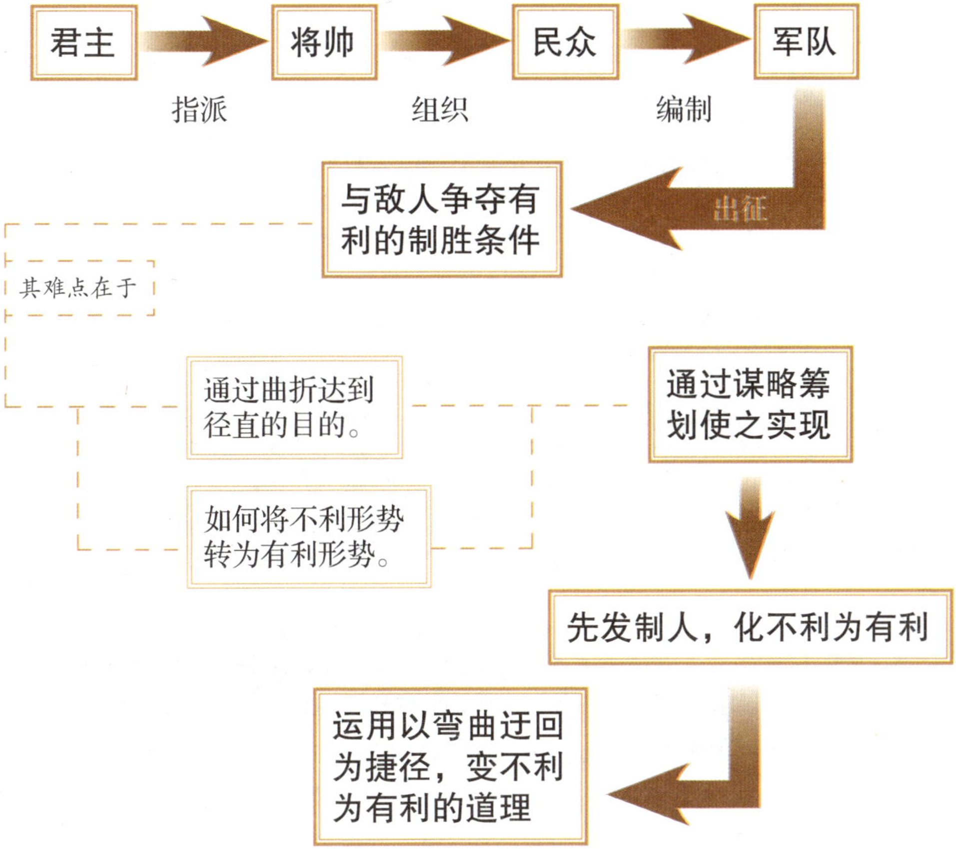

【原文】

故兵以诈立[①]，以利动，以分合为变者也[②]；故其疾如风[③]，其徐如林[④]，侵掠如火，不动如山，难知如阴[⑤]，动如雷震；掠乡分众[⑥]，廓地分利[⑦]，悬权而动[⑧]。先知迂直之计者胜。此军争之法也。

《军政》曰[⑨]："言不相闻，故为金鼓；视不相见，故为旌旗。"夫金鼓旌旗者，所以一人之耳目也；人即专一，则勇者不得独进，怯者不得独退，此用众之法也。故夜战多火鼓，昼战多旌旗，所以变人之耳目也[⑩]。

故三军可夺气[⑪]，将军可夺心[⑫]。是故朝气锐，昼气惰，暮气归。故善用兵者，避其锐气，击其惰归[⑬]，此治气者也。以治待乱，以静待哗，此治心者也。以近待远，以佚待劳，以饱待饥，此治力者也。无邀正正之旗[⑭]，勿击堂堂之陈[⑮]，此治变者也。

故用兵之法，高陵勿向[⑯]，背丘勿逆[⑰]，佯北勿从[⑱]，锐卒勿攻[⑲]，饵兵勿食[⑳]，归师勿遏[㉑]，围师必阙[㉒]，穷寇勿迫[㉓]。此用兵之法也。

【注释】

①兵以诈立：指用兵打仗应当以诡诈多变取胜。②以分合为变：指用兵打仗应当视不同情况而灵活处置兵力。③其疾如风：指军队行动快速如风。④其徐如林：指军队行动缓慢时，犹如严整的森林。徐，缓慢。⑤难知如阴：指军队隐蔽时，犹如阴云遮天。⑥掠乡分众：指分兵数路，掠夺敌国乡邑。⑦廓地分利：指应当开疆拓土，扩大战地，分兵占领扼守有利地形。廓，通"扩"，开拓、扩展。⑧悬权而动：指权衡敌我形势，相机而动。⑨《军政》：古兵书名。⑩变人之耳目：指根据不同情况变换指挥信号，以便适应士卒的视听能力，即让士兵的耳朵和眼睛更容易察觉下达的命令。变，适应。⑪夺气：指挫伤士气。夺，剥夺，这里指打击、挫伤。⑫夺心：指动摇将军的决心。古人在用兵时，很重视扰乱和动摇敌将的决心。⑬避其锐气，击其惰归：避开敌军锐气，等到敌军怠惰疲惫、士气低落时进行攻击。⑭无邀正正之旗：指不要正面迎击旗帜整齐、部署周密的敌人。邀，迎击、截击。⑮勿击堂堂之陈（zhèn）：指不要攻击士气旺盛、阵容严整的敌人。陈，古"阵"字。⑯高陵勿向：如果敌人已经占据高地，就不要去进攻它。陵，山陵。向，这里是仰攻的意思。⑰背丘勿逆：如果敌人背倚丘陵险阻，就不要正面迎击它。背，背靠、倚靠。逆，这里是迎击的意思。⑱佯北勿从：敌人如果是伪装败退，就不要追击。佯，假装。北，败北。⑲锐卒：锐气正盛的部队。⑳饵兵：诱兵，用来诱敌的小部队。㉑归师勿遏：敌军如果正在向其本国撤退，就不要去阻截它。遏，阻止、拦阻。㉒围师必阙（quē）：指在包围伏击敌人时，应当留出缺口，避免敌人走投无路而作困兽之斗。阙，通"缺"。㉓穷寇勿迫：已经陷入绝境的敌人，不要过分逼迫它。

【译文】

用兵打仗是建立在诡诈多变的基础上的，任何举措都要根据是否对自己有利来决定，分散或集中兵力要根据情况而灵活变化。所以，军队急速行进时要快速如疾风，缓慢行进时要严整如密林，攻击敌人时要迅猛如烈火，原地待命时要岿然如山岳，隐蔽时要像阴云蔽日，行动时要势如雷霆。掠夺敌国的乡邑，要分兵多路进行；开拓疆土，要分兵扼守有利地形；要先权衡利害得失，然后相机而动。先懂得了“迂”与“直”的道理的就能胜利，这就是争夺制胜条件的原则。

是故朝气锐，昼气惰，暮气归。

《军政》中说：“用语言指挥听不到，因而使用锣鼓指挥；用动作指挥看不清，因而就使用旌旗指挥。”金鼓和旌旗，是用来统一军队作战行动的。全军上下的行动已然统一，勇猛的士兵就不会贸然单独前进，怯懦的士兵也不会擅自单独后退，这就是指挥众人作战的方法。所以夜间指挥作战多用火光和锣鼓，白天指挥作战多用旌旗，这样做都是为了适应士卒的视听能力。

对于敌人的军队，可以设法使其士气低落；对于敌人的将领，可以设法动摇他的心志。因此，军队的士气在初战时饱满旺盛，经过一段时间后就会逐渐怠惰低落，最后就会彻底衰竭。所以善于用兵的人，要设法避开敌人的锐气，等它怠惰疲惫、士气消沉的时候再去攻击，这是掌握士气的方法。以我军的严整来对待敌军的混乱，以我军的镇静来对待敌军的哗恐，这是掌握军心的方法。以我军靠近战场的优势来对待敌军远道而来的劣势，以我军的从容休整来对待敌军的奔走疲劳，以我军的粮草充足来对待敌人的饥肠辘辘，这是掌握军队战斗力的方法。不截击旗帜整齐、部署周密的敌人，不攻击士气旺盛、阵容严整的敌人，这是掌握灵活机变的方法。

所以，用兵的法则是：敌人占据高地，就不要去仰攻；敌人背靠丘陵险阻，就不要从正面进攻；敌人假装败退，就不要跟踪追击；对敌人的精锐部队，不要主动与之交锋；对敌人诱我进攻的部队，不要去理睬；对正在撤退回国的敌人，不要加以阻截；包围伏击敌军时，一定要留出缺口；对陷入绝境的敌人，不要过分逼迫。这些都是用兵的法则。

先知迂直之计者胜

战争中懂得运用以迂为直计谋的人才能取得胜利。战争并不是向前进攻才能胜利，迂回的作战方式可能带来更大的利益。

如何迂回作战取得胜利

备战

结交诸侯

要了解诸侯列国的计谋。

行军作战

要熟悉山林沼泽险阻地势。

了解地形

要任用当地人做向导。

用兵

出兵——要奇诈多变。

行动——要见机行事。

调遣——要视情况而定。

行军

速 行进像狂风般迅速。

缓 列阵如森林般严整。

攻 进攻像火般猛烈。

收 退守像水般柔顺。

蔽 隐蔽像阴霾般严密。

动 行动像雷霆般震撼。

夺粮 夺粮要分兵数路。

开疆 开疆要权衡形势。

金鼓旌旗者

金鼓和旌旗是古代战争中用来传递消息的方法中的两种方式。

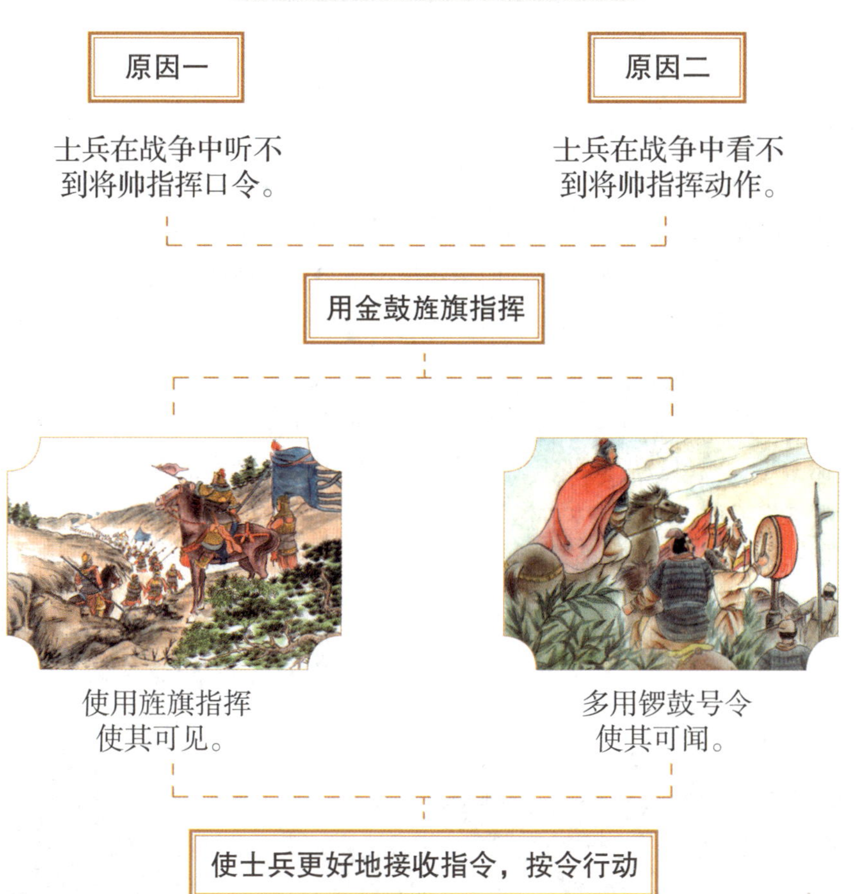

实用谋略

诸葛亮妙用木牛流马

军争就是要争夺战争主动权。两军交战的时候，谁拥有主动权，谁就能够克敌制胜。诸葛亮妙用木牛流马退敌的故事，便体现了军争的思想。

诸葛亮最后一次北伐曹魏，率军出祁山而与魏军对峙。魏将司马懿知道蜀军粮草运输困难，所以采取了坚守不出的策略。在此情况下，诸葛亮命蜀军制造了先进的运输工具——木牛流马，蜀军的粮草供应问题因而得以解决。

司马懿听说这一情况后吃了一惊，心里暗想道："我所以坚守不出，就是因为他们粮草不能接济，想着他们会自行溃败；可如今他们用了此法，必是作了打持久战的打算，不想退兵了，这可怎么办？"于是急唤张虎、乐綝二人，吩咐道："你二人各引五百军士，从斜谷小路抄出；待蜀兵驱过木牛流马，便一齐杀出；不可多抢，只抢三五匹便回。"

张乐二人依令，各引五百军士，扮作蜀兵，埋伏在斜谷之中。不多时，果然看见蜀将高翔引兵驱木牛流马而来。等蜀军将要全部通过斜谷之时，魏军突然杀出，抢了几匹木牛流马便速速收兵回营了。司马懿看了木牛流马，十分高兴，说："你会用此法，难道我不会用！"逐令巧匠百余人，照原样制造木牛流马。不到半个月，便造出两千余只，而且使用效果与诸葛亮所造的一般无二。司马懿随即命令镇远将军岑威引一千军士，驱驾木牛流马去陇西搬运粮草，运输速度大大提高，魏营的军将无不欢喜。

高翔回到营中，向诸葛亮报告了魏军抢夺木牛流马一事，诸葛亮笑着说："我正是要他去抢，我只费了几匹木牛流马，不久便可得到他们更多的财物！"几天后，有人来报说魏兵也造了木牛流马，正往陇西搬运粮草。

诸葛亮听到这一消息，心中大喜，说："果然不出我所料。"当下唤大将王平来见，吩咐说："你引一千人马，扮作魏人，星夜偷过北原，只说是巡粮军，径直赶往运粮之所，将魏军护粮之人杀散；而后驱木牛流马奔回北原。魏军必然追

蜀军制造木牛流马。

诸葛亮妙用木牛流马。

赶，你就将木牛流马口内舌头扭转，牛马就不能行动。你先弃之而走，等我率兵赶到，你再回兵将牛马舌扭过来，继续行走！”王平领命而去。诸葛亮又唤张嶷来见，吩咐说：“你引五百军士，都扮作六丁六甲神兵，鬼头兽身，用五彩涂面，内藏烟火之物，伏于山旁。待木牛流马到时，放起烟火，一齐拥出，驱牛马而行。魏人见到后，必然怀疑是神鬼，一定不敢来追赶。”张嶷也领命而去。诸葛亮又吩咐魏延、姜维引一万兵，去北原寨口接应木牛流马；派廖化、张翼引五千兵，去截断司马懿去路。

魏将岑威用木牛流马运送粮草，这时手下忽然报告说前面有兵巡粮。岑威令人前去探听虚实，听说确是魏兵，这才放心前进，与巡粮军兵合一处。走不多时，忽听身后大乱，又有人大喊道：“蜀中大将王平在此！”岑威还没缓过神来，就被王平一刀斩了，押粮的魏军也四散逃走。王平当下依诸葛亮之计尽驱木牛流马而回。魏将郭淮闻听军粮被劫，急忙引军来救。王平于是命令军士扭转木牛流马舌头，弃之而走。郭淮也没有上来追赶，只是叫魏军将木牛流马驱回；可是无论军士们如何推拉，那木牛流马就是纹丝不动。

没过多久，就听到鼓角喧天，杀声四起，郭淮定睛一看，是魏延、姜维引军杀来。王平也引军杀回。在三路人马的夹攻之下，郭淮大败而归。王平又让军士将木牛流马舌头扭转回去，那木牛流马又可以行走了。郭淮望见了，很不甘心，正想要回兵再追，只见山后出现了一队形状诡异的怪物，他们个个手执旗剑，龇牙咧嘴，驱驾着木牛流马如风般向自己杀来。郭淮看了大惊失色，说："这一定是有神相助啊！"于是不敢再去追赶。

诸葛亮故意让魏军劫走木牛流马，在木牛流马内暗设机关，使魏军不知其中奥妙，延误了时机，而蜀军则趁机完成了集结，这些都是对孙子以迂为直、以利诱敌思想的绝妙运用。

【点评】

《军争篇》论述的是如何与敌争夺有利的制胜条件，即如何争夺有利的战地和战机的问题，因为二者在战争中有着至关重要的意义。

关于赢得军争的方法，孙子提出了"迂直"的概念。迂直的主导思想便是"以迂为直"，讲求的是用计谋使敌人受到误导和牵绊，用小利引诱迟滞敌人，使自己能够在敌人率先出发的情况下，却先敌人而到达。孙子所说的"故迂其途，而诱之以利，后人发，先人至"就是这个意思。"以迂为直"的战略表面上看可能意味着多付出、多耗费，实际上却能使自己始终处于主动的地位，因为敌人始终是在被我所支配和左右。

人们常说："忍一时，风平浪静；退一步，海阔天空。"又说："宰相肚里能撑船。"说的都是"以迂为直、以退为进"之意。

九变篇

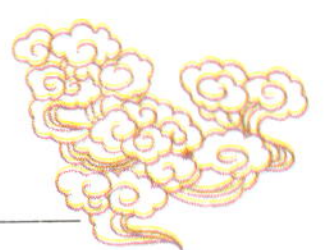

【原文】

孙子曰：凡用兵之法，将受命于君，合军聚众。圮地无舍[①]，衢地交合[②]，绝地无留[③]，围地则谋[④]，死地则战[⑤]；途有所不由[⑥]，军有所不击，城有所不攻，地有所不争，君命有所不受。

故将通于九变之地利者[⑦]，知用兵矣；将不通于九变之利者，虽知地形，不能得地之利矣。治兵不知九变之术[⑧]，虽知五利[⑨]，不能得人之用矣。

是故智者之虑，必杂于利害[⑩]，杂于利而务可信也[⑪]；杂于害而患可解也[⑫]。

是故屈诸侯者以害[⑬]，役诸侯者以业[⑭]，趋诸侯者以利[⑮]。

故用兵之法，无恃其不来，恃吾有以待也；无恃其不攻，恃吾有所不可攻也。

将有五危。

故将有五危：必死⑯，可杀也；必生⑰，可虏也；忿速⑱，可侮也；廉洁⑲，可辱也；爱民，可烦也。凡此五者，将之过也，用兵之灾也。覆军杀将，必以五危，不可不察也。

【注释】

①圮（pǐ）地无舍：不可在难以通行的山林、险阻、沼泽等地宿营。圮地，难于通行的地区。圮，毁坏、倒塌。舍，止，这里指宿营。②衢（qú）地：四通八达的地区。衢，四通八达。交合：结交邻国以为后援。③绝地：指交通困难、水草粮食缺乏、部队难以生存的地区。④围地：指地形四面险阻、出入通路狭窄的地区。⑤死地：指不经过死战就无法生存的地区。⑥塗：通“途”，道路。⑦九变：多变之意，这里指作战中的各种机变，即在军事行动中，要根据不同情况灵活运用一般原则，做到应变自如，而不要墨守成规。⑧九变之术：指与“九变”相关的具体手段和方法。⑨五利：指上文中的“塗有所不由，军有所不击，城有所不攻，地有所不争，君命有所不受”。⑩杂于利害：兼顾到利益和害处两个方面。杂，掺杂，这里引申为兼顾。⑪信：通“伸”，伸行、发展。⑫杂于害而患可解：指在不利的情况下，考虑到有利的方面，祸患就可以解除。⑬屈诸侯者以害：指用诸侯所害怕的事情去迫使他们屈服。⑭役：役使，这里指役使诸侯为我效力。业：指危险的事情。⑮趋诸侯者以利：关于这句话有两种解释：一说指用小利引诱调动诸侯，使其疲于奔走；一说指以利益引诱诸侯，使其追随归附自己。这里选择后一种解释。⑯必死：这里指有勇无谋，只知死拼。⑰必生：这里指贪生怕死，临阵畏怯。⑱忿（fèn）速：这里指急躁易怒。忿，忿怒。⑲廉洁：这里指洁身清廉，自矜名节。

【译文】

孙子说：大凡用兵的法则，主将接受了国君的命令，就开始征集民众，组织军队。军队行进时，不可在“圮地”上宿营；在“衢地”上应该结交邻国；不可在“绝地”上停留；遇到“围地”要有所防范和谋划；陷入“死地”时要殊死奋战。有的道路不要通过，有的敌军不要攻击，有的城池不要攻占，有的地方不要争夺，即使是国君的命令，不适合的也可以不执行。

所以，将帅如果能够通晓各种机变的利弊并加以灵活运用，就是懂得用兵了；将帅如果不能够通晓各种机变的利弊，即使知道地形情况，也不能获得地利之便。指挥军队而不知道各种机变的方法，即使知道“五利”（即圮、衢、绝、围、死），也不能充分发挥军队的作用。

因此，明智的将帅考虑问题，必定同时兼顾利与害两个方面。在有利的情况下考虑到不利的方面，所做的事情就一定能够成功；在不利的情况下考虑到有利的方面，祸患就可以解除了。

因此，要想迫使诸侯屈服，就要用其最害怕的事情去威胁他们；要想役使诸侯为我效力，就要用危险的事情去烦扰他们；要想使诸侯归附自己，就要用利益去引诱他们。

所以，用兵的法则是，不要寄希望于敌人不来，而要依靠自己做好充分的准备；不要寄希望于敌人不进攻，而要依靠自己拥有使敌人无法进攻的力量。

将帅有五种致命的弱点：一味死战硬拼，就可能被敌人诱杀；贪生怕死，就可能被敌人俘虏；急躁易怒，就可能因为敌人的侮辱而轻举妄动；一味廉洁好名，就可能因为敌人的毁谤而丧失理智；一味仁慈爱民，就可能因为烦扰过多而不得安宁。这五点是将帅易犯的过错，是用兵的灾难。军队的覆灭、将帅的被杀，原因必定是出于这五点，做将帅的人不可不慎重考虑啊。

故将有五危

将帅有五种致命弱点，如果不留心防范，或是被敌军加以利用，都会造成兵败。

造成将领兵败的五个弱点

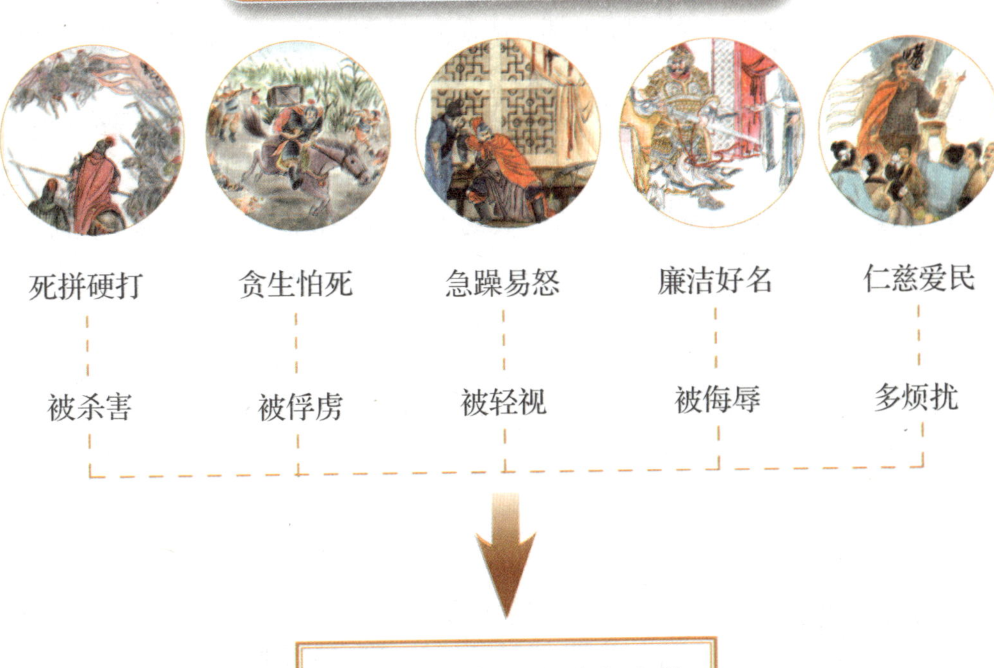

将领之过错，用兵之灾难

全军覆没，将帅被杀

实用谋略

周亚夫平定七国之乱

在战争中，要善于根据特殊的情况，灵活变换战术以赢得战争的胜利。周亚夫平定七国之乱，便集中体现了孙子随机应变、灵活机动的作战指挥思想。

刘邦战胜项羽建立汉王朝以后，为了巩固自己的统治，杀掉了汉初所分封的绝大多数异姓王，并大封同姓子弟为王，企图用血缘关系将刘氏一统天下的局面长期维持下去。但是他所分封的同姓王的地域占了汉朝的大半疆土，而皇帝直辖的郡县相对较少，结果同姓诸侯王割据一方，势力越来越大，逐渐形成尾大不掉之势。

汉文帝在位时，已经注意到了这一问题，采取了一些措施，以图削弱诸侯王势力，加强中央集权。景帝即位以后，诸侯王对朝廷的威胁日益严重，诸侯国财富日增，势力日强，几乎到了要与朝廷分庭抗礼的地步。景帝听从大臣晁错“削藩集权”的主张，先后削夺了赵、楚、吴等国部分郡县的统治权，将这些郡县收归中央管辖。

诸侯王们不甘心力量就此被削弱，纷纷表示对“削藩”的强烈不满，当时反对最强烈的是吴王刘濞。吴国的都城在广陵（今江苏扬州北），辖有豫章（今江西地区）、会稽（今苏南和浙江地区）等郡，封土广大，财力雄厚。铸钱和贩盐关系着经济和民生命脉，一向由国家掌控，刘濞却在自己的封地里私自铸钱，煮盐贩卖，暗中积蓄力量，企图夺取皇位。“削藩”的举措让他看到了可乘之机，于是纠合楚王、胶西王、齐王、菑川王、胶东王、济南王、济北王、赵王等诸侯王，准备发动叛乱。

周亚夫坚守营垒，按兵不动。

景帝三年（前154）正月，朝廷下令削夺吴会稽、豫章二郡，吴王便打着“诛晁错、清君侧”的旗号，首先起兵，并迅速派人通知闽越、东越出兵相助。由于齐王悔约背盟，济北王被部下劫持无法发兵，故而实际参加叛乱的仅有七国，史称“七国之乱”。

景帝得知七国叛乱后，一

开始被叛军的口号所迷惑，错误地估计了形势，便采取姑息安抚的政策，腰斩了无辜的晁错，又恢复了诸王的封地，想以此来换取七国的退兵。但叛军依然马不停蹄地向长安进发，因为杀晁错只是一个借口，他们所图谋的乃是皇位。看清了这一形势，景帝痛悔不该诛杀晁错，并下定决心平叛。他任命周亚夫为太尉，让其负责平叛事宜。

周亚夫接到命令后，向景帝提出了他所制订的作战方案：吴、楚联军行动迅捷、矫健勇猛，加上士气正盛，应尽量避免与之正面交锋，不如暂且让他们占领梁国，自己正好利用这段时间率大军迂回至吴军背后，断其粮道，然后一举制服叛军。景帝采纳了周亚夫的意见。

周亚夫率军从长安出发，准备兵分数路，最终在洛阳会师。后来，在部属的建议下，周亚夫突然改变原定计划，绕道而行：避开崤、渑（在今陕西潼关至河南渑池一带），绕道武关（在今陕西丹风东南），经南阳（今属河南）直奔洛阳。虽然大军比原定路线多走了一两天时间，却令埋伏在崤、渑之间的敌军伏兵扑了个空。这样，周亚夫不仅神不知鬼不觉地抵达了洛阳，还突然发兵攻占荥阳，抢先控制了洛阳武库及荥阳西北的敖仓（军用粮仓）。之后，周亚夫立刻派兵清除了半道上的吴、楚伏兵，使潼关、洛阳间的交通补给线畅通无阻，巩固了后方。

接下来，周亚夫率军三十余万东出荥阳，进抵淮阳。吴、楚军队之前一路势如破竹，气势高涨，为了避其锐气，周亚夫引兵到东北方，屯于昌邑（在今山东金乡西北）。其时吴、楚联军正猛烈攻打梁国，梁国形势危急，梁王向周亚夫求救，周亚夫却按兵不动。梁王于是上书向景帝报告梁国战事吃紧，景帝诏令周亚夫派兵救援，周亚夫却坚守营垒，按兵不动。趁吴、楚联军将注意力都集中在攻打梁国上，周亚夫派出轻骑，悄悄迂回到联军后方，截断了他们的粮道。

粮道被断，粮草短缺，吴、楚联军陷入了进退维谷的境地。他们想与周亚夫的军队速战速决，于是不断向坚守不出的周亚夫下战书，但无论敌人如何挑衅，周亚夫只是闭门坚守。乘敌人懈怠之时，再不时派出精兵袭扰联军。

吴楚联军采用了很多种进攻方案，比如佯攻壁垒的东南角，实攻西北角，但都被周亚夫一一识破。吴楚联军久攻不下，又无退路，加上粮草不足，很快就陷入了困境，士气受挫，汉军以逸待劳，不时给敌人以沉重打击。兵疲粮尽的联军只能无奈撤退。

就在联军撤退之时，周亚夫立刻派出精锐部队追击，取得大胜。楚王刘戊被迫自杀，吴王刘濞丢弃了大部分军队，只带几千亲兵向南逃去。汉军穷追不舍，刘濞逃至丹徒（在今江苏镇江市东南），企图依托东越作最后挣扎。周亚夫趁势追杀，俘虏了大批吴国将士，并下令说："凡有能擒住吴王的，赏千金。"所谓"重赏之下必有勇夫"，一个多月后，东越王在汉军的威逼利诱下，杀了吴王刘濞，献上了他的首级。

周亚夫仅仅用了三个月的时间，便消灭了七国之乱的主力——吴、楚联军。很快，其他数国也一一被击败，作乱的诸侯王或自杀或被诛杀，声势浩大的七国之乱终于被彻底平定。

在平定七国之乱的过程中，周亚夫的表现正符合孙子所说的"将通于九变之地利者，知用兵矣"：面对危急的形势，他没有急于杀敌建功，依然保持冷静的头脑，闭门坚守，"途有所不由，军有所不击，城有所不攻，地有所不争，君命有所不受"；他用千金引诱东越王，巧妙除掉了刘濞这个心腹大患，正是"趋诸侯者以利"。这一切，无不展现了他作为一个优秀的将帅所具备的素质。

【点评】

"九"，在这里是为数众多的意思。古人造字以纪数，起于一，极于九；九于是常用来形容一些不可穷尽的事物。"变"，在这里指的是用兵作战中的灵活机变。本篇用九来形容变，就是为了让人们对战场形势的瞬息万变，战略战术的随时随事而变，利弊转换的因人因地而变有一个最直观的感悟和认识。

《九变篇》强调的是将帅们在战场上的判断力和随机应变的能力。世界上的一切事物都在不停地运动和变化着，战争也是如此，任何人都不可能经历两次完全相同的战争，因为构成和影响战争的因素也在不断地变化着。

因此，将帅们需要知道一些相对固定的程式，比如在某些情况下能够做什么，应该做什么；但更要根据战场上的实际情况对这些程式进行取舍，有些路不能走，有些目标不能攻击，君主所下达的有些命令不一定要执行，一切都根据现实情况而定。

孙子所说的善于打仗的将帅，是那些长于迅速准确地判断形势，能够灵活机变地采取相应策略的人。正如他所说："是故智者之虑，必杂于利害。"

没有杰出智慧的军事将领只能逞匹夫之勇，难以成就大事。而对于任何一个行业的管理者来讲，杰出的智慧就像一盏明灯之于黑夜那样重要。随着现代科学技术的高速发展，生产技术日趋精密，分工明确而细致，生产力大幅度提高，随之而来的竞争压力也越来越大。在这种情况下，一个企业是在激烈的竞争中脱颖而出，还是被势不可挡的滔滔洪流所淘汰，在很大程度上取决于这个企业的领导者是否具有杰出的智慧，是否具有敏锐的市场洞察力、判断力和决策力，从而在纷繁复杂的形势下权衡利弊，趋利避害，把风险降低到最小，实现利益的最大化。

行军篇

【原文】

孙子曰：凡处军相敌[①]：绝山依谷[②]，视生处高[③]，战隆无登[④]，此处山之军也。绝水必远水[⑤]；客绝水而来[⑥]，勿迎之于水内，令半济而击之[⑦]，利；欲战者，无附于水而迎客[⑧]；视生处高，无迎水流[⑨]，此处水上之军也。绝斥泽[⑩]，惟亟去无留[⑪]；若交军于斥泽之中，必依水草而背众树，此处斥泽之军也。平陆处易而右背高[⑫]，前死后生[⑬]，此处平陆之军也。凡此四军之利[⑭]，黄帝之所以胜四帝也[⑮]。

凡军好高而恶下[⑯]，贵阳而贱阴[⑰]，养生而处实[⑱]，军无百疾，是谓必胜。丘陵堤防，必处其阳而右背之。此兵之利，地之助也[⑲]。上雨，水沫至，欲涉者，待其定也。

凡地有绝涧、天井、天牢、天罗、天陷、天隙[⑳]，必亟去之，勿近也。吾远之，敌近之；吾迎之，敌背之。军行有险阻、潢井葭苇[㉑]、山林翳荟者[㉒]，必谨复索之[㉓]，此伏奸之所处也。

【注释】

①处军：指行军作战中，在各种不同的地形条件下，军队行军、作战、驻扎诸方面的处置方法。处，处置、部署。相敌：指观察判断敌情。相，观察。②绝：横渡、穿越。③视生处高：居高向阳。视生，向阳。④战隆无登：指在高地上与敌人作战，不宜自下而上仰攻。隆，高地。登，攀登。⑤绝水必远水：横渡江河，要驻扎在离河流稍远的地方，这样才有进退回旋的余地。⑥客：这里指敌军。⑦勿迎之于水内，令半济而击之，利：不要在敌军刚到水边时就迎击，而应该乘敌军渡

若交军于斥泽之中，必依水草而背众树。

河渡到一半时发起攻击。这时敌首尾不接，行列混乱，攻击容易取胜。迎，迎击。水内，水边。半济，渡过一半。济，渡。⑧附：靠近。⑨无迎水流：不要逆着水流在敌军的下游布阵或驻扎，以防敌军投毒、顺流来攻或是决堤淹我。迎，逆。⑩绝斥泽：通过盐碱沼泽地带。斥，盐碱地。泽，沼泽地。⑪惟亟去无留：指遇到盐碱沼泽地带，应当迅速离开，不可停留驻军。惟亟去，指应该迅速离开。惟，宜。亟，急、迅速。去，离开、离去。⑫平陆处易而右背高：指遇到开阔地带，应该选择在平坦之处安营扎寨，最好把军队置于高地前，以高地为倚托。平陆，平原地带。易，平坦。右背高，指军队要背靠高地以为依托。右，上的意思，古时以右为上。⑬前死后生：前低后高。死，这里是低的意思。生，这里是高的意思。⑭四军：指前文所述的山、水、斥泽、平陆四种地形条件下的处军原则。⑮黄帝之所以胜四帝也：这就是黄帝能战胜四方部族首领的缘由。传说黄帝曾败炎帝于阪泉，诛蚩尤于涿鹿，北逐獯鬻，统一了黄河流域。四帝，四方之帝，即四方部落联盟的首领，一般指炎帝、蚩尤等人。⑯好（hào）高而恶（wù）下：喜欢高处而厌恶低下的地方。⑰贵阳而贱阴：重视向阳之处而轻视阴湿地带。贵，重视。阳，向阳干燥的地方。贱，轻视。阴，背阴潮湿的地方。⑱养生：指物产丰富、便于生活的地方。实：坚实，这里指地势高的地方。⑲地之助：指得自地形的辅助。⑳绝涧：指两岸陡峭、溪谷深峻、水流其间的地形。天井：指四周高峻、中间低洼的地形。天牢：指高山环绕、易进难出的地形。牢，牢狱。天罗：指草深林密，荆棘丛生，军队进入后如同陷入罗网中难以摆脱的地形。罗，罗网。天陷：指地势低洼、道路泥泞、车马易陷的地形。陷，陷阱。天隙：指两山相向、涧道狭窄、难于通行的谷地。㉑潢（huáng）井葭（jiā）苇：指长满芦苇的低洼地带。潢井，积水低洼之地。潢，积水池；井，指内涝积水、洼陷之地。葭苇：芦苇，这里泛指水草丛聚之地。㉒山林翳（yì）荟（huì），指草木长得很繁茂的山林地带。翳荟，草木长得很茂盛。㉓必谨复索之：必须谨慎、反复地搜索。复，反复。索，寻找、搜索。

【译文】

孙子说：凡是部署军队和观察敌情，都应该注意：通过山地时，要沿着低谷行进；安营扎寨时，要选择居高向阳之地；如果敌人占据了高地，千万不可仰攻，这些是在山地行军布阵的法则。横渡江河之后，应当驻扎在离江河稍远的地方；如果敌军渡河来战，不要在河中迎击，而要等它渡水渡到一半时予以攻击，这样最有利；要想同敌人决战，就不要在紧靠水边的地方迎击敌人；应当在居高向阳的地方安营，切勿迎着水流布阵或驻扎，这些是在江河地带行军布阵的法则。通过盐碱沼泽地带时，应当迅速离开，不可停留；若是在盐碱沼泽地带遭遇敌人，务必使军队靠近水草而背倚树林，这些是在盐碱沼泽地带行军布阵的法则。在开阔的平原地带驻军，要选择地势平坦的地方，最好背靠高处，造成前低后高的态势，这些是在平原地带行军布阵的法则。以上四种行军布阵原则所带来的好处，是黄帝能战胜“四帝”的原因所在。

凡是驻军，总是喜欢高地而厌恶低洼的地方；总是看重干燥向阳的地方而轻视阴冷潮湿的地方；最好是驻扎在物产丰富、便于生活的地方，将士们才不会生出各种疾病，这是军队必胜的重要保证。在丘陵、堤防地带，必须驻扎在向阳的一面，而且要背靠着它。这些都是对行军布阵有利的措施，是地形地势对军队的辅助。河流上游下雨涨水，水沫漂来，洪水将至，若想涉水渡河，一定要等到水势平稳以后再渡，以防山洪暴至。

凡是遇上“绝涧”、“天井”、“天牢”、“天罗”、“天陷”、“天隙”这些地形，必须迅速离开，不要靠近。我军要远离它，而让敌军接近它；我军要面向它，而让敌军背靠它。行军过程中遇到险阻、积水低洼之地、水草丛聚之地、山林茂密以及草木繁盛的地方，必须谨慎地、反复地搜索，因为这些区域都是敌人容易设下伏兵和隐藏奸细的地方。

凡军好高而恶下

军队驻扎，要选择居高向阳的地方。行军、驻军都要讲求自然条件的选择，这样才能有助于顺利前进。

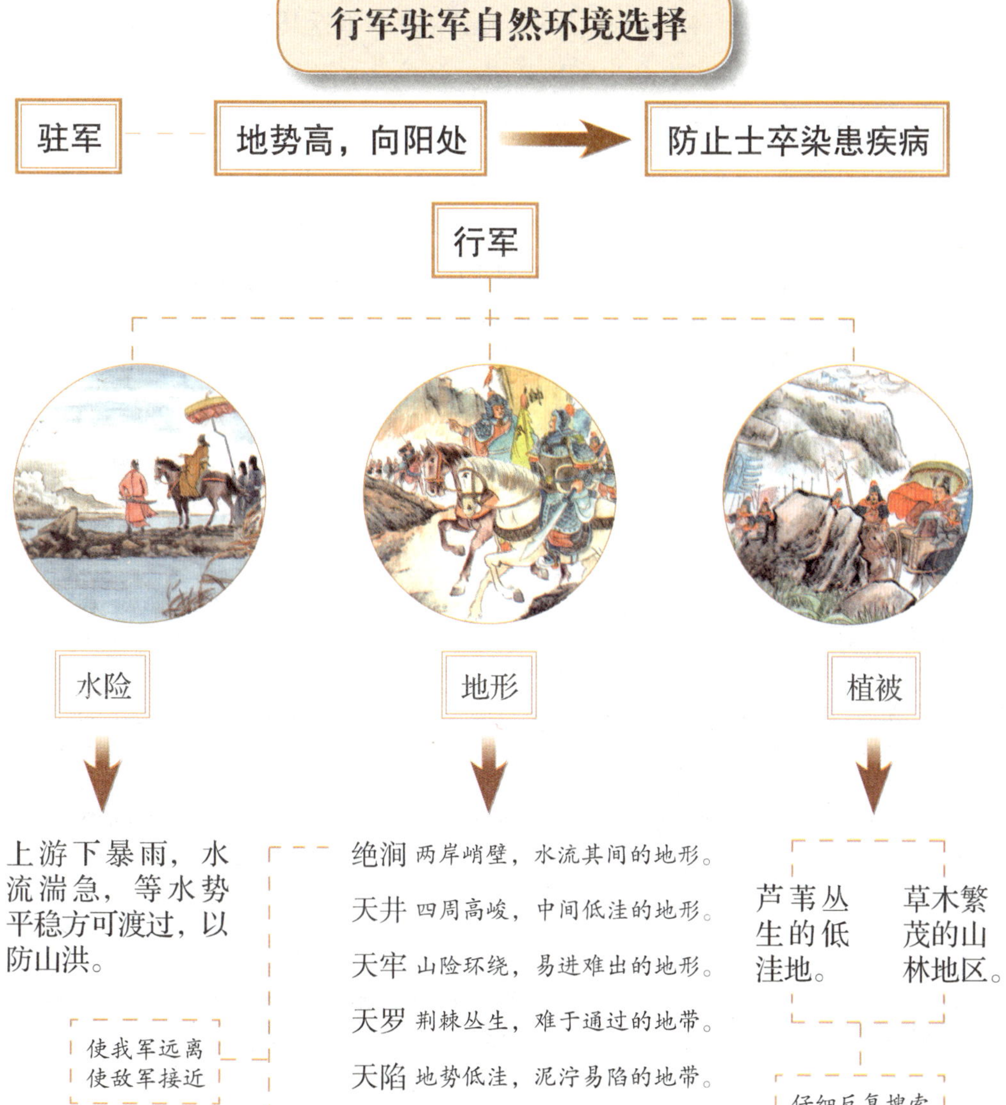

【原文】

敌近而静者，恃其险也；远而挑战者，欲人之进也；其所居易者，利也①。众树动者，来也；众草多障者，疑也②；鸟起者，伏也；兽骇者，覆也③。尘高而锐者，车来也；卑而广者，徒来也④；散而条达者⑤，樵采也；少而往来者，营军也⑥。辞卑而益备者⑦，进也；辞强而进驱者，退也⑧；轻车先出居其侧者，陈也；无约而请和者，谋也；奔走而陈兵车者，期也⑨；半进半退者，诱也。杖而立者⑩，饥也；汲而先饮者，渴也；见利而不进者，劳也。鸟集者，虚也；夜呼者，恐也；军扰者，将不重也；旌旗动者，乱也；吏怒者，倦也；粟马肉食⑪，军无悬缻⑫，不返其舍者，穷寇也。谆谆翕翕⑬，徐与人言者，失众也；数赏者，窘也⑭；数罚者，困也⑮；先暴而后畏其众者，不精之至也⑯；来委谢者，欲休息也⑰。

兵怒而相迎，久而不合，又不相去，必谨察之。兵非益多也⑱，惟无武进⑲，足以并力、料敌、取人而已⑳；夫惟无虑而易敌者㉑，必擒于人。

卒未亲附而罚之则不服㉒，不服则难用也；卒已亲附而罚不行，则不可用也。故令之以文，齐之以武㉓，是谓必取㉔。令素行以教其民㉕，则民服；令不素行以教其民，则民不服。令素行者，与众相得也㉖。

【注释】

①其所居易者，利也：指敌军之所以不扼守险要而驻扎在平地上，一定有它的好处和用意。②众草多障者，疑也：在杂草丛生的地方设有许多遮障物，这是敌人企图迷惑我。③兽骇者，覆也：野兽受惊奔窜，这是敌军大举来袭。覆，覆盖。④徒：步兵。⑤散而条达者，樵采也：飞尘分散而细长，时断时续。这是敌人在砍薪伐柴。条达，指飞尘分散断续的样子。⑥营军：准备设营的敌军。⑦辞卑而益备：指敌人派来的使者言词谦卑，暗中却加紧备战。辞，同“词”，言词。⑧辞强而进驱者，退也：敌人派来的使者言辞强硬，并摆出进逼的姿态，这往往是撤退的征兆。⑨期：期求，这里指期求与我军交战。⑩杖而立：倚仗手中兵器而站立。杖，扶、依仗。⑪粟马肉食：指敌军用粮食喂战马，杀牲口吃。⑫军无悬缻（fǒu）：指军队收拾炊具。缻，同“缶”，汲水用的瓦罐，泛指炊具。⑬谆淳翕翕（xī）：士卒聚在一起低声议论。谆谆，叮咛。翕翕，聚合。⑭数赏者，窘也：敌军一再犒赏士卒，这往往说明敌人已经没有办法了。⑮数罚者，困也：敌军一再处罚士卒，这往往说明其已经陷入困境。⑯先暴而后畏其众者，不精之至也：将帅先对士卒凶暴，后来又惧怕士卒，这太不精明了。精，精明。⑰来委谢者，欲休息也：敌方托词派使者来谈判，是想休战。委谢，指敌方托词派使者来谈判。委，托、借。谢，告、语。休息，这里指休兵息战。⑱兵非益多：兵力不是越多越好。⑲惟无武进：只是不要恃武冒进。武进，恃勇轻进，即冒进。⑳足以并力、料敌、取人而已：指能做到集中兵力、正确判断敌情、争取人心以便使部下全心效力就可以了。并力，合力，这里指集中兵力。料敌，分析判断敌情。取人，善于争取人心。㉑无虑而易敌：没有深谋远虑而又轻敌妄动。易，轻视。㉒亲附：亲近依附。㉓令之以文，齐之以武：指用政治、道义来教育士卒，用军纪、军法来约束管理士卒。文，这里指政治、道义。武，这里指军纪、军法。㉔必取：必胜。取，取胜。㉕素行：平素认真施行。素，平素、一贯。民：这里指士卒。㉖令素行者，与众相得也：

指军令平素能够顺利执行的，是因为军队统帅同兵卒之间相处融洽、相互信任。相得，相投合，即相互信任。得，亲和。

【译文】

敌军离我很近而仍保持镇静的，这是仗着它占据了险要的地形；敌军离我很远而前来挑战的，是想引诱我进入圈套；敌军之所以（不扼守险要而）居于平地，一定是因为有利可图。林中树木摇动，一定是敌军正向我袭来；草丛中多设遮蔽物，一定是敌人布下疑阵想迷惑我；鸟儿惊起，是因为下面设有伏兵；野兽受惊奔逃，是因为敌军大举来袭；飞尘又高又尖，这是敌人的战车驰来；飞尘低而宽广，这是敌人的步兵向我开来；飞尘断续分散，这是敌人在砍柴（并拖往营中）；飞尘稀薄而时起时落，这是敌人正准备安营扎寨。敌方使者言词谦卑而暗中加紧战备的，是要向我发起进攻；敌方使者言辞强硬而敌军又向我驱驰进逼的，是在准备撤退；敌人先出动轻型战车并且部署在侧翼的，是在布列阵势；敌人没有事先约定就突然来请和的，其中必定有阴谋；敌人（频繁调动）往来奔走，并且已经摆开兵车列阵的，是想要与我军交战；敌军半进半退（往复徘徊）的，是想要引诱我军上前。敌兵倚仗手中的兵器才能站立的，是因为饥饿；敌兵从井中打上水就争相饮用的，是因为（缺水）干渴；敌人见到利益而不进兵的，是因为疲劳过度；敌营上有飞鸟停集的，说明已是空营；敌营夜间有人惊呼叫喊的，说明其心中恐惧；敌营惊扰纷乱的，说明敌将没有威严；敌营旌旗胡乱摇动的，说明其队伍已经混乱；敌人官吏急躁易怒的，说明其已经疲倦；敌人用粮食喂马，杀牲口吃，收拾炊具，部队不返回其营寨的，是准备拼死一搏；士卒聚在一起低声议论，敌将低声下气同部下讲话的，是已经失去人心；敌将一再犒赏部属的，说明已经无计可施；敌将一再惩罚部属的，说明已经陷入困境；将帅先对士卒暴虐而后又畏惧士卒的，说明他不精明了；敌人托词派使者来请求谈判的，是想休兵息战。

令素行者，与众相得也。

敌军盛怒而与我对阵，却久不交战，又不离去，必须谨慎地观察它的意图。兵力并非越多越好，只要不轻敌冒进，并能集中兵力，判明敌情，得到部下的信任和全心效力，也就足够了。只有那些不懂得深思熟虑而又狂妄轻敌的人，才必然会成为敌人的俘虏。

士卒还没有亲附自己就贸然处罚他们，那他们就不会真心顺服；不真心顺服，就难以使用他们去打仗了。士卒对自己已经亲近依附，但仍不执行军纪军法，这样也不能使用他们去打仗。所以，要用“文”的手段来教育士卒，用“武”的方法来管理士卒，这样的军队打起仗来必能取胜。平素能严格贯彻命令、教育士卒，士卒就会养成服从的习惯；平素不能严格贯彻命令、教育士卒，士卒就会养成不服从的习惯。平素的命令能顺利贯彻执行，这是将帅与士卒之间关系融洽（相互取得了信任）的缘故。

实用谋略

郭威治军“齐之以武”

孙子在治军方面提出了“令之以文，齐之以武”的原则，并要求赏罚适时适度。郭威治军的故事，就是一个很好的例子。

五代十国时期，后汉发生了李守贞、赵思绾、王景崇为首的“三镇之乱”，朝廷派大将郭威率兵前去征讨。

出征前，郭威向太师冯道请教治军之策，冯道说：“李守贞是一员老将，他所依靠的，是将士同心。若是你能重赏将士，必定能打败他。”郭威听罢，连连点头。

郭威治军“齐之以武”。

李守贞盘踞于河中城（今山西永济市蒲州镇）外，郭威率军到达城外，切断城内与外界的联系，准备以长期围困的方法来逼迫李守贞投降。

郭威牢记冯道的教诲，部下有功即赏，将士受伤患病即去探望，即使犯了错误也不加严惩。时间一长，尽管郭威赢得了军心，但是军队里的姑息养奸之风也蔓延开来。

李守贞陷入重围后，几次想派人向西突围，去找赵思绾联络，但都被郭威击退。后来，李守贞听说了郭威治军的情况，便派一批精干的将士秘密潜出河中城，扮作平民百姓，在郭威驻军营地附近开设了数家酒店。这些酒店不仅价格低廉，而且可以赊账。

既有这等美事，郭威手下的士卒们自然经常结伴前去喝酒，还喝得酩酊大醉，将领们也不加约束。李守贞见计策奏效，遂派部将王继勋率千余精兵乘夜偷偷潜入河西后汉军营，发动突袭。后汉军毫无戒备，被杀得四处溃逃。

郭威知道后，急忙调派人手增援，但将士们只是你看看我，我看看你，竟无人敢奋勇向前。危急中，裨将李韬舍命冲出，众将士这才鼓足勇气，跟了上去。王继勋兵力不足，又无后援，功亏一篑，只能退回河中城。

这次突袭给郭威敲响了警钟，军纪松弛所造成的危害令他不寒而栗，于是下令道："若非犒赏宴饮，所有将士一律不得私自饮酒，违者军法论处。"谁知军令颁布的第二天清早，郭威爱将李审就违反了军令。李审是郭威的爱将，郭威听说后，又气又恨，尽管心有不忍，但是再三思量之下，还是令人将李审推出营门斩首示众，以正军法。

将士们见郭威连爱将李审都杀掉了，这才收敛了放纵之心，从此，后汉军纪严明，万众一心。没过多久，郭威便向河中城发起攻击，一举平定了李守贞，又趁势击败了赵思绾和王景崇，最终平定了"三镇之乱"。

郭威在治军初期以优厚的赏赐来聚拢人心，让士兵归顺依附；后来又及时醒悟，以严厉的军纪约束将士，甚至不惜杀死爱将来树立威严，因此最终平定了"三镇之乱"。

【点评】

《行军篇》里所论述的内容可以扼要地归纳为三点：处军、相敌和治军。"处军"是指在各种地形条件下，对于军队行军、作战、驻扎等问题的处置方法；"相敌"是指观察和判断敌情；"治军"就是对于军队的治理。

在孙子所处的时代，并没有精密的观测仪器和数据统计手段作为辅助，《行军篇》中的"相敌"三十二法，是白昼时直接用视力在阵地前沿进行敌情观测的方法的总结，这些方法虽然原始，却具体而生动。孙子能见微知著，看到事物的本质，着实令人佩服。

两军对垒时，有些将领和孙子一样明察秋毫，能从一些微不足道的现象中，通过逻辑推理，判断出对方的动态和战争的走向。有些将领却对这些现象视而不见，以致错失良机招致惨败。为什么会出现这种情况呢？这里面自然有经验丰富与否的因素，但更重要的是将领在察微知著这一重要素质上存在着很大的差异。

察微知著，需要丰富的经验、通透的洞悉力和判断力，还需要谨慎又大胆的推理。“察微知著”中，关键在于“知”。能透过“微”看到“著”，是一个成功人士必备的能力。

生活中亦是如此。注重生活中的细节，或许会发现重大的内涵和意义。牛顿关于苹果与地心引力说的故事，我们都耳熟能详。我们不一定要成为牛顿那样伟大的科学家，但是细心观察生活，发现生活之美，不也能给生活增添乐趣和价值吗？

讲究“文武”之道，凡事以身作则，如果我们能在生活中努力做到这两点，一方面可以使自己做事情更有效率；另一方面可以团结激励身边的人，最大限度地发挥团体的力量。

地形篇

【原文】

孙子曰：地形有通者①，有挂者②，有支者③，有隘者④，有险者⑤，有远者⑥。我可以往，彼可以来，曰通；通形者，先居高阳，利粮道，以战则利。可以往，难以返，曰挂；挂形者，敌无备，出而胜之；敌若有备，出而不胜，难以返，不利。我出而不利，彼出而不利，曰支；支形者，敌虽利我，我无出也；引而去之⑦，令敌半出而击之，利。隘形者，我先居之，必盈之以待敌⑧；若敌先居之，盈而勿从，不盈而从之。险形者，我先居之，必居高阳以待敌；若敌先居之，引而去之，勿从也。远形者，势均，难以挑战，战而不利。凡此六者，地之道也⑨；将之至任，不可不察也。

故兵有走者⑩，有弛者⑪，有陷者⑫，有崩者⑬，有乱者，有北者。凡此六者，非天之灾，将之过也。夫势均，以一击十，曰走。卒强吏弱，曰驰。吏强卒弱，曰陷。大吏怒而不服⑭，遇敌怼而自战⑮，将不知其能，曰崩。将弱不严，教道不明⑯，吏卒无常⑰，陈兵纵横⑱，曰乱。将不能料敌，以少合众，以弱击强，兵无选锋⑲，曰北。凡此六者，败之道也；将之至任，不可不察也。

【注释】

①通者：这里指广阔平坦，四通八达，我可以去，敌人也可以来的地区。通，通达。②挂者：这里指前平后险、易入难出的地区。挂，悬挂、牵碍。③支者：这里指敌对双方皆可据险对峙，不易发动进攻的地区。支，支撑、支持。④隘者：狭窄之地，这里指两山之间狭窄的通谷。⑤险者：险要之地。⑥远者：这里指敌我相距很远。⑦引：

我可以往，彼可以来，曰通。

引导、率领。⑧ 必盈之以待敌：一定要动用充足的兵力堵住隘口，以对付来犯的敌军。盈，满、充足。⑨ 地之道：关于利用地形的原则。⑩ 兵：这里指败兵。⑪ 驰：涣散、松懈，这里指将官软弱无能、队伍涣散。⑫ 陷：陷没，这里指虽然将官勇猛顽强，但士卒没有战斗力，导致将官孤身奋战，力不能支，最终陷于失败。⑬ 崩：土崩瓦解，比喻溃败。⑭ 大吏怒而不服：小将（部将）怨怒，不服从指挥。⑮ 怼（duì）：怨恨。⑯ 教道：指对部下的训练、教育。⑰ 常：指常法，法纪。⑱ 陈：同“阵”。⑲ 选锋：挑选勇敢善战的士卒组成的精锐部队。

【译文】

孙子说：地形可分为通、挂、支、隘、险、远六种。凡是我军可以去，敌军可以来的，叫作“通”。在通这种地形条件下作战，应该抢先占领地势高而向阳的地方，并保证粮草运输畅通无阻，这样作战就有利。凡是可以前往，但难以回退的，叫作“挂”。在挂这种地形条件下作战，如果敌人没有防备，就可以突然出击从而战胜它；如果敌人已经有了防备，出击了却不能取胜，而又难以退回，这样对我军就会很不利。我军出击不利，敌军出击也不利的地形，叫作“支”。在支这种地形条件下作战，即使敌人以利益来引诱我，我也不能出击，最好是佯装引军撤退，诱使敌人出击，待它出动到一半的时候，我突然发起攻击，这样就会对我军有利。在“隘”这种地形条件下作战，我军若能抢先占领，就要用重兵封锁隘口，等待敌人的到来。如果敌人已经抢先占领隘口，并用重兵防守，我就不要去攻打；如果敌人没有用重兵封锁隘口，就迅速攻取它。在“险”这种地形条件下作战，若是我抢先将其占领，那就必须控制那些地势高而向阳的地方，等待敌人的到来；若是敌人抢先将其占领，那就应该引军撤退，不要去进攻。在“远”这种地形条件下作战，敌我双方势均力敌，不宜挑战；若是勉强求战，会对我军产生不利影响。以上六点，均是利用地形作战的原则，是将帅的重要责任之所在，不可不认真考察研究。

导致军队作战失败的情况可以分为走、弛、陷、崩、乱、北六种。凡是属于这六种情况的，都不是上天降下的灾祸，而是由于将帅的过失造成的。在敌我双方势均力敌的情况下，以一击十（而导致失败）的，叫作“走”。士卒强悍、将官懦弱（而导致失败）的，叫作“弛”。将官强悍、士卒懦弱（而导致失败）的，叫作“陷”。部将对主将有所怨怒，不服从指挥，遇到敌人意气用事，擅自出战，

隘形者，我先居之，必盈之以待敌。

主将不了解他的能力（而导致失败）的，叫作“崩”。主将软弱缺乏威严，训练教育军队方法不得当，官兵都不守规矩，布阵列兵杂乱无章（而导致失败）的，叫作“乱”。主将不能正确判断敌情，以少击多，以弱攻强，又没有精锐部队作为中坚力量（而导致失败）的，叫作“北”。以上六点，均是导致军队败亡的原因，是将帅的重要责任，不可不认真考察研究。

凡此六者，败之道也

导致军队失败的有六种情况，需要多加注意，不要因人为因素而导致功败垂成。

六种导致失败的人为因素

走

敌我实力相当，派兵去打十倍于己的敌军而失败。

崩

将领不服从命令，遇敌莽撞迎战，主将又不了解其情况，无法加以指挥而失败。

驰

士卒强悍，将吏懦弱，以致军队散漫而失败。

乱

主将懦弱，缺乏威信且训教不明，使士卒无所遵循而失败。

陷

将吏强势，士卒懦弱，以致军队畏缩而失败。

北

主将不能正确估计敌情，以少击多，以弱击强，且没有精锐部队而失败。

凡此六者
败之道也

【原文】

夫地形者，兵之助也。料敌制胜，计险阨远近①，上将之道也②。知此而用战者必胜，不知此而用战者必败。故战道必胜③，主曰无战，必战可也；战道不胜，主曰必战，无战可也。故进不求名，退不避罪，唯人是保④，而利合于主⑤，国之宝也。

视卒如婴儿，故可与之赴深谿⑥；视卒如爱子，故可与之俱死。厚而不能使⑦，爱而不能令⑧，乱而不能治，譬若骄子，不可用也⑨。

知吾卒之可以击，而不知敌之不可击，胜之半也；知敌之可击，而不知吾卒之不可以击，胜之半也；知敌之可击，知吾卒之可以击，而不知地形之不可以战，胜之半也。故知兵者⑩，动而不迷，举而不穷⑪。故曰：知彼知己，胜乃不殆；知天知地，胜乃不穷。

【注释】

①险阨（è）：这里是指地势的险易情况。阨：通“厄”，险要之处。②上将：这里指主将。③战道：指战场实情。④唯人是保：指对个人的处境毫不在意，只求保全民众和士卒。人，指士卒、民众。⑤利合于主：符合于国君的利益。主，指国君。⑥深谿：极深的溪涧，这里比喻危险地带。谿，同“溪”。⑦厚：厚养、优待。⑧爱而不能令：对士卒只知溺爱而不能令使。爱，溺爱。令，令使、使用。⑨譬若骄子，不可用也：此句指为将者，仅施仁爱而不济以威严，只会使士卒成为骄子而不能使用。⑩知兵者：指真正懂得用兵的将帅。⑪举而不穷：变化无穷使敌人难以捉摸。举，措施。

【译文】

地形是用兵打仗取得胜利的辅助条件。正确判断敌情，掌握制胜的主动权，研究地形的险易，计算道路的远近，这些都是高明的将帅能够取胜的方法。掌握了这些方法而应用于指挥作战的就必定能够胜利，不掌握这些方法而去指挥作战的就必定会失败。所以，如果根据战场实情进行分析，有着必胜把握的，即使国君主张不要打，坚决去打也是可以的；如果根据战场实情进行分析，没有必胜把握的，即使国君主张一定要打，不打也是可以的。进不谋求战胜的功名，退不回避违抗君命的罪责，只求使民众和士卒得以保全，行动符合于国君的利益，这样的将帅才算是国家的宝贵财富。

将帅对待士卒如同爱护婴儿，那么士卒就会与他共赴艰险；将帅对待士卒如同爱护自己的儿子，那么士卒就会与他同生共死。对士卒过分宽厚就无法使用他们，过分溺爱就无法命令他们，管理混乱松懈就无法约束治理他们，这样的军队就好像娇生惯养的孩子，是不能用来打仗的。

只了解自己的军队有能力去攻击敌人，而不了解敌人不可以攻击，取胜的可能性只有一半；只了解敌人能够被击败，而不了解（时机尚未成熟）自己的军队还不宜去攻击敌人，取胜的可能性也只有一半；知道敌人能够被击败，并且知道（时机已经成熟）我军可以前去攻打它，但不了解地形条件不利于作战，取胜的可能性仍然只有一半。所以，真正懂得用兵的将帅，行动时不会迷惑，采取的战略战术变化无穷。所以说：了解自己，了解敌人，就能常胜不败；了解天时，了解地利，胜利就可以永无穷尽。

视卒如婴儿，故可与之赴深谿；视卒如爱子，故可与之俱死。

实用谋略

东晋灭南燕之战

淝水之战后，前秦很快灭亡，北方暂时统一的局面被打破，先后建立起十几个割据政权，它们互相争斗，混战不休。其中比较强大的政权是北魏，与东晋接壤的是南燕和后秦，南燕的建立者为鲜卑族慕容德。

东晋在淝水之战后接连收复了徐、兖、青、豫、梁等州（今山东、江苏、河南、陕南地区）。然而，没过多久，东晋发生内乱，这些地方落入了南燕和后秦手中。

东晋大将刘裕本是平民出身，后来在战争中崭露头角，逐步掌握了东晋的军政大权。刘裕当权后，一方面排除异己，扩充自己的势力；一方面轻徭薄赋，以缓和社会矛盾。同时，他打着恢复中原的旗号，加紧训练军队，积极准备北伐。这些措施的施行，巩固了刘裕的地位，也增强了东晋的经济和军事实力，为北伐创造了条件。

南燕是刘裕进攻的第一个目标。在与南燕的战争中，刘裕准确判断敌情，慎重选择北伐路线，根据地形灵活变换战术，最终取得了北伐的胜利。

公元 409 年三月，南燕君主慕容超派将军慕容兴宗等人率骑兵袭占东晋的宿豫（今江苏宿迁），俘虏了阳平太守和济阴（今山东定陶西北）太守。随后又派将军公孙归攻陷济南，俘虏了太守及百姓千余人。

为了争取广大民众的支持，提高自己的威望，刘裕上表请求北伐南燕，以收复失地。刘裕的这一主张，只得到了少数人的支持，大多数朝臣均认为不可。刘裕便向他们作了一番分析，指出南燕的弱点：国土较小，政治腐败，没有长远的战略眼光。刘裕说服了皇帝，决定以水军、车兵、步兵、骑兵联合作战，并制订了沿途筑城、分兵留守、巩固后方、主力长趋北进的作战方针。

同年四月十一日，刘裕率领十万大军从建康出发，由水路过长江，自淮水至泗水前行，五月抵达下邳（今江苏沂北）。刘裕扔下航船辎重，率步兵向南燕境内的琅琊（在今山东临沂北）进发，并沿途筑建城堡，分兵留守，以防被南燕骑兵切断后路。

晋军到达琅琊之前，南燕早已得到消息，急忙将莒城（今山东莒县）、梁父（今山东泰安）的守军调走。晋军继续向前开进，打算从琅琊至广固（在今山东青州西北），然后直捣南燕都城。

当时，从琅琊到广固的路有三条：一是沿沂水北上，由琅琊经东莞（今山东莒县东莞镇），越过大岘山（在今山东沂水北），直捣临朐（今山东临朐）、广固，此乃捷径，水路运输比较方便；但大岘山极为险峻，山高七十余丈，周围二十多里，山上关口（今穆陵关）只能通过一辆战车，有“齐南天险”之称。二是向东北经莒城、东武（今山东诸城）入潍水北上，再折向西，进趋广固；此路迂远，劳师费时。三是向北越泗水经梁父，再转向东逼近广固；这条路中山路太多，行

南燕将领公孙归攻陷济南。

军、运输均比较困难。

经过反复斟酌，刘裕决定走第一条线路，他的部将心中疑虑，说:“如果南燕军仗着大岘山这道天险伏击我军，或者坚壁清野断绝我军的粮草，我军孤军深入，恐怕不仅无法灭燕，还将败无归路。”

面对疑问，刘裕胸有成竹地侃侃而谈:“之前，南燕曾利用其骑兵优势两次攻入东晋淮北地区，却只是掳掠人口、财物而没有攻城占地。”据此，刘裕判断:南燕首领是个没有深谋远虑的贪婪之辈，进则专思抢掠，退则吝惜禾苗。加上之前南燕弃守莒城、梁父等要地，刘裕坚信，南燕一定认为晋军孤军远征，难以持久，所以不准备在大岘山以南作战，而有意引诱晋军主力深入南燕腹地，然后以临朐、广固等坚城为依托，在平坦地区同晋作战，以便使自己的骑兵优势得到最大限度的发挥，因此他们进不会过临朐，退不会守广固，并且绝不会守险清野。听了这番分析，将士们坚定了北越大岘山、直捣南燕腹地同燕军作战的决心。

早先慕容超得知晋军北上的消息时，便召群臣商议对策，征虏将军公孙五楼提出了三条计策，他说:“晋军轻捷果敢，意在速战，我军不应与其正面交锋，而应扼守大岘，阻止敌军深入，用拖延时日的办法来挫其锐气；然后选精骑沿海南下，切断敌军粮道，另命兖州之兵沿着山路东下，腹背夹击，这是上策。命令各地郡守据险固守，坚壁清野，同时毁掉地里的庄稼，使晋军无法就地掠夺粮草，又求战不得，只需数月，晋军弹尽粮绝，自然会乖乖撤兵，我军就可以轻松获胜，这是中策。放纵敌人越过大岘山，出城正面迎战，这是下策。

如果采取上策，燕军就可以凭险固守，阻挡晋军深入南燕腹地；即使退却，也有利于发挥燕军骑兵的优势，进可攻，退可守，可以与东晋军队打持久战。中策虽然要损失一些粮食，但也能大量减少己方人员的伤亡。”

但慕容超拒绝采纳上策和中策，认为东晋远道而来，实为疲敝之师，不能久战。而自己据五州（徐州、并州、幽州、兖州、青州）之地，拥富庶之民，铁骑万群，麦禾布野，为什么要抢先拔除禾苗、迁徙民众，使自己蒙受损失呢？于是决定采纳下策。手下将领极力劝谏，希望他能回心转意，慕容超却一意孤行。桂林王兼太尉慕容镇退朝后叹息说:“陛下既不同意出大岘迎敌，又不准坚壁清野，放纵敌人深入我腹地，无异于坐以待毙，我们必将落个身死国灭的下场啊！”慕容超听说后，勃然大怒，立刻将慕容镇下狱。不久，他调回了莒城、梁父的守军，修筑广固城池，整顿兵马以待晋军。

六月十二日，晋军到达莒城，然后火速越过大岘山。眼见脱离险境，而燕军又未采取行动，刘裕总算松了一口气，对左右说道:“现在我军已经越过了危险地带，深入敌人腹地，士卒们都会拼死作战；而这里的原野上长满了成熟的庄稼，我军再无缺粮之忧。可以说，敌人的命运尽在我的掌握之中。”

经过激烈的争夺，晋军夺取了水源城。水源临近临朐，刘裕开始布置军队，准备与南燕军争夺临朐。六月十八日，晋军主力抵达临朐城南附近，距城只有数里。慕容超突然出动主力骑兵万余夹击晋军。刘裕有针对性地在步兵的两翼布置了四千车兵，并以骑兵在车后机动，组成一个步、骑、车兵相互配合的阵势，有效地抵御了燕军骑兵对晋军步兵主力的冲击。双方激战半日，不分胜负。此时，刘裕的参军胡藩建议说，燕军全部出动，临朐此时守备必定空虚，正可出奇兵走偏僻小道去袭击临朐城。刘裕欣然应允，立即派兵奇袭临朐。临朐兵力薄弱，被晋军一举攻下。慕容超惊慌失措，单骑逃出，刘裕趁机率军猛攻，燕军大败，数十名南燕将军被斩杀，慕容超败回广固，晋军首战告捷。

临朐之战结束后，晋军乘胜连夜发起追击，直逼广固城下。广固城四周都是绝涧，短时间内难以攻取。刘裕命晋军修筑高达三丈的长墙和三重沟堑，打算长时间地围困敌军。刘裕招抚投降的燕军将士，选贤任能，以怀柔之策瓦解敌军军心；同时就地取粮，停止从后方运送粮草，从而使晋军处于更加有利的位置。

面对这一情形，慕容超并没有积极展开防御，而是派尚书张俊、韩范前往后秦搬取援兵，自己则消极等待，将希望都寄托在援兵身上。

后秦此时正和大夏激烈交战，根本无力出动大军救援南燕。九月，张俊、韩范不但未从后秦搬来救兵，反而先后降了刘裕。韩范素来受到南燕人敬重，刘裕便让他绕城宣示燕人降晋之事，燕军士气更加低落。此前，南燕将领张纲也降了东晋，此人善于制造攻城器具，于是晋军让他设计新的攻城器具。

次年二月，刘裕率军发起总攻，南燕尚书悦寿开门迎降。慕容超率领数十名骑兵突围逃走，后被晋军俘虏，送至建康斩首。至此，这场战争以晋胜燕亡而宣告结束。

此战中，刘裕之所以能够取胜，主要在于他既了解自己，也了解敌人，还深切地意识到了地形对于己方的利弊。他正确地分析了南燕政权贪婪、目光短浅的特点，由此料定慕容超不会凭险固守大岘山，于是果断选择了一条捷径直入敌国腹地，大大缩短了战争进程。这正是孙子所说的“料敌制胜，计险阨远近，上将之道也”。

南燕骑兵善于在平原上作战，而晋军步兵在平原作战容易被骑兵冲垮，根据这一情况，刘裕将车阵这一古老的作战队形与战法运用到战争中，组成了一个步、骑、车兵相结合的阵势，从而有效地克己之短，抑敌之长。在两军对峙的时候，刘裕又及时派兵奇袭敌人薄弱的后方，为最后的胜利奠定了基础。根据敌情灵活制订相应的战略战术，这正是“动而不迷，举而不穷”。

晋军成功越过大岘山。

而燕军之所以失败，除了慕容超目光短浅、骄傲自负外，另一个重要原因就是慕容超不懂得利用地形之利而克敌制胜。《地形篇》说：“隘形者，我先居之，必盈之以待敌；险形者，我先居之，必居高阳而待敌。”慕容超弃大岘山之险，放弃了能有力阻击敌人进攻的地形，而选择与敌正面交锋，结果首战失利，不仅丧失了主动权，也严重削弱了军队士气，导致了最后的失败。

【点评】

古代的战争大多数是在陆地与水面上进行的，因此，地形往往对战争的成败有着重要的意义。在《地形篇》中，孙子开门见山地总结了六种地形：“通”、“挂”、“支”、“隘”、“险”、“远”。每种地形都从敌我两个角度考虑其利弊，以及该如何应对。这些缜密而周详的思考不但反映出孙子对于战争规律孜孜不倦、必穷其理的精神，更体现着孙子朴素的辩证思想。

地形是客观存在的，对于各种地形条件的正确认知和运用，是将帅们最重大的责任之一。正如孙子所说，是“将之至任，不可不察也”。很多情况下，地形条件会对战争的胜负产生导向意义，在某些情况下更是直接决定着战争的胜负。

如果说地形是客观存在的，是不能轻易变化的，那么将帅们对于军队的指挥，对于战法的运用，对于部队的治理就是主观能动的，是随时都可以变化和调整的。在这一层面上，孙子讲述了因为将帅的失误或无能而导致军队失败的六种情况：“走”、“驰”、“陷”、“崩”、“乱”、“北”。他强调说：“凡此六者，非天之灾，将之过也。”

虽然战争的结果最终是由某些深层次的原因决定，如人心向背等，但这里讨论的是用兵治军之法，因此只能将战争的胜负定义在有限的范围之内，探讨的是用兵治军之法对于战争的意义与影响。而在通常情况下，将帅对军队的指挥以及

将帅对军队的指挥以及平日里对军队的治理。

平日里对军队的治理，可以理解为决定战争胜负的决定性因素。

而在现实生活中，总会有人做你的上级，或者你去当别人的上级。如果上司无能，自己干起活来肯定满腹牢骚。自己当上司，如果管理不善，只会让下属白流汗水，下属同样会怨恨不服。这么看来，“将帅无能，累死三军”的说法是很有道理的。因此，做上级并非像很多人想象的那样轻轻松松且风光无限，他们往往需要具备更强的能力，还要承担比部下更重大的责任。

在本篇当中，孙子还论述了将帅爱护士卒所应掌握的尺度。他首先对将帅应该爱护士卒予以肯定，他说道：“视卒如婴儿，故可与之赴谿；视卒如爱子，故可与之俱死。”但将帅对士卒的爱护又不同于父母对婴儿的爱护：父母对于婴儿的爱护是无私的，是不要求任何回报的；而将帅对于士卒的爱护则是为了让他们与自己同生共死，这其实是对人心的一种利用。

然而，即便是以恩惠制人，也要掌握尺度。如果施加恩惠而使自己的威严受损，那还不如不施加恩惠。如果士兵因为将帅的爱护而模糊了“将”与“士”之间的界限，那么他们就很可能会产生以下犯上、不服从命令等情绪。这是将帅们需要注意避免的。孙子说“厚而不能使，爱而不能令，乱而不能治，譬若骄子，不可用也”，说的就是这个问题。这段话，也为天下所有为人父母者敲响了警钟，“棍棒底下出孝子”固然不可取，“娇儿不孝”也应该谨记。关爱而不骄纵，引导孩子健康成长，才是正确的教育方式。

九地篇

【原文】

孙子曰：用兵之法，有散地[①]，有轻地[②]，有争地[③]，有交地[④]，有衢地，有重地[⑤]，有圮地，有围地，有死地。诸侯自战其地，为散地。入人之地而不深者，为轻地。我得则利，彼得亦利者，为争地。我可以往，彼可以来者，为交地。诸侯之地三属[⑥]，先至而得天下之众者，为衢地。入人之地深，背城邑多者，为重地。行山林、险阻、沮泽，凡难行之道者，为圮地。所由入者隘，所从归者迂，彼寡可以击吾之众者，为围地。疾战则存，不疾战则亡者，为死地。是故散地则无战，轻地则无止[⑦]，争地则无攻[⑧]，交地则无绝[⑨]，衢地则合交[⑩]，重地则掠[⑪]，圮地则行，围地则谋，死地则战。

所谓古之善用兵者，能使敌人前后不相及，众寡不相恃[⑫]，贵贱不相救[⑬]，上下不相收[⑭]，卒离而不集，兵合而不齐。合于利而动，不合于利而止。敢问："敌众整而将来，待之若何？"曰："先夺其所爱[⑮]，则听矣。"兵之情主速，乘人之不及，由不虞之道[⑯]，攻其所不戒也。

凡为客之道[⑰]，深入则专[⑱]，主人不克[⑲]；掠于饶野[⑳]，三军足食；谨养而勿劳，并气积力[㉑]；运兵计谋，为不可测。投之无所往[㉒]，死且不北，死焉不得[㉓]，士人尽力。兵士甚陷则不惧，无所往则固[㉔]，深入则拘[㉕]，不得已则斗。是故其兵不修而戒[㉖]，不求而得，不约而亲，不令而信。禁祥去疑[㉗]，至死无所之。

吾士无余财，非恶货也；无余命，非恶寿也[㉘]。令发之日，士卒坐者涕沾襟[㉙]，偃卧者涕交颐[㉚]。投之无所往者，诸刿之勇也[㉛]。

故善用兵者，譬如率然[㉜]；率然者，常山之蛇也[㉝]。击其首则尾至，击其尾则首至，击其中则首尾俱至。敢问："兵可使如率然乎？"曰："可。"夫吴人与越人相恶也，当其同舟而济，遇风，其相救也如左右手。是故方马埋轮，未足恃也[㉞]；齐勇若一，政之道也[㉟]；刚柔皆得，地之理也[㊱]。故善用兵者，携手若使一人[㊲]，不得已也。

【注释】

孙子曰：用兵之法，有散地，有轻地。

①散地：指诸侯在自己的领地内同敌人作战，其士卒在危急时很容易逃散的地区。②轻地：指军队进入敌境不深，士卒离本土不远，危急时易于轻返的地区。③争地：指我军占领有利、敌军占领也有利的地区。④交地：指道路纵横、地势平坦、交通便利的地区。交，纵横交叉。⑤重地：指进入敌境已深，隔着很多敌国城邑的地区。⑥三属（zhǔ）：指敌我与其他诸侯国毗邻的地区。属，连接、毗邻。⑦无止：不要停留。止，停留。⑧争地则无攻：指双方必争的要害地区，应该先于敌人占领，若是敌人已抢先占领，则不宜强攻。⑨交地则无绝：指在交地上部署军队，各部之间应保持联系，互相策应，不可断绝。绝，断绝。⑩衢地则合交：指在衢地上应加强外交活动，结交诸侯作盟友，以为己方后援。合交，结交。⑪重地则掠：指深入敌方腹地，后方运输补给困难，要掠夺敌人的粮食，就地解决军队的补给问题。掠，掠取、夺取。⑫众寡不相恃：指大部队与小部队之间不能互相依靠、协同。⑬贵贱不相救：指军官和士兵之间不能相互救援。⑭收：聚集、收拢。⑮先夺其所爱：首先攻取敌人所必救的要害之处。爱，比喻敌人最关键、最重要的地方。⑯由不虞之道：要走敌人不易料到的道路。由，经过、通过。虞，料想，预料。⑰为客之道：指离开本土进入敌境作战的基本原则。客，这里指离开本土进入敌境作战的军队。⑱专：专心一意，这里指深入敌国重地，士卒没有退路，只能死战。⑲主人不克：指在本国作战的军队，无法战胜客军。主人，指在本国作战的军队、被进攻的一方。克，战胜。⑳掠于饶野：掠夺敌方富饶田野上的庄稼。㉑并：合，引申为集中、保持。㉒投之无所往：把部队投置于无路可走的绝境。投，投放、投置。㉓死焉不得：指士卒连死都不怕，还有什么做不到呢？㉔固：牢固，这里指军心稳定。㉕拘：拘束、束缚。㉖不修而戒：士卒不待督促整治，就懂得加强戒备。修，整治。㉗禁祥去疑：禁止迷信活动，消除疑虑和谣言。祥，吉凶的预兆，这里指占卜之类的迷信活动。㉘吾士无余财，非恶货也；无余命，非恶寿也：我军士卒没有多余的钱财，这并不是他们厌恶财货；没有多余的性命（却拼死作战），这并不是他们不想活下去。恶，厌恶。寿，寿命。㉙士卒坐者涕沾襟：坐着的士卒热泪沾满了衣襟。涕，眼泪。襟，衣襟。㉚偃卧者涕交颐：躺着的士卒泪流面颊。偃，仰倒。颐，面颊。㉛诸刿（guì）之勇：像专诸、曹刿那样英勇无畏。诸，专诸，春秋时吴国的勇士。公元前515年，吴公子光（即后来的吴王阖闾）要杀吴王僚自立，于是设宴招待僚。席上，专诸用暗藏在鱼腹中的剑刺死了吴王僚，自己也当场被杀。刿，曹刿，春秋时期鲁国的武士。鲁君与齐君在柯地（今山东东阿）会盟时，他持剑劫持齐桓公，迫使其当场订立盟约，归还齐国所侵占的鲁国土地。㉜率然：古代传说中的一种蛇。㉝常山：即恒山。㉞方马埋轮，未足恃也：把马并排地系在一起，把车轮埋起来，想以这种方式来稳定军队，是靠不住的。方，并列，这里是系在一起的意思。㉟齐勇若一，政之道也：要想使士卒齐心协力，奋勇杀敌，靠的是组织指挥得法。㊱刚柔皆得，地之理也：使强者和弱者都能尽其力，在于恰当地利用地形。刚柔，这里指强弱。㊲携手：这里是带领、统率的意思。

【译文】

孙子说：按用兵的规律，可以将战地分为散地、轻地、争地、交地、衢地、重地、圮地、围地、死地九种。诸侯在自己的领地上与敌作战，这样的地区叫作“散地”；进入敌境但尚未深入敌人腹地，这样的地区叫作“轻地”；我方得到就对我有利，敌方得到就对敌有利的地区，叫作“争地”；我军可以前往，敌军可以前来的地区，叫作“交地”；同几个诸侯国毗邻，先到的就可以结交诸侯并取得援助的地区，叫作“衢地”；深入敌国腹地，隔着很多敌国城邑的地区，称为“重地”；山林、险阻、沼泽等行军困难的地区，叫作“圮地”；进入的道路狭窄险要，退归的道路迂回曲折，敌人以少数兵力就能击败我众多兵力的地区，叫作“围地”；迅猛奋战则能生存，不迅猛奋战就灭亡的地区，叫作“死地”。因此，处于散地则不宜作战；处于轻地则不可停留；遇上争地则要先于敌人占领，如果敌人已经占领，就不宜强攻；遇上交地则（要相互策应）不要断绝联络；进入衢地则应结交诸侯以为己援；深入重地则应掠取粮草物资；遇上圮地则要迅速通过；陷入围地则应运用智谋，防止被困；陷入死地则要迅猛奋战，死里求生。

古时候善于用兵的人，能够使敌人的部队首尾不能相顾，主力与小部队不能相互依靠，将官与士兵之间不能相互救援，上下之间（相互隔断）无法收拢，士卒溃散而不能集中，士卒即使集合起来也是阵型混乱。在对我有利的情况下就行动，在对我不利的情况下就停止。请问：“如果敌军众多而且阵容齐整地向我发起进攻，该如何对付它呢？”答曰：“首先夺取敌人的要害之处，这样，它就不得不听凭我的摆布了。”用兵之道贵在神速，乘敌人措手不及的时候，走敌人意料不到的道路，攻击敌人没有戒备的地方。

大凡进入敌国作战的基本原则是：深入敌境则军心专一，在本土作战的敌军便无法战胜我；掠夺敌人富饶田野上的庄稼，使全军给养充足；精心地养护士卒，不要使他们疲劳，保持士气，积蓄力量；部署兵力，计算谋划，使敌人无法揣测我的意图。将军队置于无路可走的绝境，士卒们就会宁死而不败退；士卒们既然连死都不怕了，就没有人不尽力作战。士兵们深陷危险的境地，就会无所畏惧；无路可走，军心就会稳固；深入敌境，军心就不会涣散；遇到迫不得已的情况，就会殊死战斗。因此，在这样的情况下，军队不须整饬就懂得加强戒备，不待要求就能完成任务，不待约束就能亲密协作，不待下令就会遵守纪律。禁止迷信，消除士卒的疑惑，他们就会至死也不退避。

我军士卒没有多余的钱财，这并不是他们厌恶财货；豁出性命去作战，这并不是他们不想长寿。命令下达之日，坐着的士卒热泪沾满了衣襟；躺着的士卒泪流满面。将军队置于无路可走的绝境，士兵们就会像专诸、曹刿一样勇猛无畏。

所以，善于用兵的人，能使部队像率然一样（自我策应）。所谓“率然”，是常山的一种蛇，攻击它的头部，尾部就会来救援；攻击它的尾部，头部就会来救援；攻击它的中部，头尾都会来救援。试问：“可以使部队像率然一样吗？”答曰：“可以。”吴国人与越国人虽然互相仇视，但是当他们同船渡河而遭遇风浪时，他们互相救助（配合默契）犹如一个人的左手和右手。因此，想用把马匹系在一起、掩埋车轮的办法来控制军队，是靠不住的；要使全军齐心协力奋勇无畏如同一人，就要靠指挥驾驭有方；要使强弱不同的士卒都能充分发挥作用，就要靠将帅恰当地利用地形。所以善于用兵的人，统率三军如同使用一人，这是由于将军队置于不得已的境地而形成的。

何谓九地

古时作战有九种不同的作战地区，每种地区都有相应的用兵原则。对症下药，才能保证战争的胜利。

九种战地区分及应对方法

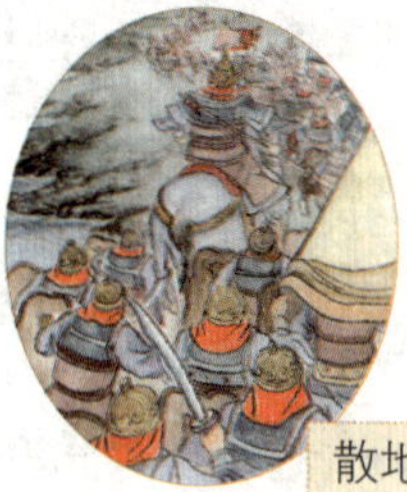

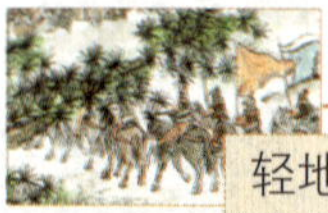

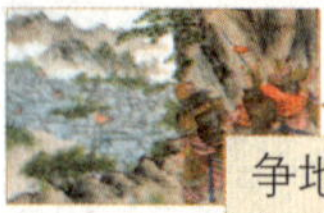

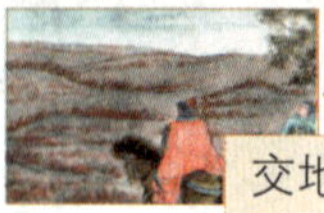

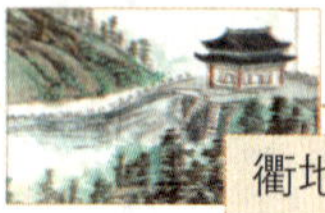

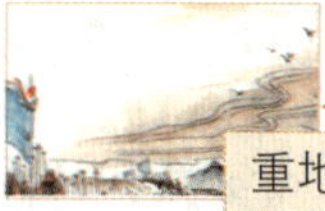

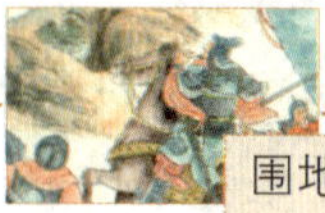

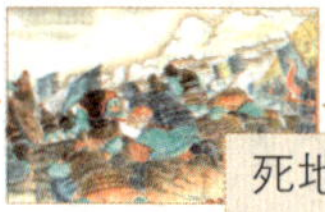

己方
- 散地：诸侯在自己国境内作战地方。→ 不宜作战

敌方

敌国浅近处
- 轻地：进入敌人国境不深的地方。→ 不可停留
- 争地：我军占领有利，敌军占领也有利的地方。→ 先敌占据（如敌方先占领则不可强攻。）
- 交地：我军可往，敌军也可来的地方。→ 各部相连 防敌阻绝

要塞及腹地
- 衢地：敌我及其他诸侯国接壤，先到就能先结交邻近诸国，取得支援的地方。→ 多结交邻国
- 重地：深入敌境，越过很多城邑的地方。→ 夺取物资 就地补给

形势严峻处
- 圮地：山林、险阻、水网、湖沼等难于通行之地。→ 迅速通行
- 围地：进兵的道路狭隘，退回的道路迂远，敌军用少数兵力就能击败我军多数兵力的地方。→ 巧设奇谋

- 死地：奋起反抗才能够生还的地方。→ 迅猛奋战 死中求生

善于用兵者

古时善于用兵的人，有能使敌军溃散的本事，有清楚的用兵原则。

用兵之能

能使敌军

前后军不能相互衔接。

大军和支队不能相互倚靠。

将领和士兵不能相互救助。

上下级不能相互扶持。

被击溃的士兵不能重新集合。

重新集合的士兵不整齐。

如果敌人众多齐整地进攻。→ 夺取最紧要的物资和地盘使其陷于被动

用兵原则

战事合于国家的利益就出兵不合于国家的利益就停止

用兵核心

兵贵神速

趁敌不及。

出敌不意。

攻敌不备。

【原文】

将军之事，静以幽[①]，正以治[②]。能愚士卒之耳目，使之无知。易其事，革其谋[③]，使人无识；易其居，迂其途，使人不得虑。帅与之期[④]，如登高而去其梯。帅与之深入诸侯之地，而发其机[⑤]，焚舟破釜，若驱群羊，驱而往，驱而来，莫知所之。聚三军之众，投之于险，此谓将军之事也。九地之变，屈伸之利，人情之理，不可不察。

凡为客之道，深则专，浅则散[⑥]。去国越境而师者，绝地也；四达者，衢地也；入深者，重地也；入浅者，轻地也；背固前隘者[⑦]，围地也；无所往者，死地也。是故散地，吾将一其志；轻地，吾将使之属[⑧]；争地，吾将趋其后[⑨]；交地，吾将谨其守；衢地，吾将固其结[⑩]；重地，吾将继其食[⑪]；圮地，吾将进其涂；围地，吾将塞其阙[⑫]；死地，吾将示之以不活[⑬]。故兵之情，围则御[⑭]，不得已则斗，过则从[⑮]。

是故不知诸侯之谋者，不能预交[⑯]；不知山林、险阻、沮泽之形者，不能行军；不用乡导者，不能得地利。四五者，不知一，非霸王之兵也。夫霸王之兵，伐大国，则其众不得聚；威加于敌，则其交不得合。是故不争天下之交[⑰]，不养天下之权[⑱]，信己之私[⑲]，威加于敌，故其城可拔，其国可隳[⑳]。

施无法之赏[㉑]，悬无政之令[㉒]；犯三军之众[㉓]，若使一人。犯之以事，勿告以言[㉔]，犯之以利，勿告以害[㉕]。投之亡地然后存，陷之死地然后生。夫众陷于害，然后能为胜败。故为兵之事，在于顺详敌之意[㉖]，并敌一向，千里杀将，此谓巧能成事者也。

是故政举之日，夷关折符，无通其使[㉗]，厉于廊庙之上[㉘]，以诛其事[㉙]。敌人开阖，必亟入之[㉚]。先其所爱，微与之期[㉛]。践墨随敌[㉜]，以决战事。是故始如处女，敌人开户；后如脱兔，敌不及拒[㉝]。

【注释】

①静：沉着冷静。幽：幽深。②正：严肃公正。治：不乱。③易：改变。革：变更。④帅与之期：将帅使部队约期赴战，即将帅赋予部队具体的战斗任务。期，约定时间。⑤机：弩机。⑥深则专，浅则散：指在敌国境内作战，深入则军心专一，浅进则军心涣散。⑦背固前隘：指背后地势险要，前面道路狭隘，进退容易受制于敌的地区。⑧使之属（zhǔ）：使军队的部署相连接。属，连接、连续。⑨争地，吾将趋其后：在争地作战，我们要迅速进兵到争地的后面。⑩衢地，吾将固其结：遇上衢地，我们要巩固与诸侯国的结盟。结，这里指结交诸侯。⑪继其食：补充军粮，保障供给。继，继续，引申为保障、保持。⑫塞其阙（quē）：堵塞缺口，意在迫使士兵拼死作战。阙，缺口。⑬示之以不活：指向将士表示死战到底的决心。⑭围则御：被包围就会奋起抵御。⑮过则从：指士卒陷入危险的境地，就会听从指挥。过，这里指身陷危境。⑯预：通“与”。⑰不争天下

之交：不必争着同别的国家结交。⑱不养天下之权：不必在别的国家培植自己的权势。⑲信：信从，这里指依靠。私：这里指自己的力量。⑳隳（huī）：毁坏、摧毁。㉑施无法之赏：施行超出惯例的奖赏。㉒悬：悬挂，这里指颁发。㉓犯：这里指驱使、使用。㉔犯之以事，勿告以言：只驱使士卒去做事，而不告诉他们这样做的意图。㉕犯之以利，勿告以害：驱使士卒完成某项任务时，只告诉他们有利的一面，而不告诉他们危险的一面。㉖详：通“佯”。㉗政举之日，夷关折符，无通其使：决定战争行动之日，要封锁关口，废除通行凭证，阻止与敌国使节的外交往来。政举之日，指决定战争行动的时候，即战争前夕。政，这里指战争行动。举，实施，决定。夷，这里指封锁。折，折断，这里可理解为废除。符，泛指通行凭证。古时用木、竹、铜等做成牌子，上书图文，分为两半，作为传达命令、调兵遣将和通行关界的凭证。使，使节。㉘厉：通“砺”，这里是反复计议的意思。廊庙：即庙堂，指最高决策机构。㉙诛：治，这里是谋划决定的意思。㉚敌人开阖（hé），必亟入之：敌人出现疏失空隙，己方必须迅速乘虚而入。敌人开阖，指敌人有隙可乘。阖，门扇，这里比喻敌方的空隙。亟，急。㉛微：无。期：这里指约期交战。㉜践墨随敌：指实行战略计划要随敌情而变化。践，实行。墨，墨线，这里指战略计划、部署。㉝始如处女，敌人开户；后如脱兔，敌不及拒：开始时要如处女般柔弱沉静，使敌人放松戒备；随后要如逃脱追捕时的兔子般迅速敏捷，使敌人来不及抗拒。

要焚烧船只，打破锅子，破釜沉舟。

【译文】

统率军队这种事情，要沉着冷静以使思虑深远，严肃公正以使队伍井然有序。要蒙蔽士卒的视听，使他们对军事行动一无所知；要经常变更战法，不断改变谋略，使人无法识破；要经常改换驻地，故意迂回绕道，使人们无法推测我方的意图。将帅赋予军队具体的作战任务，要像让人登高后而撤掉梯子一样，使其有进无退。将帅与军队一同深入诸侯国土，要像触发弩机射出弩箭一样，使其一往直前。要焚烧船只，打破锅子，破釜沉舟（以示死战的决心），驱使士卒要如驱赶羊群一般，赶过去，赶过来，使他们不知道要前往何处。聚集全军将士，将他们置于危险的境地（迫使他们拼死奋战），这就是统率军队作战的要务。根据地形的变化而灵活采取应对措施，根据战争态势的发展而采取相应的屈伸、进退战略，掌握全军将士在不同情况下的心理状态，这些都是将帅不能不认真考察和研究的。

大凡在敌国境内作战的基本规律是：深入敌境，军心就会变得专一；进入敌境不深，军心就容易涣散。离开本国，越过边境而进入敌国作战的地区，叫做“绝地”；四通八达的地区叫做“衢地”；深入敌国腹地的地区叫做“重地”；在敌国境内，但尚未到达其纵深的地区叫做“轻地”；背后有阻险而前方狭隘的

施无法之赏。

地区叫做“围地”；无路可走的地区叫做“死地”。因此，在散地，我就要使全军上下意志统一；在轻地，我就要使军队前后连接、互相策应；在争地，我就要使后续部队迅速跟进；在交地，我就要谨慎防守；在衢地，我就要巩固与诸侯国的结盟；在重地，我就要保障粮草的供给；在圮地，我就要争取尽快通过；陷入围地，我就要堵塞缺口；陷入死地，我就要向众将士表示死战到底的决心。所以，士卒的心理变化情况是：受到包围就会奋起抵御，迫不得已就会拼死战斗，身处险境就会听从指挥。

因此，不了解诸侯的计谋和策略的，就不能预先与之结交；不熟悉山林、险阻、沼泽等地形的，就不能行军；不使用向导的，就不能获得地利之助。对于九地之利害，有一样不了解的，都不算是能称王争霸的军队。能称王争霸的军队，攻伐大国，能使其来不及动员民众、集结军队；威力加于敌人头上，能使其无法与别国结交。因此，（拥有这样的军队）就不必争着与别的诸侯国结交，也不必在各诸侯国培植自己的势力，只要依靠自己的力量，把威力加在敌人头上，就可以夺取敌人的城邑，摧毁敌人的国家。

施行超出惯例的奖赏，颁布打破常规的号令，这样就能做到指挥全军如同指挥一个人一样。驱使士卒去做事，而不告诉他们这样做的意图；只告诉他们有利的一面，而不告诉他们危险的一面。将士卒置于危险的境地，然后才能保存；使士卒陷入死地，然后才可以死里求生。军队陷于险境，然后才能（凭借自己的积极和主动）争取胜利。所以，指挥作战这种事，在于弄清敌人的意图，（一旦时机成熟便）集中兵力指向敌人的一点，千里奔袭，擒杀敌将。这就是所谓的巧妙运筹能够成就大事。

因此，在决定战争行动的时候，就要封锁关口，废除通行凭证，停止与敌国的外交往来，要在庙堂上反复计议，以谋划制定战略决策。一旦发现敌人有隙可乘，就要迅速发兵乘虚而入。首先攻取敌人最关键的地方，不要轻易与敌人约期决战。实施战略部署的时候要根据敌情的变化而不断作出调整，以求得战争的胜利。因此，战争开始时要表现得像处女般柔弱沉静，诱使敌人放松戒备；然后要像逃脱追捕时的兔子那样迅速敏捷，使敌人措手不及，无法抵抗。

将军之事，静以幽，正以治

统率军队就要做到沉着冷静，幽深莫测，严肃而有条不紊。

如何统领全军

静以幽

冷静而莫测的权谋，不会被人轻易揣测识破。

蒙蔽士卒耳目，使其对军事计划一无所知。

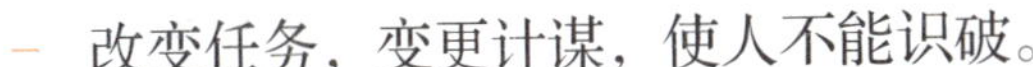

改变任务，变更计谋，使人不能识破。

改变驻地，进军迂回，没有人能推断出我的意图。

赋予任务要像登高撤去梯子一样，有进无退。

带军深入诸侯领地，要像离弩之箭，一往直前。

指挥军队要像赶羊一样，让人猜不出最终目的地。

正以治

严肃而有条理地指挥，再多的军队也可以治理得有条不紊。

将军之事
集合全军
投身险地

战地情况多变复杂要会随机应变伸缩进退

士卒心态随情而异要能善于察觉并巧加运用

为客之道

进入敌境作战，情况更加凶险，但只有将士卒置于险境，才能使其全身心投入战斗，方能取胜。

行军应“置之死地而后生”

入敌国作战的原则

要深入敌境，使军心团结，敌人就不能制我。

在富饶地区掠取粮草，使全军给养充足。

让战士休养生息，勿使疲劳，提高士气，积蓄力量。

部署战斗，巧设计谋，使敌人不可揣测。

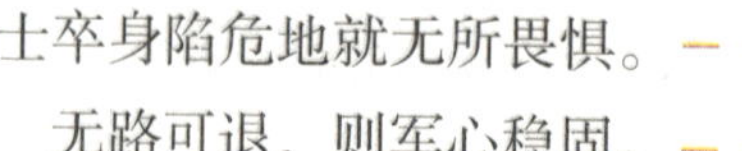

- 士卒身陷危地就无所畏惧。
- 无路可退，则军心稳固。
- 深入敌国就不易涣散。
- 迫不得已就会拼死战斗。

则军队不令而威

- 不待整饬就能加强戒备。
- 不待要求就能完成任务。
- 不待约束就能亲近相助。
- 不待申令就能信守纪律。
- 禁止迷信谣言。
- 战死也不会避让。

实用谋略

李愬雪夜袭蔡州

安史之乱使唐王朝元气大伤，开始由盛转衰，各地节度使趁机独揽大权，割据一方。后来，唐朝国力有所恢复，边疆形势逐渐缓和，在这样的背景下，为了维护统一的局面，加强中央集权，唐王朝开始致力于削藩。

李愬训练军队。

公元807年，唐宪宗顺利平定西川、夏绥、镇海三镇的叛乱，开始着手讨伐淮西、成德的割据势力。李愬奇袭蔡州，正是平定淮西节度使吴元济割据势力时发生的故事。

元和九年（814），淮西节度使吴少阳病死，其子吴元济承袭淮西节度使一职，不仅拒纳中央派来的吊祭使者，而且发兵四处烧杀掳掠。唐宪宗于是决定派兵讨伐他。

朝廷军队分四路进攻淮西，其中，南、北路军略有进展，东、西路军则被淮西军击败。其后两年间，朝廷多次更换东、西路军的统帅，可惜收效甚微。于是，唐宪宗决定起用李愬，让他负责征伐吴元济。

公元817年正月，李愬到达淮西。当时，唐军屡战屡败，士气低落，士兵们甚至产生了惧战心理。面对这一情况，李愬对士兵们说道："天子知道我李愬生性懦弱，能忍受战败的耻辱，因此才派我来安抚你们。至于攻城拔寨，那不是我负责的事。"听了李愬这席话，士卒们才稍稍安下心来。

但这只能治标，不能治本，李愬上任后，首先就做了大量工作以安定军心。他亲自慰问士卒，抚恤伤病者，既不讲究长官的威严，也不强调军政的严整。此举一方面是为了安抚士兵，一方面是向敌人佯示自己无所作为，再加上他上任前地位和名气均不算高，吴元济果然放松了戒备。

等将士们情绪稳定之后，李愬便下令修理器械，训练军队。他实行优待俘虏及降军家属的政策，对俘获来的敌军官员、将领给予充分信任，并委以官职，有了这些人的帮助，李愬才逐渐摸清了淮西军的虚实。

这时，由于当地战乱频繁，出现了大批百姓逃亡的现象。面对这一情况，李愬派人安抚百姓，并派驻军队予以保护。这一举措，使唐军赢得了民心。

这年五月，李愬出兵包围了蔡州。五月二十六日，李愬派兵攻打朗山，淮西军闻风前来救援，唐军腹背受敌，败下阵来。李愬手下诸将都懊丧不已，但李愬本人却说："我军若是连战皆胜，敌人必定会加强戒备。这次失败，正可以麻痹他们，方便日后出其不意地消灭敌人。"不久，他招募了三千士兵，亲自训练，以增强军队的实力。

九月二十八日，经过周密部署，李愬突然占领了关房（今河南遂平）外城，歼灭淮西军一千余人。淮西军兵败后，剩下的士兵退守内城。李愬命军队佯装撤退，淮西军派五百骑兵追击，唐军大为惊慌，眼看就要败退，李愬当场下令道："敢后退者，斩！"于是官军掉过头去攻击淮西军，将其杀得大败。

将士们本想趁胜攻城，但李愬认为，如果暂不取城，敌人必定分兵守卫此城，而我军正可趁敌人兵力分散之机夺取蔡州，因此下令还营。降将李佑建议道："蔡州的精兵都驻守在洄曲及其周围，蔡州城内只余下老弱残兵，何不乘虚直抵蔡州城，等外围的叛军听到消息赶来救援时，吴元济已经束手就擒了。"这一意见与李愬的想法不谋而合。

李愬雪夜袭蔡州。

十月，眼见条件已经成熟，李愬开始部署袭击蔡州的计划，他命随州刺史史文镇守文城栅，命降将李佑等率三千士兵为前锋，自己亲率三千人为中军，李进城率三千人为后军，奇袭蔡州。为了保证军机不外泄，军队出发时，李愬只命令一直向东前进，而没有告知这次行动的目的地。

行动的当天风雪交加，军队东行六十里后到达张柴村。李愬率军突袭这个村子，将淮西军布置在此处的守军及通报紧急军情的烽火兵一网打尽，抢占了这一要地。李愬命令士兵就地小憩片刻，随后留下五百人截断桥梁，以阻止洄曲方面的淮西军回援蔡州，另派五百人监视朗山方向的救兵。

阻截援军的计划部署完毕后，李愬亲自带领部队趁着夜色、冒着大雪继续向东急行。众将不解，向他询问行军方向，李愬这才说出自己的计划：去蔡州城捉拿吴元济。

将士们一听，全都大惊失色，这是因为夜晚的天气异常寒冷，沿路都能看见冻毙的士兵和马匹，而且行经的道路异常险峻，之前从未走过，他们都认为此去必死无疑。但李愬军纪严明，无人敢违抗，大家只能奋力向前。经过一番急行军，他们在天未亮时便赶到了蔡州。这时，唐军经过近城处一个鹅鸭池，李愬灵机一动，想出了一条妙计：惊打鹅鸭以掩盖军队行进的声音，并分散淮西军的注意力。

自从吴少阳割据以来，蔡州城就一直被叛军占据着，附近也没发生过大的战事，这使得城中守军防备松弛，毫无戒备之心。唐军借着风雪和夜幕的掩护，不费吹灰之力就进入了蔡州城。

天明的时候，有人向吴元济汇报说，唐军已经攻入了蔡州。但是他根本不相信，直到听到唐军的呐喊声，他才仓促带着亲兵登上内城抵抗。蔡州百姓火烧内城南门，唐军趁势破门而入，擒获了吴元济。

当时，吴元济的部将董重质正率领数万精兵据守洄曲，城破之后，李愬厚待董重质的家属，命其子前去招降董重质。恰好朝廷北路军也在此时占据了洄曲。余下州县守兵见蔡州已破，便先后投降，平定淮西之战至此告终。

之后，成德方面的割据势力慑于中央的压力，也上表归顺朝廷。淮西、成德是唐代藩镇中的强镇，通过平定这两个藩镇，唐王朝又赢得了暂时的统一。

在蔡州奇袭战中，李愬先是针对士兵因屡战屡败而产生的厌战、惧战心理，一方面稳定军心，一方面示弱惑敌，然后制定了避实击虚、速战速决的战略。在行动一开始，他对部下守口如瓶，正是孙子所说的“犯之以事，勿告以言”。

而且，李愬善于利用地形、气候等作战条件，以影响士兵的心理，保证军队战斗力的充分发挥，使其坚定殊死作战的决心。这就是《九地篇》中所说的“投之亡地而后存，陷之死地然后生”。李愬很清楚，他所率领的军队曾经多次战败，士气受到了极大影响，要想使这支军队重振士气，就必须将士兵置于险恶的环境之中，到那时，“士兵甚陷则不惧，无所往则固，深入则拘，不得已则斗”。所以，李愬选择了在风雪严寒之夜，让士兵“由不虞之道，攻其所不戒”，最后一举拿下了蔡州城，活捉了吴元济。

【点评】

战争不仅是智谋的较量，也是力量、意志、决心和勇气的决斗。孙子说“围地则谋，死地则战”——当陷入九死一生的绝境时，利用全军将士的求生之心，激发他们决一死战的勇气，反败为胜，是为“陷之死地而后生”。

战争中是这样，生活中也是如此。一个初出茅庐的求职者在残酷的竞争中处处碰壁，一个小企业濒临破产的窘境，一个城市面对突如其来的灾害，一个人突然遭受恶毒的流言蜚语的攻击……生活就是如此，不管你愿不愿意，它就是会突然间给你设置前面有恶虎挡道，背后有饿狼追随的绝境，而且更不巧的是你正走在独木桥上，桥下是湍急的河流。

怎么办？如果你瘫倒在地，那么就成为虎狼的美餐了。不如跳下河去，也许有机会游到没有危险的浅滩。如果你不会水，那就只能选择从狼和虎的防线上突破。哪边胜算大，哪怕大一点点，也要鼓起勇气，作最后一搏。也许不一定每次都能赢，但是如果不去试，那就肯定连赢的机会都没有。

战争是最残酷的一项人类活动，它令人生离死别、家破人亡。“不战而屈人之兵”的案例毕竟是少数，既然战争不可避免，既然不是你死就是我亡，那就不如“投之无所往”，奋“诸、刿之勇”，或者可以“置之死地而后生”。

一位母亲见自己的孩子从十层楼高的窗台上掉了下来，就在那一瞬间，她不知从哪里爆发出来力量，从十几米远的地方飞身冲到楼底下接住了孩子！这个速度，比有记录的人类最快的短跑速度还快。

事后，这位母亲本人也感到万分惊讶，她说自己当时其实什么也没想，一心只想着一定要在孩子落地之前接住他。正是这种强烈的心情让她柔弱的身躯爆发出了“投之无所往”的力量。

人们常常嘲笑“困兽犹斗”，但是这种求生精神又何尝不令人动容？在漫漫人生道路上，碰到挫折与困境，一定要鼓起“投之无所往”的勇气，战胜它们，即使被打败，也不可失去尊严。

火攻篇

【原文】

孙子曰：凡火攻有五：一曰火人[1]，二曰火积，三曰火辎[2]，四曰火库，五曰火队[3]。行火必有因[4]，烟火必素具[5]。发火有时，起火有日。时者，天之燥也；日者，月在箕、壁、翼、轸也[6]，凡此四宿者[7]，风起之日也。

凡火攻，必因五火之变而应之[8]。火发于内，则早应之于外。火发兵静者，待而勿攻，极其火力，可从而从之[9]，不可从而止。火可发于外，无待于内，以时发之。火发上风，无攻下风。昼风久，夜风止。凡军必知有五火之变，以数守之[10]。

故以火佐攻者明[11]，以水佐攻者强。水可以绝，不可以夺[12]。

夫战胜攻取，而不修其功者凶[13]，命曰费留[14]。故曰：明主虑之，良将修之。非利不动，非得不用[15]，非危不战。主不可以怒而兴师，将不可以愠而致战[16]。合于利而动，不合于利而止。怒可以复喜，愠可以复悦，亡国不可以复存，死者不可以复生。故明君慎之，良将警之，此安国全军之道也。

烧毁敌军的辎重。

【注释】

①火人：指焚烧敌军人马。②火辎：指焚烧敌军辎重。③火队（suì）：指焚烧敌人的运输设施。队，通“隧”，指运输设施。④因：条件。⑤烟火必素具：发火用的器材必须平时就准备妥当。烟火，指发火用的器具、燃料等物。素，平素、经常。具，准备。⑥箕、壁、翼、轸：中国古代星宿名，是二十八宿中的四宿。⑦四宿：即箕、壁、翼、轸四个星宿。古代认为月亮运行到达这四个星宿位置时多风。⑧应：策应。⑨从：跟从，这里指进攻。⑩数：指前文所说的“发火有时，起火有日”等火攻条件。⑪明：这里指效果显著。⑫夺：剥夺，这里指焚毁敌人的物资器械。⑬修：修治，引申为巩固。⑭命：明命。费留：即白费。留，通“流”。⑮非得不用：不能取胜就不要用兵。得，得胜、取胜。用，用兵。⑯愠（yùn）：怨愤、恼怒。

【译文】

孙子说：火攻的方式有五种：一是火烧敌军人马，二是焚烧敌军粮草，三是焚烧敌军辎重，四是火烧敌军仓库，五是火烧敌军的运输设施。实施火攻必须具备一定的条件，发火器材平时就要准备妥当。放火要选择适当的时候，起火要选择有利的日期。所谓适当的时候，是指天气干燥；所谓有利的日期，是指月亮行经箕、壁、翼、轸这四个星宿的位置，凡是月亮行经这四宿的位置时，就是起风的日子。

凡是用火攻，必须根据上述五种火攻所引起的变化，灵活部属兵力加以策应。在敌营内部放火，就要早早派兵在敌营外进行策应。火已燃起而敌军依然保持镇静的，就应等待观察，切勿贸然发起攻击，等到火势最猛烈的时候，根据情况，可以进攻就进攻，不可以进攻就要停止。火也可以在敌营外燃放，那样就不必等待内应，只要时机成熟就可以放火。在上风放火时，不可从下风进攻。白天风刮得久了，夜晚就容易停止。军队必须懂得这五种火攻方法的变化运用，等火攻的条件具备时，再来实施。

用火来辅助军队进攻，效果非常显著；用水来辅助军队进攻，攻势可以得到加强。水可以将敌军分割开来，但不能焚毁敌人的军需物资。

大凡打了胜仗，攻取了土地、城池，而不能及时巩固胜利的，会非常凶险，这种情况叫作“费留”。所以说：英明的君主要慎重考虑这个问题，贤良的将帅要严肃处理这个问题。不是对国家有利的，就不要采取行动；没有取胜的把握，就不要用兵；不到危急关头，就不要轻易开战。君主不可以因为一时的恼怒而兴兵打仗，将帅不可以因为一时的愤怒而贸然出战。符合国家利益的才可以行动，不符合国家利益的就要停止。恼怒了还可以重新欢喜起来，愤怒了还可以重新高兴起来，但是国家灭亡了就不复存在了，人死了也不能复生。所以，英明的君主对于战争应该十分慎重，贤良的将帅对于战争应该时刻保持警惕，这是安定国家、保全军队的根本之道。

火攻有五

火攻是古代作战方式之一。有五种方法，且需要天时地利人和等多方面条件配合。孙子专辟此篇单独论述，足见火攻的重要性。

火攻的种类和条件

火攻的种类

火人	火积	火辎	火库	火队
焚烧敌人的人马。	焚烧敌人的粮草。	焚烧敌人的辎重。	焚烧敌人的仓库。	焚烧敌人的运输设施。

火攻的条件

- 发火的器材
- 有利的时机

有利的时机

天气干燥之时。

有利的日子

月亮运行到箕、壁、翼、轸四个星宿的位置时，即起风的日子。

实用谋略

官渡之战

《火攻篇》中说："故以火佐攻者明，以水佐攻者强。水可以绝，不可以夺。"意思是：用火来辅助军队进攻，效果非常明显；用水来辅助军队进攻，攻势可以加强。水可以将敌人分割断绝，却不能像火那样烧毁敌人的粮草军需、物资器械。军队一旦失去了粮草军需，军心就会大乱，战斗也无法继续下去。官渡之战中，曹操就是利用这一谋略，将袁军的粮草尽皆烧毁，使得袁军军心大乱，最终取得了胜利。

东汉建安四年（199）六月，占据冀、青、并等州的北方最大割据势力袁绍，在消灭幽州公孙瓒之后，聚集军队十万，战马万匹，开始南下讨伐曹操，官渡之战由此拉开了序幕。

袁绍举兵南下的消息传到许昌，曹军诸将认为己方难以战胜袁绍，曹操却说："我知道袁绍的为人，他缺少智谋，意气用事，表面上逞强，骨子里虚弱，兵力虽多但部署不当，手底下的将官骄横而政令不一。所以他是很难有所作为的。"于是聚兵两万迎击袁绍。

八月，曹操率军占领黄河北岸的重镇黎阳，并派臧霸率领精兵进入青州一带，以巩固右翼，防止袁军从东面袭击许昌；又令于禁率领步骑两千屯守黄河南岸的重要渡口延津，东郡太守刘延驻守白马，以阻止袁军渡河和长驱南下。九月，曹操回到许昌，把主力安置在官渡筑垒固守，以阻挡袁绍从正面的进攻。同时，他还派人镇抚关中，拉拢凉州，以稳定侧翼。

正当曹操全力以赴布置对袁作战时，刘备突然背叛曹操，杀死了曹操的徐州刺史车胄，占据下邳，屯兵沛县，兵力迅速增至数万人，并联络袁绍，准备与其合力攻打曹操。曹操认真分析当前形势，认为刘备是人杰，是心腹大患；而袁绍见识短浅，绝非自己的对手。于是曹操在次年正月率领精兵东伐刘备。

当时，有人建议袁绍趁曹操攻击刘备的时候，从背后袭击曹军，但袁绍没有采纳。结果曹操顺利攻占了沛县，并趁势收复了徐州、下邳，还迫使关羽投降自己。刘备全军溃败，无奈之下，只好前往河北投靠袁绍。曹操获胜后，把军队撤回官渡，准备与袁绍决战。

同年二月，袁绍亲率大军进抵黎阳，并派郭图、淳于琼、颜良进攻白马城，企图夺取黄河南岸的重要据点，以掩护主力渡河。四月，曹操为赢得主动，亲自率兵北上，准备解除白马之围。出兵白马之前，曹操采纳了谋士荀攸的建议，先引兵到延津，佯装要渡河袭击袁绍的后方，袁绍当即分兵救援。曹操却乘机率领轻骑袭击白马的袁军。颜良仓促应战，被关羽斩杀，白马之围得以解除。

关羽白马坡斩颜良。

袁绍闻讯后，立即派大将文丑与刘备率领五千骑兵渡河追击曹军。而曹军当时只有骑兵五六百人，情急之下，曹操下令军卒解鞍放马，又将辎重丢弃在路旁。文丑大军见到曹军丢弃的马匹、辎重，便你争我抢，乱作一团。曹操见此情形，急令军卒掉头杀向袁军。袁军顿时大败，大将文丑也在乱军之中被斩杀。此番曹军连斩颜良、文丑两员大将，袁军大为震惊。袁绍下令把军队退到阳武，曹操也还军官渡固守。

八月，袁绍兵临官渡，依沙堆扎营，东西数十里。曹操也扎下营寨与袁军对峙。九月，曹军几度出击，但均未能取得胜利。这时，袁绍下令构筑楼橹，命军士在楼上用箭俯射曹营，曹军士兵伤亡惨重。为了扭转这种被动局面，曹操命工匠连夜赶造霹雳车，向袁军还以飞石，摧毁了袁军的橹楼。

曹、袁双方的大军对峙月余。其间，袁绍遣刘备领兵去汝南，扰乱曹操后方。又遣韩荀率步骑往西，欲切断曹军西道补给。曹操的部将曹仁领兵击败了刘备，继而大破韩荀于鸡洛山（在今河南密县东北）一带。此时，曹军又得司隶校尉钟繇自关中输送来的二千多匹战马，实力大大增强。

然而，随着双方相峙日久，曹军粮草将尽，士卒也十分疲乏。面对这一情况，曹操一筹莫展，心里非常着急。与此同时，袁绍命大将淳于琼率领一万余众从后方运来粮草，将粮草囤积在距袁军大营以北四十里的乌巢。袁绍帐下的谋士沮授建议袁绍增兵护卫乌巢，以防曹军袭击，袁绍不听。谋士许攸、将领张郃又建议以轻骑袭击许昌，袁绍仍不采纳。

许攸见自己的建议不被采纳，愤而投奔曹操，并献计偷袭乌巢。曹操听后大喜，当即留曹洪、荀攸守卫官渡大营，自己亲率步骑五千人，连夜出发，直奔乌巢。到达乌巢后，曹军立即围住粮囤放火，霎时间，火焰四起，烟雾遮天。袁军

乌巢粮草被焚烧。

的守将淳于琼见曹兵人数不多，于是出营组织反击。曹操挥军猛攻，迫使淳于琼退守营屯。这时，救援乌巢的袁军骑兵已经逼近乌巢，曹操拒绝了分兵阻击援军的建议，仍旧集中兵力攻击乌巢守军，并对身边将官说道："敌兵到了我背后才再告诉我。"士卒们见曹操心意坚决，皆殊死拼杀，最后大破乌巢守军，擒杀袁将淳于琼。

袁绍派去攻打曹军大营的张郃、高览二将得知乌巢已被攻破，又闻袁绍对他们二人起疑心，于是投降了曹操。曹操乘势向袁军主力发起进攻，结果大获全胜。袁绍及其子袁谭只带了八百余骑，仓皇逃往河北。历时一年有余的官渡之战，以曹操的全面胜利而宣告结束。

【点评】

火攻是古代战争中常用的一种攻击方法，之所以常用，在于火攻的效果明显，破坏力大，而攻击所付出的代价却很低。本篇主要从火攻的种类、条件和实施方法几个方面对火攻进行了论述。

在《火攻篇》的最后，孙子强调了巩固胜利的重要性。认为即使是取得了战争的胜利，但不能将其巩固，这也是十分危险的事情。

孙子还语重心长地告诫君主将帅们用兵作战要慎之又慎，不能因为一时的冲动愤怒而举兵作战，战争的出发点就是要对国家有利，我们可以看出，孙子是一个对于国家和人民非常负责任的将领，他把将帅的职责和使命看得十分重大。

孙子告诫国君和统帅对待战争要谨慎，不可因一时之怒而妄逞干戈。我们在生活中，在做任何一件事情之前，都应该理性地克制个人情绪，控制自己的行为，决不可逞一时之气。

用间篇

【原文】

孙子曰：凡兴师十万，出征千里，百姓之费，公家之奉[①]，日费千金；内外骚动，怠于道路，不得操事者[②]，七十万家[③]。相守数年[④]，以争一日之胜，而爱爵禄百金，不知敌之情者，不仁之至也，非人之将也，非主之佐也，非胜之主也。

故明君贤将，所以动而胜人[⑤]，成功出于众者，先知也[⑥]。先知者，不可取于鬼神[⑦]，不可象于事[⑧]，不可验于度[⑨]，必取于人，知敌之情者也。

故用间有五：有因间[⑩]，有内间，有反间，有死间，有生间。五间俱起，莫知其道[⑪]，是谓神纪[⑫]，人君之宝也。因间者，因其乡人而用之[⑬]。内间者，因其官人而用之[⑭]。反间者，因其敌间而用之。死间者，为诳事于外[⑮]，令吾间知之，而传于敌间也。生间者，反报也[⑯]。

故三军之事，莫亲于间[⑰]，赏莫厚于间，事莫密于间[⑱]。非圣智不能用间[⑲]，非仁义不能使间[⑳]，非微妙不能得间之实[㉑]。微哉！微哉！无所不用间也。间事未发，而先闻者，间与所告者皆死。

凡军之所欲击，城之所欲攻，人之所欲杀，必先知其守将、左右、谒者、门者、舍人之姓名[㉒]，令吾间必索知之。

必索敌人之间来间我者，因而利之，导而舍之[㉓]，故反间可得而用也。因是而知之，故乡间、内间可得而使也。因是而知之，故死间为诳事，可使告敌。因是而知之，故生间可使如期。五间之事，主必知之，知之必在于反间，故反间不可不厚也。

昔殷之兴也，伊挚在夏[㉔]；周之兴也，吕牙在殷[㉕]。故惟明君贤将，能以上智为间者[㉖]，必成大功。此兵之要，三军之所恃而动也。

【注释】

①奉：同“俸”。②操事：这里指操作农事。③七十万家：指出兵打仗，要有大量民众承受繁重的徭役、赋税，而不能正常地从事生产劳动。④相守：相持。⑤动：举动。⑥先知：这里指事先知道敌人的情况。⑦取于鬼神：指用祈祷、祭祀鬼神和占卜等办法去取得（敌情）。⑧象：相

用间有五。

类。⑨不可验于度：指不能用日月星辰运行的位置来验证敌情。验，验证、应验。度，度数，这里指日月星辰运行的度数（即位置）。⑩因间：即本篇下文所说的“乡间”——依赖与敌人的乡亲关系来直接获取情报，或利用与敌军官兵的同乡关系打入敌营，从事间谍活动以获取情报。⑪道：途径、规律。⑫纪：即道。⑬因：凭借、根据。⑭官人：这里指敌国官吏。⑮为诳（kuáng）事于外：假装泄露机密，故意向外散布虚假消息，以欺骗、迷惑敌人。诳，迷惑、欺骗。⑯反：通“返”。⑰三军之事，莫亲于间：军队中没有比间谍更为亲信的了。⑱密：秘密、机密。⑲圣智：才智超群。⑳非仁义不能使间：指如果吝惜爵禄、金钱，不能真诚对待间谍，就不能使其乐于效命。㉑非微妙不能得间之实：不是用心精细、手段巧妙的将领，不能获得间谍的真实情报。实，这里指实情。㉒守将：指主管将领。左右：指守将身边的亲信。谒（yè）者：指负责传达通报的官吏。门者：指负责守门的官吏。舍人：指守将的门客幕僚。㉓导：引导、诱导。舍：释放。㉔伊挚：即伊尹。他原本是夏桀之臣，商汤用他为相，灭了夏桀，建立了商（又称殷）。㉕吕牙：即姜子牙，俗称姜太公。他原本为殷纣王之臣，周武王姬发在他的辅佐下，打败了纣王，建立了周朝。㉖上智：指具有很高智谋的人。

【译文】

孙子说：凡是出兵十万，千里征战，百姓的耗费，公家的开支，每天都要花费千金；国内局势动荡不安，民众（为战事所迫而）疲惫于道路，不能从事耕作劳动的，多达七十万家。交战双方相持数年，是为了有朝一日赢得胜利，如果因为吝惜爵禄和区区百金钱（而不肯重用间谍），以致不能了解敌情而遭受失败，是不仁到了极点，（这种人）不配做统率三军的将领，不配做君主的助手；这样的国君，不是能打胜仗的好国君。

所以，英明的君主和贤良的将帅，之所以一行动就能战胜敌人，而成就超出于众人之上，是因为他们能够事先了解敌情。事先了解敌情，不能用求神问鬼的方式来获取，不能用相似的事情作类比，不能根据日月星辰运行的位置去进行验证，而是从了解敌情的人那里获取。

使用间谍的方式分为五种：因间、内间、反间、死间、生间。同时使用这五种间谍，能使敌人无从知道我用间的规律（从而无以应对），这是神妙莫测的道理，是国君克敌制胜的法宝。所谓“因间”，是指利用敌人的同乡做间谍。所谓“内间”，是指利用敌方的官吏做间谍。所谓“反间”，是指收买或利用敌方的间谍为我所用。所谓“死间”，是指故意散布虚假情报，并通过我方间谍把情报传达给敌方间谍，使敌人上当受骗（然而敌人一旦发现上当，我方间谍往往难逃一死）。所谓“生间”，是指派往敌方侦察而能活着回来报告敌情的人。

所以军队中的亲信，没有比间谍更为亲信的了，奖赏没有比间谍更为优厚的了，事情没有比间谍所做的更为机密的了。不是才智超群的人不能使用间谍；不是仁慈慷慨的人不能使用间谍；不是谋虑精细、手段巧妙的人不能获得间谍所提供的真实情报。微妙啊！微妙啊！无时无处不可以用间。用间的计谋尚未施行，而秘密已经先行泄露的，那么间谍和知道机密的人都要处死。

凡是想要攻打的敌方军队，想要攻占的敌方城邑，想要刺杀的敌方人员，都必须先了解主管将领、左右亲信、负责传达通报的官员、守门官吏以及门客幕僚的姓名，命令我方间谍一定要将这些情况侦察清楚。

必须查出敌方派来刺探我方情报的间谍，根据具体情况对其加以利用和收买，诱导他，再放他回去，这样，策反的间谍就可以为我所用了。通过反间得知了敌情，乡间、内间也就可以为我所用了。通过反间得知了敌情，就可以通过死间来散布虚假情报给敌人了。通过反间得知敌情，所以生间就可以按照预定时间返回报告敌情了。这五种间谍的使用，国君都必须懂得，懂得的关键在于如何使用反间。所以，对于反间不可不给予优厚的待遇。

昔日殷商的兴起，是由于重用了在夏为臣的伊尹；周朝的兴起，是由于重用了在殷为官的姜子牙。所以，只有英明的君主和贤能的将帅，能任用智慧高超的人充当间谍，必定能成就巨大的功业。这是用兵的关键所在，是整个军队采取行动所依赖的东西。

死间。

成功出于众者，先知也

能事先知道敌方的情报，了解对方的行动的人，方能胜过他人。

要先了解敌人的情况

要了解更多的敌情

- 不可迷信鬼神占卜。
- 不可借用过去相似的事件类比。
- 不可靠观察日月星辰位置变动占卜。

借用间谍刺探敌情

因间
（又叫乡间）利用敌国普通乡民做间谍。

内间
利用敌国官员做间谍。

反间
利用敌国间谍为我方做间谍。

死间
潜入敌营为我方散播假消息以乱视听，一旦事发必死。

生间
派往敌方侦察而能活着回来报告敌情的人。

功成
奖赏丰厚，加官晋爵。

事败
牢狱之灾，祸及性命。

五间俱起，莫知其道

能熟练使用五种间谍，敌人就无法预料你的行动，无法知道你的想法，这样就能探知敌情。

要善于使用“五间”

了解敌方的基本信息

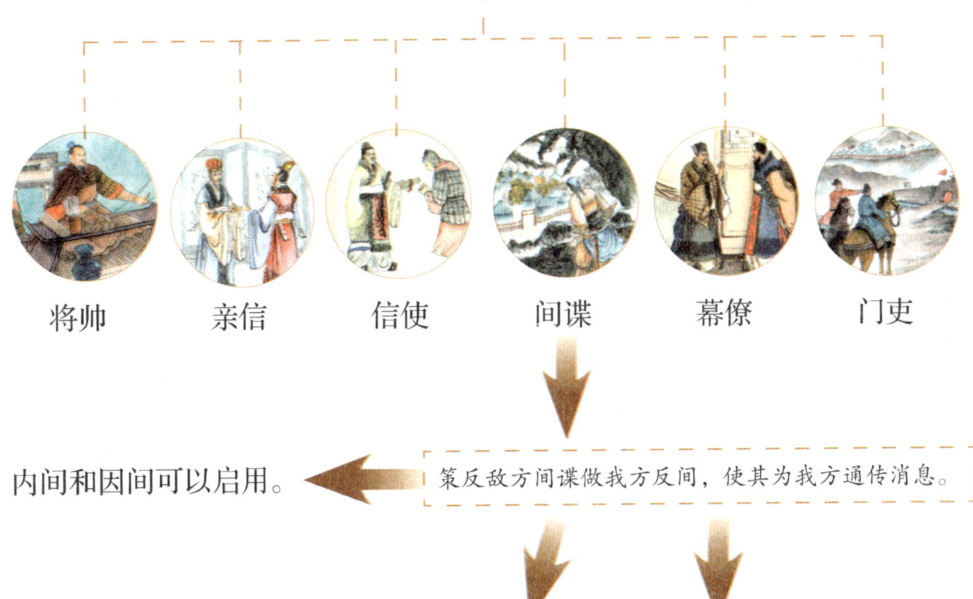

死间可以传虚假消息。

如君主能善于使用这五种间谍必将成就大功业

实用谋略

蒋干盗书

用间用得巧妙，可以诱使敌人内部不和，激化其矛盾，从而达到削弱敌人的目的。

东汉末年，曹操占领荆州之后，因为北方士卒不习水战，于是任用荆州降将蔡瑁和张允为都督，让他们负责训练水军，为进攻江东做准备。

蔡、张二人久居荆州，深谙水战之法，一旦真让他们训练水军，将会对江东形成极大的威胁。东吴大都督周瑜对此很担忧，想除掉蔡瑁、张允二人，但一时又想不出良策来。

一天，周瑜正在帐中议事，有人通报说曹操的谋士蒋干来访。周瑜闻讯，立刻猜出了蒋干来意，他突然计上心头，于是如此这般吩咐了一番，让众将士依计而行。

蒋干，字子翼，九江（今安徽寿县）人。幼时与周瑜同窗读书，交情颇厚，后为曹操帐下幕僚。这次出访江东，是他主动向曹操请命而来，目的是想向周瑜劝降。

周瑜亲自带着部属出帐迎接。众人见面寒暄一番之后，周瑜便挽着蒋干的手一同走入大帐，请文武官员从旁作陪，设宴款待蒋干，并解下腰间佩剑交给大将太史慈，命他掌剑监酒，吩咐道："子翼和我是同窗好友，虽然是从江北过来的，但他并不是曹操的说客，诸位不要多心。今天是我们老同学相见，诸位只准叙朋友之情，不准言军旅之事，若有人胆敢提起两家战事，就立即推出门外斩首！"

周瑜迎接蒋干。

蒋干一听，大惊失色，哪里还敢开口说出自己的来意。周瑜又转头对蒋干说道："我自领兵以来，向来是滴酒不沾，今日故友相会，定要喝个一醉方休！"说

蒋干盗书。

罢，传令军中奏起音乐，自己不等人劝就一杯一杯不停往肚子里灌，很快就喝得酩酊大醉。蒋干满腹心事，因此不敢多饮酒，以免误了大事。

宴罢，蒋干搀扶着醉醺醺的周瑜回到帐中，周瑜说很久没有和蒋干见面，一定要与他同榻而眠。说完后就和衣而卧，才躺下一会儿就鼾声如雷。蒋干惦记着自己曾在曹操面前夸下海口，不知就这样空手而回该如何交代，哪里能入睡？他看周瑜睡得正熟，帐内残灯尚明，桌上堆满了文书，便翻身下床，一边紧张地注视周瑜的动静，一边翻看文书。翻着翻着，忽见里面有一封书信，细看之下竟是蔡瑁、张允写给周瑜的降书。蒋干看罢，大吃一惊，慌忙将信藏在身上。待要再翻看其他文书，周瑜突然在床上翻了个身，梦中含含糊糊地呓语道：“子翼，我定叫你在数日之内看到曹操首级。”蒋干含糊答应着，连忙熄灯上床，假装睡下。

将近四更时分，只听得有人进帐唤道：“都督醒了吗？”周瑜睡眼蒙眬地问道：“床上睡的是什么人？”那人答道：“都督忘了吗，是您自己邀请子翼共寝的。”周瑜懊恼地说：“我平日从不醉酒，昨天喝醉了，不知可曾说过些什么？”那人道：“江北有人过来……”周瑜急忙小声喝止：“低声！”又去看蒋干，连叫“子翼”，蒋干只装熟睡，一声不应。周瑜同来人轻轻走出帐外，蒋干则竖起耳朵躲在帐内偷听。那人低声说道：“蔡、张二位都督道：‘急切间无法下手。’……”后面的话因为声音太小，无法听清，蒋干心中着急，但又不敢轻举妄动。过了一会儿，周瑜回到帐内，又连声呼唤蒋干的名字，蒋干不应，仍然蒙头假睡。周瑜遂脱衣上床就寝。

蒋干暗想：周瑜为人精细，天亮后若不见了蔡、张二人的书信，岂肯与我善罢甘休？因此，刚到五更，蒋干就趁周瑜熟睡之机，偷偷地爬起来，溜出帐外，叫上随身小童，径直走出军营，守营将士也不阻拦。蒋干飞快地赶到江边，寻了小船，飞一般赶回江北去见曹操。

曹操看到蒋干呈上的书信后，勃然大怒，立刻唤蔡瑁、张允入帐，不容二人分辩，就命手下武士将其推出斩首。可是刚等二人人头落地，曹操便忽然醒悟，知道自己中了周瑜的计，可惜一切都为时晚矣，只好另换了两个都督训练水军。

就这样，大战尚未开始，周瑜便用反间计轻而易举地除掉了曹军最为得力的两个水军将领，为日后的胜利奠定了基础。

【点评】

在本篇一开始，孙子就着重论述了使用间谍的重要意义。我们知道，孙子对于制胜的重要理念之一便是“知己知彼，百战不殆”，这个理念也无不体现在《孙子兵法》的每一章节当中。

在日费千金、消耗巨大的战争期间，为战争所困的士兵与人民无不盼望着战争尽快结束，然而在大多数情况下，战争只有两种结果：不是胜，就是负。要想快速地取得胜利，就要制定出行之有效的制敌之法。

而在战争中，谋划和用间贯彻始终，而且互为关联。了解和掌握敌情，是正确制定军事战略战术的基本前提，关系着战争胜负全局。孙子指出，两国“相守数年，以争一日之胜，而爱爵禄百金，不知敌之情者，不仁之至也，非人之将也，非主之佐也，非胜之主也”。使用间谍作为探知敌方内幕实情的最有效的办法，虽然耗费“爵禄百金”，但与劳民伤财的战争本身相比，绝对“物超所值”。

善于用间能扰乱甚至颠覆对方军心。

孙子把因为爱惜爵禄而不重用间谍的统治者视作极为不仁的人，还说：“成功出众者，先知也。”认为要想获得战争的成功，就必须预先知晓敌情。而用间除了有此作用以外，还有一层更为重要的意义，那就是通过间谍将假信息、假情报传递给敌人，误导对方，以此来达到改变敌人作战意图，削弱其力量的目的。

三十六计

第一套　胜战计

第一计　瞒天过海

【原文】

备周则意怠①，常见则不疑。阴在阳之内，不在阳之对②。太阳，太阴③。

【注释】

①备周则意怠：防备十分周密，往往容易让人意志松懈，削弱战斗力。怠，松懈。②阴在阳之内，不在阳之对：兵法上指秘计往往隐藏在公开的事物里，而不是处在公开事物的对立面上。阴阳乃我国传统哲学和思想文化的基点，有关阴阳的思想不仅笼罩了整个宇宙，而且影响了所有意识形态领域。阴阳学说将宇宙万物都看作对立统一体，表现出朴素的辩证思想。阴阳之说最早见于《易经》一书，但阴气、阳气之说最早是由道家创始人老子提出的。此计中所讲的"阴"，意思是机密、隐蔽；"阳"，意思是公开、暴露。③太阳、太阴：相传伏羲以阴阳集成八种图形，即八卦。周文王又将其推演为六十四卦。阴阳在军事上涉及的范围十分广泛，无论是阴晴雨雪等天时气象，还是山川湖泽等地理形态，又或是攻防进退等战略战术，都可以分为阴阳相对的关系。一般来说，柔、暗、后、奇、虚等为阴，刚、明、先、正、实等为阳。阴中寓阳，阳中隐阴，二者可以互相转化，阳发展到极端必然转变为阴，阴发展到极端必然转变为阳。

【译文】

防备得十分周密，往往容易让人松懈大意；经常见到的人和事，往往不会引起怀疑。把秘密隐藏在公开的事物中，而不是和公开的形式相对立。非常公开的事物中往往蕴藏着非常机密的事物。

【计名讲解】

此计名出自《永乐大典·薛仁贵征辽事略》。

贞观十七年（643），唐太宗御驾亲征，统率三十万大军向高句丽进发。当大军浩浩荡荡来到东海边时，只见大海一望无际，海上波浪滔天，此处离都城已经甚为遥远，而高句丽远在千里之外的对岸。三十万大军人数众多，要如何渡过大海？此时的唐太宗开始后悔当初不听房玄龄和杜如晦的劝谏，执意远征高句丽，当即召集将领和谋士前来商议，询问是否有过海之计，尉迟敬德说："可以问张士贵。"张士贵是当时的前部总管，于是唐太宗问他："爱卿是否有办法？"张士贵回禀说:“请让臣思考一下。”然后大家就散了。

张士贵回到自己的营寨后，招来部下商议，部下建议问计于薛仁贵，说他必有奇谋。张士贵请薛仁贵至帐下，对他说了此事。薛仁贵思考了一番，说:“皇上担心的是大海阻隔，难征高句丽。我有一计，能叫千里海水来日不见半滴。上至皇上，下到小兵，都如履平地，安稳渡海。你意下如何？”然后附在张士贵耳边，将自己的计策如此这般说了一遍，张士贵听罢大喜，于是薛仁贵回去后就依计行事。

太宗所在的华丽房子实是先前由一条大船装饰而成。

数天后，张士贵和诸将领去见太宗，说：当地有一个老人，他听说皇帝在此，就特地来见驾，并表示三十万大军远渡重洋的军粮全由他一个人负责就可以了。太宗非常高兴，立即传令召见老人。随后，老人请太宗和文武百官前往海边一间华美的房子里去验收粮食。太宗来到海边后，眼前是数不清的房子，而且四壁都用彩帐遮围，而大海则不见踪迹。

老人请太宗进入靠东边的一间屋子，只见室内铺满了彩锦绣幔，地上也铺着厚厚的褥子，桌上早已摆上了美酒佳肴。太宗及百官席地而坐，开怀畅饮，把过海之事忘得一干二净。

过了一会儿，只听四壁的帷幕被风吹得哗哗作响，波涛声响如雷鸣，桌子上的杯盏东倒西歪，众人的身子也晃个不停。太宗不由心生疑惑，忙命近臣拉开帷幕查看，不看则已，一看愕然，外面竟然是一望无际的大海，满目所见皆是海水。太宗大惊，急忙问道:“这是在什么地方？”张士贵忙起身奏道:“这就是臣的过海之计。现在赶上顺风，陛下及三十万大军正乘船渡海，前往高句丽，已经到东岸了。”太宗出去一看，发现自己果然是在船上。事已至此，太宗再无退路，只能下定决心去攻打高句丽。

原来，太宗所在的华丽房子并非是什么老人的家，而是由一条大船装饰而成，那位老人正是薛仁贵所扮，这条“瞒天过海”之计正是他所献。

唐太宗御驾亲征高句丽。

从这个故事可见，瞒天过海原意就是瞒着天子——唐太宗，使之在不知不觉中渡过大海。比喻用谎言和伪装隐瞒自己的真实意图，背地里偷偷行动。从兵法上来讲，就是指采用伪装手段，制造公开的假象。这里指人为地造成对方的错觉，以达到获胜的目的。

运筹设谋，既不能不合时宜，也不能在无人地域施用。如夜间盗窃，或在僻巷暗杀，都是愚昧的庸俗行为，绝不是决策者所应有之举。当初孔融被围，太史慈要设法突围救援，便骑着马，执着鞭，带上弓箭，领着两名骑士做随从，并让骑士各自拿着一个箭靶，打开城门走了出去。这时城内的守军和城外的围兵见了大吃一惊，他们看到太史慈等人牵着马走进了城下的堑壕里立上箭靶，在那里练习射箭；练完了箭，便又回城了。第二天又照样如此，那些围城的士兵便有的躺着，有的站着观看，神色不显得那么吃惊了。如此这般的一连练习了好几天，那些围城的士兵便（渐渐习以为常）一个个躺在地上，连看都懒得看了。这时，太史慈认为时机已到，便整好装，扬鞭策马，径直突围而去。等到敌兵醒悟过来时，他已经驰出数里之远了。

瞒天过海

以说谎和伪装的手段向别人隐瞒自己的真实意图，而另一方面在背地里偷偷地行动。主要用于战役伪装，以隐蔽军队的集结、发起攻击的时间等，达到出其不意的目的。

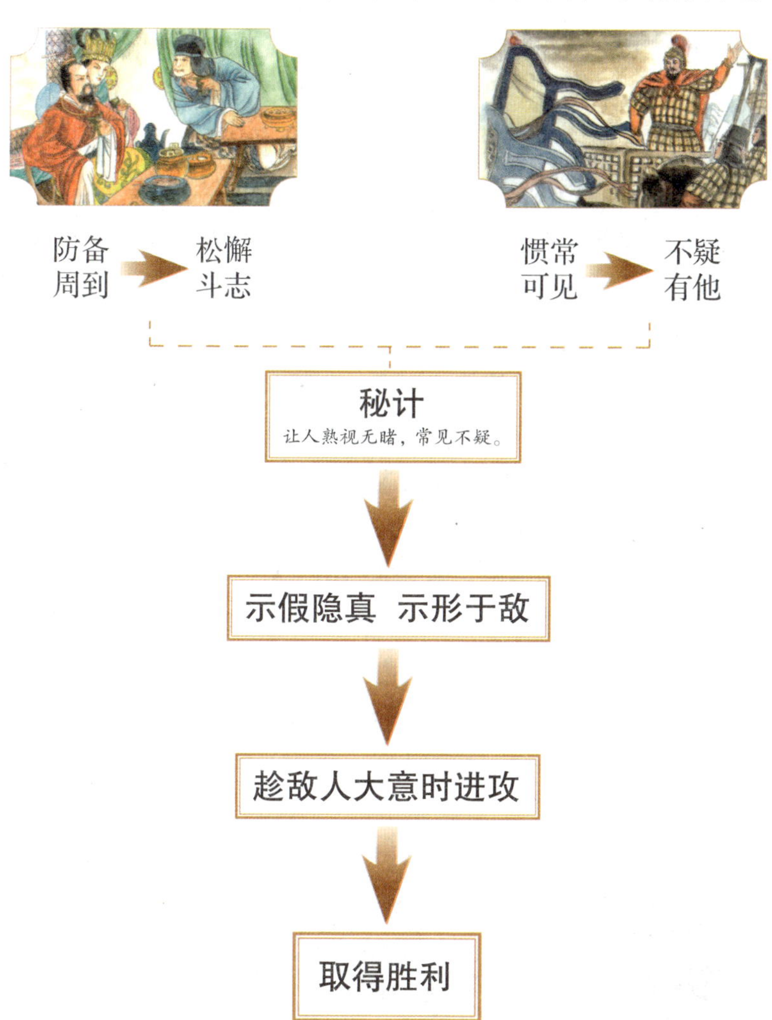

实用谋略

刘邦荥阳脱困

在战场上，用谎言和伪装向敌人隐藏自己行踪的真实意图，而在背地里采取行动，这就是瞒天过海之计。在楚汉相争中，刘邦就曾施用这一计谋，成功地脱离了项羽的包围。

公元前 203 年，刘邦被项羽率军围困在荥阳已经长达一年，刘邦几次想要求和，都因项羽手下的第一谋士亚父范增坚决反对而没有成功。

正在这时，幸亏刘邦手下谋士陈平施计离间项羽君臣。项羽中了反间计，赶走了范增这位最得力的谋臣。范增年事已高，又因气恨交加引发了背上的毒疮，没多久就去世了。项羽就此失去了最有力的臂膀。

这时，项羽挥军猛攻荥阳。荥阳被围困已久，粮道和对外联络早已切断，城中食物匮乏，士兵无力支持。眼看荥阳摇摇欲坠，随时都会被破，这时，又是陈平给刘邦献了一计："请大王速速写一封诈降信送给霸王，将投降地点约定在东门。这样，霸王必定会将大军布置在东门外，然后我们再想办法把他在西、北、南门的卫士引到东门去，这样，大王就可以从西门冲出去了。"刘邦认为这个计策可行。

很快，陈平就领着一个名叫纪信的将军来见刘邦，原来此人面目跟刘邦长得颇为相似，陈平打算让他化装成汉王的样子出去诈降，以吸引敌人的注意，使项羽把兵力集中在东门，为己方西门的突围创造条件。

第二天天还没亮的时候，汉军便打开东门，陈平之前征集了两千名妇女，命她们一批一批地从东门出去。围困南、西、北门的楚兵已经听说了汉军求和的消息，放松了警惕，现在一听东门外竟然全是美女，便争先恐后地涌向东门。

正在这闹哄哄的时刻，忽然有人大喊一声："汉王来了！"大家抬头一看，果然见到纪信假扮的"汉王"坐在车驾中，由仪仗队开道，缓缓走出东门，一路上还宣称汉军粮食已尽，不得不投降。楚军士兵听说这一消息，纷纷欢呼，更加你推我搡地要前往东门围观。

陈平瞒天过海解荥阳之围。

纪信一行人一直走到楚营近前，项羽才发现坐在车中的是他人假冒，并非刘邦本人，勃然大怒，欲待追击，然而真正的汉王早已乘着东门一片混乱，带着陈平、张良、樊哙等数十骑，杀开一条血路，从西门逃出，向关中方向而去。

虽然事后项羽杀死了纪信，又杀了刘邦留下的守城官员，怎奈纵虎归山，事情再也无法挽回。后来，刘邦在垓下之战中消灭了项羽，统一了天下。

【点评】

人们在观察和处理事情的过程中，由于对某些事情习以为常而产生了松懈和疏漏，此计正是着眼于这一点而趁机示之以假象，以掩盖某项行动，然后把握时机，出奇制胜。瞒天过海是寓暗于明，关键在于一个“瞒”字，瞒得过就能大功告成，瞒不过则会弄巧成拙。不过，需要注意的是，“瞒”是“过海”的必要手段，而不是最终目的。

瞒天过海的情形大致可分为以下几种：

一、制造假象。以假乱真，从中得利。

二、阳奉阴违。使对方失去警觉、放松戒备，这样就为“过海”创造了条件。

三、隐藏踪迹。诱使敌人暴露企图和行踪，自己却不露形迹。

四、混淆视听。转移敌人的注意力，使其无法察觉己方的真正意图。

瞒天过海的基本思想是用欺骗的手段暗中行动，虽然欺骗在与人相交的过程中不值得提倡，但是在战场和商场上，以及危急关头却是一种行之有效的基本手段，可以达到出其不意的效果。

第二计 围魏救赵

【原文】

共敌不如分敌[①]，敌阳不如敌阴[②]。

【注释】

①共敌：指兵力较集中的敌人。共，集中的。分：分散。②敌阳：指敌人精锐强盛的部分。敌，动词，攻打。敌阴：指敌人必然存在的空虚薄弱环节。

【译文】

攻打兵力集中的敌人，不如设法使它分散兵力而后各个击破；正面攻击敌人，不如迂回攻击其空虚薄弱的环节。

【计名讲解】

此计名出自《史记·孙子吴起列传》，讲的是战国时齐国与魏国的桂陵之战。

公元前353年，魏惠王想报失去中山之地的旧仇，于是派大将庞涓前去攻打中山。这中山原本是魏国邻近的一个小国，先归附于魏国，后来赵国趁魏国国丧之机而抢夺之。庞涓认为中山不过是弹丸之地，离赵国又近，不如直接攻打赵国的都城邯郸，既报了旧仇又好好教训一下赵国，可谓一举两得。魏王听了，欣喜非常，好像看到他的霸业将从此开始，立即以庞涓为将，拨给他五百辆战车、十万大军，然后浩浩荡荡杀奔赵国而去，赵军不敌，节节败退。

孙膑定计围魏救赵。

次年，魏军包围了赵国都城邯郸。危难之际，赵王急忙向盟国齐国求救，并许诺解围后将中山割让给齐国。齐威王之前一直坐山观虎斗，现在看时机差不多了，于是应允出兵。他命田忌为大将，孙膑为军师，率兵八万出发去救援赵国。

孙膑与庞涓曾一同拜在鬼谷子门下。庞涓做了魏国大将之后，魏王听说孙膑的大名，想用重金聘请他。庞涓深知孙膑能力远在自己之上，心生嫉妒，于是设计将孙膑骗到魏国，施以膑刑。幸亏孙膑装疯才逃过一劫，后来在齐国使者的救助下逃到齐国，并得到齐威王的重用。这一次，孙膑复仇的机会终于来了。

齐军进入魏赵交界之地时，田忌试图派军队直奔赵都邯郸，攻打包围邯郸的魏军。苦候已久的复仇之机就摆在眼前，相信任何一个人都会激动不已，但孙膑却表现得很冷静，并不急于与庞涓在战场上兵戎相见。他坚决反对田忌领兵直趋邯郸与魏军决战的计划，说："如果想解开一个纷乱的结绳，不能用蛮力去强行拉扯；如果要排解争斗，就不能把自己也卷进去；如果要解除重围，最好的办法就是抓住要害，避开敌军人多势众的地方，攻击其空虚薄弱之处，敌方受到挫折和牵制，围困自然会解除。"然后建议道："现在魏赵交战，魏国的精锐部队必定倾巢而出，集中在前线，国内只剩下一些老弱残兵。您不如带部队直插魏国的都城大梁（今河南开封），占据它的交通要道，攻击它空虚的后方，魏军必然会放弃赵国而回师自救。这一举既可以解救赵国，还能在魏军回撤的途中进行截击，其军必败。"

田忌依计而行，带兵直奔大梁而去。齐军攻打魏国的消息马上传开了。不出孙膑所料，正在赵国前线的庞涓听闻后院起火，急忙从赵国退兵。魏军回国心切，日夜兼程往国都赶。齐军得到消息，迅速从大梁撤围，在魏军回国的必经之地桂陵一带布下埋伏，严阵以待。齐军占据了地形之利，魏军长途跋涉，早已是筋疲力尽，被齐军打得溃不成军。庞涓勉强收拾残部，退回大梁，赵国之围自然解除。

桂陵之战，齐军之所以能击败强大的魏军，一是选择了正确的进攻方向，二是抓住了魏军疲惫不堪的有利战机。从而产生了历史上著名的"围魏救赵"的故事。

十三年后，齐魏再度交战，孙膑又施此计伏击庞涓，并将其包围，庞涓兵败自刎。孙膑从此名扬天下，世传其兵法。

古人的按语说："治兵如治水：锐者避其锋，如导疏；弱者塞其虚，如筑堰。故当齐救赵时，孙膑谓田忌曰：'夫解杂乱纠纷者不控拳，救斗者，不搏击，批亢捣虚，形格势禁，则自为解耳。'"意思是说：对敌作战就好像治水一般：对待凶猛的敌人，一定要先避开它的冲击，而采用疏导引流的办法，等它力量分散后再打；对待弱小的敌人，要采用筑堤堵流的办法，必须抓住其弱点，然后一举围歼。因此，当齐国援救赵国的时候，孙子对田忌说道："凡想解开乱丝结绳的，不能用手掌拍，也不能挥舞拳头打；同样，调解争斗的，只能动口劝说，而不能动手参与其中。"对待敌人，只避实就虚，攻其要害，使敌人受到挫折，受到牵制，这样才能轻而易举地将敌人消灭。

围魏救赵

原指战国时齐军用围攻魏国的方法，迫使魏国撤回攻赵部队而使赵国得救。后指袭击敌人后方的据点以迫使进攻之敌撤退的战术。其基本思想是强调攻其所必救，歼其救者；攻其所必退，歼其退者。

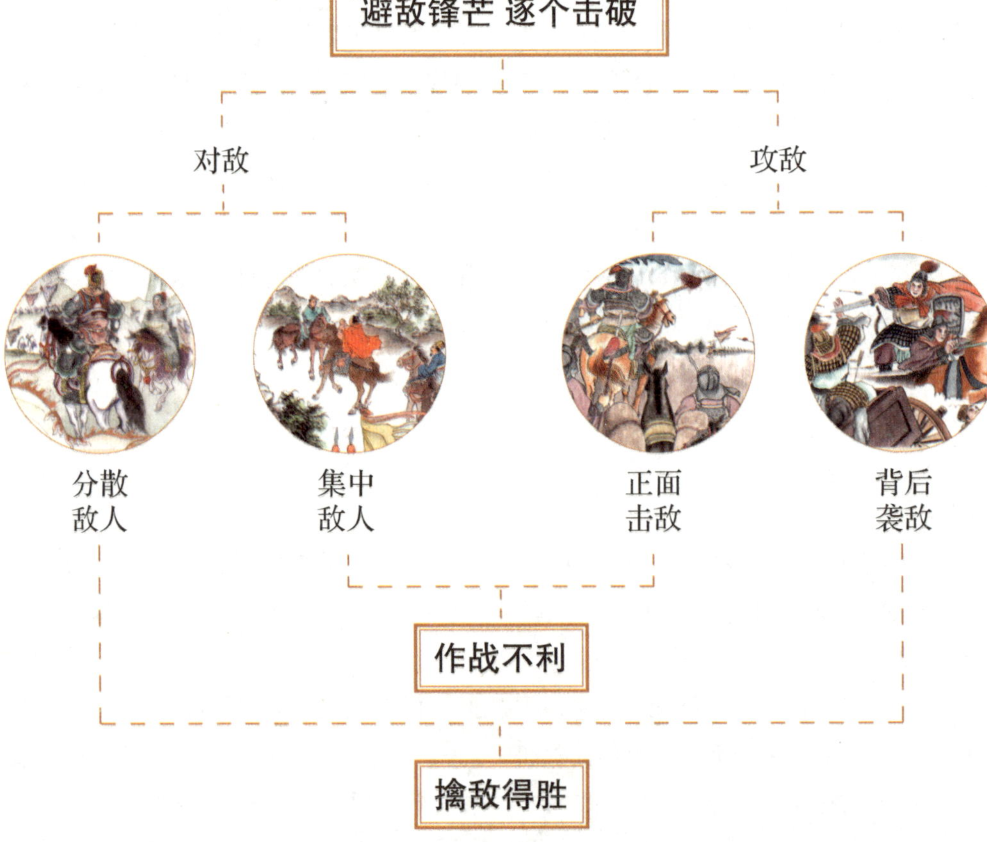

实用谋略

孔明巧计退曹兵

曹操得知东吴大都督周瑜病逝的消息，准备趁此机会再次兴兵进犯江东，消灭孙权。就在这时，有探马报告说，刘备正在打造兵器，训练军队，准备攻取西川。曹操大惊，深知刘备若是占据了西川，将会如虎添翼，到那时，再要剪除刘备的势力可谓难上加难。

曹操有心先去攻打刘备，又不愿错失这次灭吴的大好时机，正在犹豫不决之际，谋士陈群建议道："刘备和孙权已经结盟，如果刘备进攻西川，丞相您就命人带兵直趋江南，孙权必会向刘备求助。而刘备只想着夺取西川，肯定无心分兵救援孙权。这样一来，我们就可以先攻下东吴，平定荆州，然后再想办法拿下西川。"曹操听罢，感觉茅塞顿开。

决定了进攻方向之后，曹操又担心到时后方空虚，西凉的镇东将军马腾会乘机袭取许都（今河南许昌）。于是，曹操派使者去凉州，以朝廷的名义加封马腾为征南将军，命他前往许都随军讨伐孙权。

马腾不疑有诈，让长子马超留守西凉，自己带着次子马休、马铁及五千西凉兵卒来到许昌城下。结果父子三人惨遭杀害，西凉兵也被曹操消灭。

曹操认为后顾之忧已经解除，当即起兵三十万，直扑江东。面对曹操咄咄逼人的气势，孙权立即命鲁肃派使者前往荆州刘备处求援。刘备收到孙权的求援信，顿感左右为难：如果只顾攻取西川，而不顾东吴，必定导致孙刘联盟的瓦解，何况曹操消灭东吴之后，下一个目标就是自己，所谓唇亡齿寒，不可不救；但如果支援孙权，放弃西川，白白浪费良机，岂不可惜？

刘备收到孙权来信。

正在刘备犹豫不决之时，军师诸葛亮恰好从南郡赶回荆州，他看罢江东的求救信，胸有成竹地说道："主公勿忧，这次既不必出兵东吴，也不必停止攻打西川，我自有妙计使曹操不敢进兵东南。”他让来使带回一封信，信中只说：“如果曹军南犯，刘皇叔自有退兵之策。”

刘备向诸葛亮求问到底有何妙策，诸葛亮说：“曹操平生最担心的就是西凉之兵。现在他杀了马腾，自以为可以高枕无忧，但马腾长子马超仍然统领着西凉之众。主公只消修书一封，劝说马超兴兵入关，使曹操首尾不得兼顾，这样一来，他只能乖乖从东吴撤兵。”刘备闻言大喜，连忙派人带着他的亲笔书信火速前往西凉。

马超听说父亲和两个弟弟遇害的噩耗，当场放声大哭，痛骂曹操，无时无刻不想着替亲人报仇。他一见刘备来信，便点起西凉兵马，正准备进发时，西凉太守韩遂请马超相见。韩遂与马腾是结义兄弟，他告诉马超：曹操派人送来书信，以西凉侯的封号为诱饵，让韩遂擒拿马超。韩遂表示与马超亲如叔侄，不忍加害，愿意与马超一起联军攻打曹操，报仇雪恨。然后韩遂杀掉曹操的使者，征调手下军马，与马超合兵一处，二人率二十万大军，浩浩荡荡杀向关内，连续攻下长安、潼关。曹操得到关中警报以后，无心继续南下攻打东吴，急忙回师西北。

诸葛亮巧妙利用当时各方割据势力互相牵制的情况，向刘备献上“围魏救赵”之计，只用了一封书信就轻而易举地制止了曹军南犯，不仅解除了东吴的危机，而且使刘备能继续攻打西川，为日后蜀国的建立打下了基础。

李秀成解天京之围

清咸丰七年（1857）底，太平天国内讧，清廷乘机重建江南大营，缩小对天京的包围圈。面对这紧急的形势，天京朝中主持朝政的洪仁玕与李秀成商议，决定先攻下杭州，一旦清军分出兵力相救，便集中力量直捣江南大营。

李秀成解天京之围。

计策已定，李秀成、石达开成功突围，随即兵分两路：李秀成直奔杭州，石达开则向湖州进军。杭州是清军的粮草基地，战略地位十分重要。杭州城内更有一万精兵把手，守备森严。李秀成率军到达城下，令士兵接连发起进攻，无奈都被击退。心急如焚的李秀成正不知如何是好，这时忽然天降大雨。已经连续苦战数日的杭州守军疲惫不堪，于是撤回城中躲雨休息。正是在这天夜里，李秀成亲自挑选了一千多名精壮的勇士，连夜用云梯翻越了城墙，为太平军打开了城门。等到城内官兵醒来，太平军已经攻入了城内。杭州城已破，为了吸引江南大营的清军火速来援，李秀成又指挥士兵点燃了清军的粮仓。果不其然，江南大营的将领张玉良立刻率领十万兵马回援杭州。

而李秀成在烧光粮草之后，迅速领兵赶回天京。与此同时，石达开的部队也回撤天京。两队人马都巧妙地绕开了张玉良的队伍，避免与其正面交锋，等到张玉良赶到杭州时，早已是人去城空。而驻守天京的洪秀全见围守的清军已经分兵，于是下令全线出击。这时天京清兵受到太平军的几面夹击，得知杭州失守的清兵本来已经无心恋战，再加上人马锐减，顿时溃不成军，死伤近六万，损失惨重。

天京之围终于解除，清廷苦心经营的江南大营再次被捣毁，洪仁玕和李秀成围杭州救天京的妙计可谓大获成功。

【点评】

古人云："治兵如治水。"对敌作战就好比治水：面对弱小的敌人，应当抓住时机消灭它，就像筑堤围堰拦住水流；面对来势凶猛的强敌，应当避其锋芒，或者攻击敌人的薄弱环节，或者袭击敌人的要害部位，或者绕到敌人背后，迫使敌人放弃原来的目标，像疏导洪水那样诱使敌人分兵，是一种转化敌我双方地位的迂回策略。

其中，"围魏"是"救赵"的前提条件，也就是说，只有确定"围魏"能够达到"救赵"这个目的时才能使用这个计策，否则就是一厢情愿的空想。

第三计 借刀杀人

【原文】

敌已明，友未定[①]，引友杀敌，不自出力，以《损》推演[②]。

【注释】

① 友未定：指盟友徘徊观望，态度不定的情况。友，指军事上的盟友，也指除敌、我两方之外的第三者中，可以结盟以为助力的人、集团或国家。②《损》：指《易经》中的《损》卦。《易经·损》曰："损下益上，其道上行。"论述的是"损"与"益"的相互转化关系：将《损》卦反过来推演，就成了《益》卦，这里指借用盟友的力量去打击敌人，势必使盟友遭受损失，但是盟友的损失正可以换来自己的利益。

【译文】

在敌方已经明确，而盟友的态度还不确定的情况下，要引诱盟友去消灭敌人，自己就不用出力（以此来保存实力），这是按照《损》卦推演出来的。

【计名讲解】

此计名出自明代戏剧《三祝记》。该剧主要讲述了北宋时期，范仲淹的政敌密谋打算让毫无作战经验的范仲淹领兵征讨西夏，其目的就是借兵强马壮的西夏军队这把锋利的"刀"来除掉范仲淹。

"借刀杀人"的本义是阴谋使他人与自己的仇人结怨，从而利用他人去杀掉仇人。比喻自己不出面，借他人之手害人。运用在军事上，是指为了保存己方实力而巧妙地利用矛盾间接杀人的谋略。

借刀杀人。

古人的按语为："敌象已露，而另一势力更张，将有所为，便应借此力以毁敌人。如子贡之存鲁、乱齐、破吴、强晋。"意思是说：敌对的征象已经十分显露，而另一股势力也正在不断发展，并且还将起到重大的作用，因此要立即借用这股势力去消灭敌人。就像古代子贡为了保卫鲁国而搅乱齐国、破坏吴国以及增强晋国所运用的策略那样。

借刀杀人

为了保存自己的实力而巧妙地利用矛盾的谋略。当敌方动向已明，就千方百计诱导态度暧昧的友方迅速出兵攻击敌方，自己的主力即可避免遭受损失。此计是根据《周易》六十四卦中《损》卦推演而得。

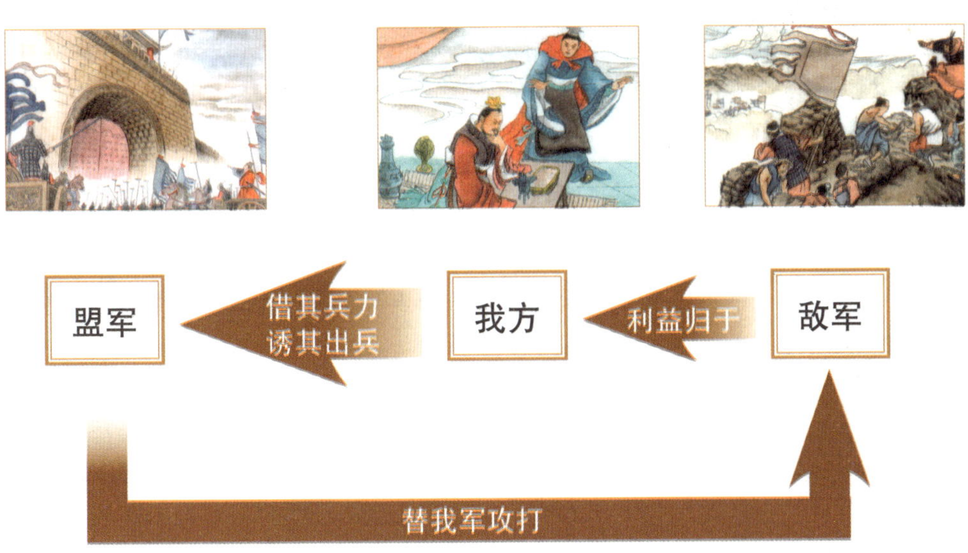

实用谋略

刘备一言杀吕布

“借刀杀人”主要体现在善于利用第三者的力量，除掉自己的敌人，以达到取胜的目的。“刘备一言杀吕布”的故事，就是这一计策的具体体现。

吕布本是董卓的义子。东汉末年，董卓把持朝政，挟汉献帝以令诸侯。后来，司徒王允设计离间吕布与董卓的关系，董卓终于为吕布所杀。其后，董卓的余党李榷、郭汜、张济、樊稠等人一边抵抗吕布，一边攻破京城，杀了王允。吕布先后投奔南阳太守袁术、渤海太守袁绍、上党太守张杨、陈留太守张邈，但是都没有获得重用。后来，吕布又带兵投奔刚刚得到徐州的刘备。刘备想把徐州让给吕布，但遭到张飞的强烈反对，因此只好叫吕布驻军在徐州附近的沛县。

吕布杀董卓。

吕布到达沛县后，曹操采纳谋士荀彧的“驱虎吞狼”之计，借用天子的名义要刘备去讨伐袁术，却让吕布乘机夺了徐州。吕布夺得徐州后，又采纳谋士陈宫的建议，邀请讨伐袁术失败的刘备回到徐州，让他驻军在沛县。刘备无奈，只好接受这一现实。

刘备驻守沛县，与吕布的军队守望相助，关系十分友好。这时，袁术派大将纪灵率领大军讨伐刘备，吕布出面调解，辕门射戟，使纪灵不敢进攻刘备，解除了刘备的危难。这样，刘、吕二军的关系更好了。吕布曾对刘备说：“我今天解了你的危难，今后你若得志，不可忘记我的恩义啊！”刘备再三感谢。后来，张飞拦路抢了吕布派人从山东买回的一百五十匹马，引发了两家矛盾，吕布围攻沛县讨马，刘备等突围投靠曹操。

曹操率领大军亲征徐州，吕布兵败，退入下邳城坚守。两个月后，吕布在睡觉时被捆绑起来，然后其部将打开城门，将其献给曹操。

曹操在白门楼上处置吕布及其随从，是否斩杀这员盖世骁将，曹操一时犹豫不定。当时刘备在场，吕布对刘备说：“公为座上客，布为阶下囚，为何不发一言而相救呢？”刘备点头应允。一会儿曹操上楼，吕布表示自己愿意投降，以辅佐曹操平定天下。曹操回头问刘备说：“如何？”刘备却回答说：“公不见丁建阳、董卓之事乎？”吕布听罢，十分生气，于是大骂刘备道：“这个家伙是最无信的人！”又谴责刘备说：“你难道不记得辕门射戟时的情形了吗？”刘备一言不发，曹操于是下令将吕布缢死，然后割下脑袋示众。

曹操借刀杀祢衡

假借他人之手，除掉自己的敌人，这是一种很高明的计策。曹操借刘表之手杀掉祢衡的故事，正是出自这一计策。

汉献帝建安初年，曹操想派使者去荆州劝说荆州牧刘表归顺自己。这时，谋士贾诩向他建议道：“刘表喜欢与当代的名士交往，希望您能派一位名士前往荆州，这样就能达到目的了。”曹操认为贾诩的建议很有道理，就想物色一位名士，于是他找到了祢衡。

曹操借刀杀祢衡。

祢衡是汉末名士，长于文学和辞令，且与孔融交善。他来到曹操府中，曹操并没有特别重视他，因此祢衡心有不满。在宴会上，祢衡几次三番羞辱曹操，说曹操没有识人之才，手底下尽是无用之人。

曹操听了祢衡的一番话，不禁大怒。这时，曹操的部将张辽向曹操说道：“祢衡这个人说话如此放肆，不如让我杀了他吧？”

曹操笑笑说：“这个人在外面有点虚名，我今天杀了他，人家就会议论我容不得人。”他沉默了一会儿，心中顿生一计，只见他装出大度的样子，用手指着祢衡说：“我现在派你出使荆州。如果你能劝降刘表，我就委任你做大官。”

祢衡早就听说过刘表的为人，知道他残暴不仁，他心里明白，刘表是不会归降曹操的，出使荆州多半会凶多吉少，这分明是曹操借刀杀人的伎俩，所以坚决不肯答应。曹操立即传令侍从，要他们备下三匹马，派两个人挟持祢衡前往荆州。

祢衡到荆州见了刘表之后，表面上颂扬刘表的功德，实际上尽是讥讽之语。刘表不高兴，叫他去见黄祖。有人问刘表：“祢衡戏谑主公，为何不杀了他？”刘表说：“祢衡多次羞辱曹操，曹操不杀他，是因为曹操怕因此失去人心，所以叫他当说客到我这里来，要借我的手杀他，使我蒙受害贤的恶名。我如今让他去见黄祖，让曹操知道我刘表有见识。”众人皆说好。

祢衡到了黄祖的地盘，黄祖邀请祢衡一起饮酒，二人喝得大醉。这时，黄祖向祢衡问道：“你在许都有什么人？”

祢衡说：“大儿孔融，小儿杨修。除此二人，别无人物。”

黄祖又问："我像什么呢？"

祢衡回答说："你像庙中的神，虽然受祭祀，遗憾的是不灵验！"

黄祖大怒，说道："你把我比成泥塑木雕，看来你是不想活了！"于是下令杀了祢衡。祢衡至死骂不绝口。曹操得知祢衡受害，笑着说："腐儒舌剑，反自杀了！"

曹操老谋深算，绝不是黄祖一类的莽汉和蠢人。他既想杀掉祢衡，又不想担负害贤之名，避免使自己招贤纳士的大计受到半点损害。经过与祢衡的谈话，曹操知道祢衡这种人肯定会为达官显贵所嫉恨，所以便派他去出使刘表，企图借刘表之手杀死祢衡，以泄心头之恨。刘表识破了曹操的计谋，竟然也容忍了祢衡的讥讽，但他令祢衡去见黄祖，将祢衡推到了刀口上。不过曹操也没有失算，不管祢衡最终死在谁的手中，曹操的计谋都是成功的。

【点评】

《兵经百字·借字》中说："艰于力则借敌之力，难于诛则借敌之刃。"

杀人有愚笨与高明之分。愚笨者杀人，往往是亲自出马，虽然一时痛快，却费时费力，而且总有东窗事发的那一天，到时势必承担相应的后果。高明者则假手于人，不仅达到了目的，而且将自己撇得干干净净，所以有句话叫做"杀人莫见血，见血非英雄"。

借刀杀人主要是为了保存己方实力，尤其是当敌方动向已明时，就应当设法诱导态度暧昧的盟友迅速出兵攻击敌方，我方虽不可避免会有小的损失，但主力却能得以保全，也是大大得利。

借刀也要讲求方法和艺术，不管是明借、暗借，还是强借、诱借，总之不能露出任何马脚。而"借"的内容也是多方面的，如：诱敌就范，以逸待劳；使敌人相互间产生错觉，自相残杀；武器和谋略取之于敌，用之于敌，以其人之道还治其人之身；离间敌人高层，除去威胁最大的敌人。

必须牢记的是，借来的"刀"一定要锋利，否则不仅杀不成人，往往还会殃及自身。

第四计　以逸待劳

【原文】

困敌之势[①]，不以战；损刚益柔[②]。

【注释】

①困敌之势：迫使敌人处于困顿的境地。②损刚益柔：出自《易经·损》。“刚”与“柔”本来是相对的，在一定条件下又可相互转化。兵法上是指在敌我双方总的力量不变的情况下，根据强弱相互转化的原理，先逐渐消耗敌人的有生力量，使敌人由优势变为劣势，由主动变为被动，而我方自然也就由劣势变为优势，由被动变为主动，这时再发动进攻，便能克敌制胜。

【译文】

要迫使敌人处于困顿的境地，不一定要直接出兵攻打，而是采取“损刚益柔”的办法（令敌人由盛转衰、由强变弱，再发动进攻，便可获胜）。

【计名解说】

此计名出自《孙子兵法·军争篇》：“故三军可夺气，将军可夺心。是故朝气锐，昼气惰，暮气归。故善用兵者，避其锐气，击其惰归，此治气者也。以治待乱，以静待哗，此治心者也。以近待远，以佚（通“逸”）待劳，以饱待饥，此治力者也。”

以上这段话的大意为：对于敌人的军队，可以设法使其士气低落；对于敌人的将领，可以设法动摇他的心志。因此，军队的士气在初战时饱满旺盛，经过一段时间后就会逐渐怠惰低落，最后就会彻底衰竭。所以善于用兵的人，要设法避开敌人的锐气，等它怠惰疲惫、士气消沉的时候再去攻击，这是掌握士气的方法。以我军的严整来对待敌军的混乱，以我军的镇静来对待敌军的喧哗，这是掌握军心的方法。以我军靠近战场的优势来对待敌军远道而来的劣势，以我军的安逸休整来对待

以逸待劳。

敌军的奔走疲劳，以我军的粮草充足来对待敌人的饥肠辘辘，这是掌握军队战斗力的方法。不截击旗帜整齐、部署周密的敌人，不攻击士气旺盛、阵容严整的敌人，这是掌握灵活机变的方法。

又见于《孙子兵法·虚实篇》："凡先处战地而待敌者佚（通"逸"），后处战地而趋战者劳。故善战者，致人而不致于人。能使敌人自至者，利之也；能使敌人不得至者，害之也。故敌佚能劳之，饱能饥之，安能动之。"

上段的大意为：凡是先占据战地而等待敌人前来的就从容主动，后到达战地而且仓促应战的就疲劳被动。所以，善于指挥作战的人，能调动敌人而不为敌人所调动。能使敌人自投罗网的，是用利益引诱它的结果；使敌人不肯前来的，是因为让它感受到了威胁妨害。所以，敌人休整得好，要想法使它疲劳；敌人粮草充足，要想法使它饥饿；敌军驻扎安稳，要想法使它移动。

以逸待劳

当敌人气势旺盛的时候，不要直接对其发起进攻，而是先坚守住自己的阵地，消磨敌人的意志，使敌人为我所调动而疲于奔命。待时机成熟时，要及时采取行动，从而后发制人，一举消灭敌人。

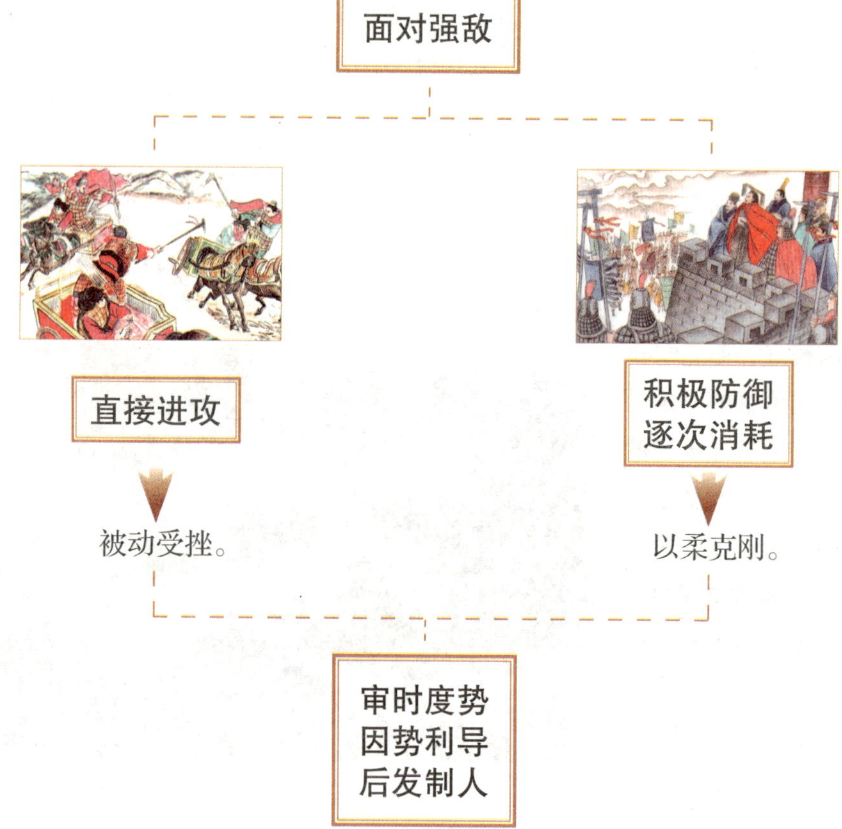

实用谋略

曹刿论战

以逸待劳之计，就是在敌人气势正盛之际，采取不直接进攻的战略，坚守住自己的阵地，消磨敌人士气，使敌人疲于奔命。同时审时度势，寻找最有利的战机，从而后发制人，一举破敌。齐、鲁长勺之战中，曹刿待齐军疲劳后再率领鲁军发起进攻，最终打败了强大的齐国。这则故事正是“以逸待劳”的典型战例。

公元前684年，齐国拜鲍叔牙为大将，派其带领大军侵犯鲁国，一直推进到长勺（在今山东莱芜东北，一说在曲阜北）一带。

鲁庄公听到消息后，决定奋起反抗。大臣施伯极力推荐一个名叫曹刿的人，说此人文武双全，如果让他带兵，一定能战胜齐国。

于是鲁庄公马上派施伯把曹刿请来，向他请教怎样才能打退齐军。曹刿问庄公凭什么与齐国一战，庄公说自己一生尽力为百姓做事，因此可以得到百姓的拥护。曹刿说这是取胜的关键，并表示愿意追随庄公前去迎敌。庄公听罢，非常高兴，于是拜曹刿为大将，让他随自己一起出征。

齐军与鲁军在长勺摆开了阵势。齐军之前一路高歌猛进，士气高昂，鲍叔牙一见到鲁军，就立刻命令击鼓进军。这时，只听见齐军那边战鼓齐鸣，杀声震天，兵士们如潮水般冲了过来，鲁庄公也急忙下令鲁军击鼓迎敌。曹刿制止了鲁庄公，说：“敌人刚打了胜仗，现在锐气正盛，如果交锋，正中他们下怀，不如暂缓交兵，严阵以待，等待适当时机，千万不可急躁。”

曹刿指挥长勺之战。

齐军一阵冲锋过来，但鲁军并不与之交战，只是竭力稳住阵脚。齐军见没有冲垮鲁军的队列，只得退回原地。

过了一会儿，齐军再次擂鼓冲锋，鲁军依然坚守不出，阵地也纹丝不动，齐军只能重归本营。但鲍叔牙并不死心，并据此判断鲁军势弱怯战，于是命令齐军第三次击鼓进军，准备一举消灭鲁军。经过两次冲锋，齐军将士认为鲁军懦弱不敢出击，斗志已经松懈。曹刿听到齐军第三次击鼓，便对鲁庄公说："现在是出击的时候了！"

齐军正在冲锋，忽然听到鲁军阵中传出震耳欲聋的鼓声，又看到鲁军士兵像猛虎下山一样冲了过来，顿时心中慌乱，被杀得溃不成军，大败而逃。

鲁庄公见齐军逃却，正要下令全线追击，又被曹刿制止："且慢，等我看看。"说完，曹刿跳下车，查看地上的车辙马迹，又跳上车，手扶横档向逃走的齐军方向张望了一阵，然后说："可以放心追击。"鲁军一路尾随，把齐军赶出国境。此役鲁军大获全胜，缴获的战利品堆积如山。

事后，鲁庄公问曹刿为什么头两回不迎战，而要在敌人第三次击鼓时才出击。曹刿答道："凡是打仗，凭的完全是士气。当第一次击鼓时，齐军的士气非常旺盛，不可硬拼；第二次击鼓时，齐军的斗志已经有所松懈；到第三次击鼓时，齐军士气衰竭，已经没什么战斗力了。而这时我军初次鸣鼓进攻，攻疲乏之敌，自然能旗开得胜。"

鲁庄公点头称是，但仍然不明白齐军败退时为什么不立刻追击。曹刿回答道："齐国是大国，素来诡计多端，虽然逃跑了，但我唯恐还有埋伏。我看见对方的车辙印杂乱无章，远处的旗帜也倒下了，这才确定他们是真的溃散，所以才敢放心大胆地追击。"

城濮之战

"以逸待劳"的关键，是趁着敌军士气正盛的时候，调动敌人主动前来攻打我方，而我方则要在这一过程中逐渐消磨敌军的士气，寻觅时机一举将其消灭。

春秋前期，晋国与楚国争夺中原地区的霸主。公元前 633 年冬，楚国派大将成得臣领军，同时联合陈、蔡、郑、许等诸侯国共同攻打宋国。宋国派使臣向晋国求救。晋文公召集群臣商议此事，大臣们都认为楚国经常发兵攻打中原诸侯，如果晋文公能挺身而出，扶助弱小，那么成就霸业就指日可待了。晋文公几经思量，决定攻打楚国的盟国曹国和卫国，并认为届时楚国必定引兵救援，这样自然就可以解除楚国对宋国的包围了。

公元前 632 年春，晋军攻占了曹国和卫国，并俘虏了两国国君。楚成王并不想同晋文公交战，听说晋国出兵的消息后，急忙命成得臣从宋国退兵。但成得臣自恃兵强马壮，认为宋国已经是囊中之物，迟早可以拿下，不肯半途而废。他还派人对楚成王说："我虽不敢说一定能打胜仗，至少也要拼个死活。"楚成王听了，很不高兴，将大军调回国内，只留下少部分兵力归成得臣指挥。

成得臣对此也并不在意，依然雄心勃勃地想要做出一番功绩给楚成王看。他先派人通知晋军，要他们释放曹、卫两国国君。晋文公则暗中告诉这两国国君，如果他们答应跟楚国断交，就恢复他们的君位。结果，他们真的按晋文公的意思去办了。

成得臣本来是想援救这两个国家，却不料它们反而先跟楚国断交，气得火冒三丈，说："分明是重耳逼他们做的。"于是立即命令全军赶到晋军驻扎的地方。

两军相遇之后，晋文公立刻下令晋军退避三舍。将士们反对说："我们的统帅是国君，对方的统帅则是臣子，哪有国君让臣子的道理？"

大臣狐偃解释说："打仗先要占个理字，理直就气壮。当年楚王曾经帮助过主公，主公向他许下过一旦要是两国交战，晋国将退避三舍的诺言。今天我们后撤，就是为了实现这个诺言。如果我们对楚国失信，就是我们理亏。如果我们退了兵，他们却不罢休，步步进逼，那就是他们输了理，到时再跟他们交手也不迟。而且，后退还可以避开楚军锐气，待其斗志松懈时再与之交战，获胜的把握更大。"

楚成王与成得臣。

众将士见狐偃说得有理，于是晋军一口气后撤了三十里。见楚军尾随追来，又继续后撤，一共退了九十里，到了城濮（今山东鄄城西南）才停下来，并布置好了阵势。

楚国有部分将领见晋军后撤，想就此停止攻势。但成得臣认为晋军怯战，坚决不听部下的建议，下令穷追不舍，一

晋文公退避三舍。

直追到城濮，与晋军相互对峙。

成得臣还派人给晋文公下了一封战书，其中的措辞十分傲慢。晋文公回答说："我们从来都不敢忘记贵国的恩惠，所以一直退让到这里。既然你们不肯谅解，那我们只好在战场上一较高低了。"

大战开始后，两军刚一交手，晋军就佯装败退，他们还把砍下来的树枝拖在战车后面，这样战车后退时，地上就会扬起一阵阵的尘土，伪装出十分慌乱的模样。

成得臣骄傲自大，向来不把晋人放在眼中，不加考虑就率军追了上去，正中晋军埋伏。晋军的主力部队猛冲过来，将楚军拦腰截断，原来假装败退的晋军则掉转头与主力部队前后夹击，把楚军分割围歼。

晋文公吩咐将士们只要打败楚军即可，不得继续追杀。成得臣收拢败兵残将，在回国的半路上，觉得无法向楚成王交代，就自杀谢罪了。这就是"城濮之战"。

晋国打败楚国的消息传到当时周朝的都城洛邑后，周襄王亲自到践土（在今河南原阳西南）慰劳晋军。晋文公趁此机会召集各国诸侯召开大会，订立盟约，继齐桓公之后成为中原的第二个霸主。

城濮之战中，晋军主动退避三舍，既避开了楚军锋芒，又激励了晋军士气，此消彼长，最终赢得了战争的胜利。

【点评】

两军对垒时总是逸者胜，劳者败，从中可以掌握克敌制胜的法宝，那就是创造条件使己逸，使敌劳。

以逸待劳之计主要强调，要想使敌方处于困境，不一定要一味进攻，关键是掌握主动权，积极调动敌人而不被敌人所调动，以静制动，以不变应万变。

此计对我们的生活很有启发。比如有些学生喜欢用题海战术提高成绩，觉得做的题越多，效果就越好。他们不可谓不勤奋，付出的努力不可谓不多，但那些一味死读书的学生其实成绩并不理想，尤其是到了关键的考试中，还因为过于疲劳而影响了发挥。如果将考试看做是敌人，那么学生们也应该注意采用正确的战略战术，临战前注意养精蓄锐，最后方可克敌制胜。

第五计　趁火打劫

【原文】

敌之害大[①]，就势取利，刚决柔也[②]。

【注释】

①害：这里指敌人所遭遇的困难、危险的处境。②刚决柔也：出自《易经·夬》卦："彖曰：夬，决也，刚决柔也。"这里指强大者趁机征服弱小者，即力量强盛又处于有利的形势时，应当果敢决断，优柔寡断就会错失良机。

【译文】

当敌人遇到危难时，就要趁势出兵夺取胜利。这是一个强大者果敢决断，抓住有利战机，制服敌人的谋略。

【计名解说】

此计名出自吴承恩的章回体小说《西游记》第十六回"观音院僧谋宝贝，黑风山怪窃袈裟"。

话说唐僧立誓要前往西天雷音寺取回真经，他拜别唐王后，一路向西而行。途经五指山，救出了五百年前因大闹天宫而被如来佛祖镇压在此的齐天大圣孙悟空，并收他做了大弟子。

一天晚上，唐僧师徒二人来到一座名叫"观音禅院"的寺庙投宿。庙中方丈听说二人是从东土大唐而来，前往西天拜佛求经，甚是热情，命人给他们敬茶。

孙悟空向方丈展示袈裟。

唐僧见茶具或是美玉雕成，或是镶金嵌银，茶也是上好的茶叶，不由赞叹了一句。方丈说："老爷是从天朝上国而来，广览奇珍，这些器物不足为道。可有什么好宝贝，借给弟子一观？”三藏说：“路途遥远，哪里能带什么宝贝。”悟空在旁边说：“师父包袱中的那件袈裟不就是件宝贝么，给他看看又如何。”

众僧听了，一个个冷笑不已，方丈道：“袈裟算得了什么宝贝。像我就有不止二三十件，要说到我师祖，足有七八百件。”转头命众僧，“拿出来让唐朝的长老也看看。”

方丈让人开了库房，抬出十二个柜子，然后开了锁，只见这些袈裟都是绫罗锦绣，精美无比。

悟空看了，笑道：“好，好，让你也看看我们的。”唐僧忙扯住悟空，悄悄道：“你我单身在外，不可与人斗富，恐有什么意外。”悟空却道：“放心，包在老孙身上。”急忙走过去，刚把包袱解开，就见有霞光迸出，悟空又把包在袈裟外的两层油纸去掉，抖开袈裟，霎时间红光满室，彩气盈庭，真是件世所罕见的绝世宝贝。众僧见了，无不欢呼雀跃，交口称赞。

而方丈见了这等稀世珍宝，果然生了歹意，他当即走上前，对唐僧跪下，眼中含泪，说：“弟子没缘法，老爷这件宝贝，方才展开，可惜天色晚了，弟子老眼昏花看不清楚。”唐僧说：“掌上灯来再看。”方丈说：“这宝贝本身就光亮，一点上灯就更加看不清了。请长老允许弟子拿回房中，细细地看一夜，明天一早就送还。”唐僧吃了一惊，不由埋怨悟空生事，悟空不以为然地笑道：“怕什么，让他拿去看，出了什么差错尽管找老孙就是。”方丈听了，高兴万分，命小童把袈裟拿回后房，又派人打扫禅堂，请二人安歇。

回到后房，方丈却抱着袈裟号啕大哭，众僧慌忙来劝，却原来是他对这袈裟越看越爱，空有那么多袈裟，都比不上这一件，深恨不能为己所有。有个和尚说：“这还不好办！趁他们睡熟的时候，找几个人把他们杀了，把尸首埋在后园，白马和包袱就都是我们的了。”另一个和尚却说：“不好，唐僧看着容易对付，他那个徒弟恐怕有些棘手，万一没得手，岂不是自招祸患？不如搬些柴草，把三间禅堂一把火烧了，就是别人看到了，只说是那两人自己不小心失了火，连我们的禅堂都烧了。正好掩人耳目。这件袈裟不就成了咱们的传家之宝么？”

方丈觉得此计甚妙，于是吩咐全寺上下几百个和尚一起搬柴，把禅堂围得密不透风。唐僧此时早已睡熟，而孙悟空却被门外人的脚步声和堆柴声惊醒，就变成一只小蜜蜂飞出禅堂查看，却见和尚们正要放火，不由心中暗笑，欲待打他们一顿，但这些和尚都是凡人，不经打，一下子就打死了，恐怕到时候师父又要责怪自己行凶，因此不如将计就计。

于是他一个筋斗翻到南天门，向广目天王借来宝贝“辟火罩”，回去罩住了唐僧和白马，自己坐到方丈的屋脊上保护袈裟。看到和尚们堆好柴，点起火，便掐诀念咒，一口气吹过去，霎时间狂风大作，烈焰腾空，大火向四周蔓延开来，整个观音院成了一片火海。众僧抢救不迭，被烧得抱头鼠窜，哭天嚎地，这正是引火烧身，自食其果。

所谓“螳螂捕蝉，黄雀在后”。这场冲天大火也惊动了山中的野兽和妖怪。观音院正南有一座山，叫黑风山；山上有一个洞，叫黑风洞；洞里住着一个妖怪，叫黑风怪。这天晚上黑风怪正在睡觉，却见窗上透入亮光，还以为是天亮了，起身一看，却发现是观音院中的火光给照亮的。他与观音院方丈素有交情，于是急忙前去相救。黑风怪来到寺中正要救火，却发现后房安然无恙，屋脊上还

趁火打劫

当敌方身处困境的时候，就要趁机进兵出击，将敌人制服。《孙子兵法·计篇》云：“乱而取之。”唐朝杜牧解释孙子此句说：“敌有昏乱，可以乘而取之。”

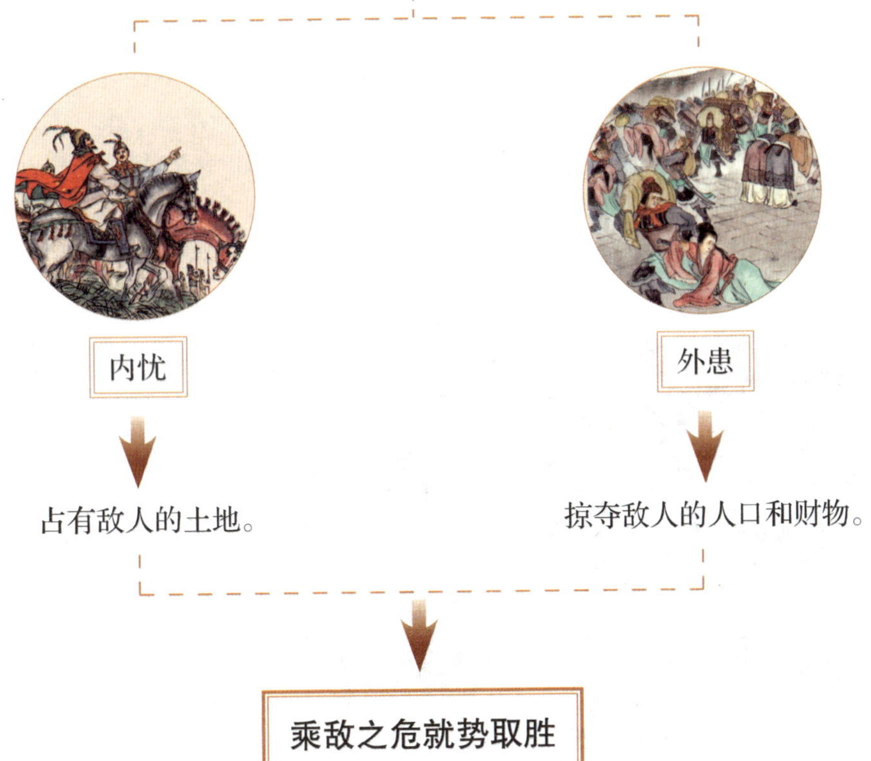

坐着一个人，正在放风。他奔入后房一看，就见霞光万道，正是袈裟放出的异彩。黑风怪认得此乃佛门之宝，便起了贪念，救火的心思顿消，来了个趁火打劫，拿起那袈裟径直回山去了。

“趁火打劫”的原意是趁别人家里失火，正处于一片混乱、无暇自顾的时候，乘机偷抢人家的东西。趁人之危在平日是不道德的行为，用在军事上，是指趁着形势混乱，或敌方遇到麻烦、危险时，迅速出击，或一举制服对手，或从中获利、扩充实力，所以又叫“乘虚而入”。《孙子兵法·计篇》云：“乱而取之。”《十一家注孙子》中说“敌有昏乱，可以乘而取之”，就是讲的这个道理。

实用谋略

诸葛亮安居平五路

“趁火打劫”的特点，就是利用时机，果断地打击对方。在施用此计时，一定要掌握时机，如果选择时机不对，那就不能取得成功。司马懿讨伐蜀国失败，就是一个很好的证明。

夷陵之战结束后，刘备率领残兵败将退往白帝城。蜀军在夷陵几乎全军覆没，刘备又愧又恨，竟一病不起。临终之前，他从成都招来诸葛亮等人，托付后事，随即病逝。诸葛亮立年幼的刘禅为帝，自己总领军国大事。

刘备去世的消息传到了魏国，曹丕高兴不已，想来个趁火打劫，“乘其国中无主，起兵伐之”。这时，司马懿向曹丕献上一计：“陛下可修书一封，差使前往辽东鲜卑国，拜见国王轲比能，并以金帛贿赂他，请他率领辽西羌兵十万，从旱路攻取西平关；再修书一封，派遣使者前往南蛮之地，拜见蛮王孟获，请他起兵十万，攻打益州、永昌、牂牁、越嶲四郡，以威胁西川的南面；再遣使前往吴国，与孙权修好，并以割地为条件，请求孙权起兵十万，攻打两川峡口，径取涪城；又可差

诸葛亮安居平五路。

使令降将孟达率领十万上庸兵，西攻汉中；然后命大将军曹真为大都督，领兵十万，由京兆径出阳平关取西川。”司马懿认为，在这五十万大军的夹击之下，即便诸葛亮有姜太公的军事才能，也无法抵挡。

曹丕听后，认为这是条妙计，便立即按计行事，联合东吴、南蛮、西番诸家，共起五路大军数十万人马，大举伐蜀。

蜀国得到消息，朝野上下一片慌乱，后主刘禅不知该怎么办，只好向丞相诸葛亮请教退敌之策。然而，诸葛亮以“染病”为由闭门谢客，一连数天都不见人影，更不用说出面料理公务、应付危机了。刘禅又急召丞相入朝商议军务，丞相府的下人却回报说：“丞相生病了，无法出门。”刘禅急得团团转，忙派董允、杜琼两位大臣登门探病，实际上是去禀报军情，诸葛亮却避而不见。

刘禅无奈，只得率领百官亲自登门拜访。到了丞相府门口，刘禅让百官在外等候，自己独自走进相府中，却见诸葛亮“独倚竹杖，在小池边观鱼”。

刘禅站在后面看了很久，这才徐徐问道：“丞相无恙否？”诸葛亮回头一看，发现竟然是后主，慌忙弃杖，伏地谢罪。刘禅扶起他，询问为何一直待在府内，不肯出去理事。诸葛亮大笑，扶后主入内室坐定，告诉他五路大军伐蜀的事情，自己早有所闻，刚刚并不是在观鱼，而是在思考，而且已经有了对策。

其实，诸葛亮之所以闭门不出，甚至连后主的宣召也不理会，一是为了冷静观察，沉着应对；二是为了保守军事机密。后主到来之前，诸葛亮早已暗中调遣兵马，驱退了羌王轲比能、蛮王孟获、叛将孟达、魏将曹真这四路大军。

原来，诸葛亮经过一番观察和分析，迅速制定出了退敌之策：轲比能所进犯的是西平关，而现在的蜀将马超祖上是西川人氏，一向深得羌人的拥戴，羌人把马超誉为“神威天将军”，诸葛亮便派使者送快信令马超紧守西平关，埋伏四路奇兵，每日轮换把守，以抗拒敌军；南蛮孟获引兵侵犯四郡，诸葛亮令人写快信派蜀将魏延带领一路军马在险要地段进进出出，以作为疑兵之计，南蛮兵只凭勇力作战，但是疑心重，如果看见疑兵，必然不敢进攻；至于孟达，诸葛亮知道其与蜀国大臣李严曾结拜为生死之交，诸葛亮回成都时，留下李严镇守永安宫，诸葛亮写了一封信，冒充李严的亲笔信，派人送给孟达，孟达见信后必然推病不出，不会率军进攻汉中；还有一路是魏军的嫡系，由曹真领兵侵犯阳平关，但阳平关地势险要，完全可以守住，诸葛亮调赵云引一支军队把守关隘，只镇守，不出战，曹真如果见蜀军不出战，时间久了就会自己退去，此路军也不必担忧。为防万一，诸葛亮还秘密抽调关兴、张苞二将，令其各带领三万人马，屯守于紧要之处，为各路救应。

果然不出诸葛亮所料，以上四路军队，皆被蜀军击退。至于东吴这一路兵，诸葛亮也已经有了退敌之策，但尚需一名能言善辩之人，作为使臣前往东吴（施行这一计策）。刘禅听了，这才安下心来。

百官之中，只有邓芝看出了诸葛亮的心思，于是诸葛亮上奏后主，请求派邓芝为使臣前往东吴游说孙权。经过邓芝的努力，孙权终于答应撤军。这样，魏国的“趁火打劫”之计未能得逞。

当己方内部出现危机，敌人企图趁火打劫的时候，首先也是最重要的，是保持冷静的头脑，沉着分析形势、研究敌情，在稳住己方阵脚的前提下，方可妥善处理危机，化险为夷，反败为胜。

诸葛亮正是在危机四伏的情况下保持住头脑的冷静，所以他能敏锐地看到，曹魏、东吴、西番、南蛮和孟达诸家各自利益不同，各怀鬼胎，虽然军事力量很强，但结成的联盟犹如一盘散沙，然后针对他们的弱点“对症下药”，巧妙地分化瓦解各路敌军，使蜀汉转危为安，正是“运筹帷幄之中，决胜千里之外”。

【点评】

《孙子兵法》中说：“乱而取之。”《十一家注孙子》也说：“敌有昏乱，可以乘而取之。”趁火打劫，真是孙子这一思想的体现。

趁火打劫在平日是一种不道德的行为。不过在战争中，除了战争本身的性质之外，是不可以普通的仁义道德来衡量的。

敌人的“乱”有三种情况：一是内忧，二是外患，三是内外交困。这些混乱情况就是敌人之“火”，我方需要做的就是抓住机会，乘势“打劫”。“打劫”要讲究时机和方法，不仅容易成功，还往往有意外的收获，否则如火中取栗，甚至会引火烧身。

“趁火打劫”的含义包括以下四种：

一、乘乱取利。

二、落井下石。乘敌人混乱之机给它制造更大的危难，以获得完全的胜利。

三、名为“救火”，实则取利。当敌人后院起火时，我方装出“救火”的姿态前去，既不会被拒绝，也不容易引起注意，不仅可以暗中捞取好处，还方便在需要时暗中再点“新火”。

四、还有一种情况，当别人点了火在趁火打劫时，我方也可以乘机相助一臂之力，事成之后便可论功分利。

第六计　声东击西

【原文】

敌志乱萃[1]，不虞，坤下兑上之象[2]。利其不自主而取之。

【注释】

①敌志乱萃：语出《易经·萃》卦中《象》辞："乃乱乃萃，其志乱也。"乱萃，乱成一团。萃，丛生的野草，引出下文的萃卦。②不虞：没有意料到，不及提防。坤下兑上：萃卦是由下面的"坤"和上面的"兑"构成。在八卦中，坤象征地，兑象征泽，萃卦的意思是高出地面的水泽，必然溃决，寓意是一群乌合之众，注定失败。见《易经·萃》卦。

【译文】

当敌人混乱得像丛生的野草，无法预料将要发生的事情时，这正是《萃》卦中所说的水高出地面（必然溃决）的象征。必须利用敌人不能自主的机会去消灭他们。

【计名讲解】

计名出自唐杜佑《通典》卷一百五十三《兵六》："声言击东，其实击西。""声东击西"指造成要攻打东边的声势，实际上却攻打西边，这是一种制造假象诱使敌人上当进而出奇制胜的计谋。

历代兵家对此计均十分重视，古代兵书中对其论述颇多。如《孙子兵法·势篇》说："故善动敌者，形之；敌必从之。"《淮南子·兵略训》说："将欲西，而示之以东。"《百战奇谋·声战》说："声东而击西，声彼而击此；使敌人不知其所备，则我所攻者，乃敌人所不守也。"

声东击西。

古人的按语说："西汉景帝时，吴、楚等七国造反，周亚夫固守城中，坚不出战。当吴军向围城东南角发起总攻时，周亚夫便下令加强西北方向的守备。不久，吴王果然派精兵攻打西北角，因为周亚夫事先做了准备，所以吴王的行动遭受失败。这是指挥者建议沉着、不为敌方所惑的战例。东汉末年，朱隽在宛城围攻黄巾军，他先在城外筑起小山以便观察敌情，然后擂鼓下令，指挥部队向宛城西南方向发起佯攻，黄巾军得到消息后，便仓皇拼凑兵力集中于西南方向进行防守。于是朱隽亲自率领精兵五千，出其不意地攻击东北方，遂乘虚而入。这是主将临战之时方寸已乱，无法应变的战例。由这两个例子可知，运用声东击西的策略，一定要先观察敌方指挥官的意志，然后再作出决定。当敌志混乱时，用计便能成功；否则，反而有战败之虞。所以，这的确是一条险策啊。”

声东击西

此计是伪装攻击方向的谋略，以假象造成敌人的错觉，是用灵活机动的军事行动，忽东忽西，似打即离，不攻而示之以攻，欲攻而示之以不攻，敌人顺情而推理，我恰因势而用计，以达到出敌不意地夺取胜利的目的。

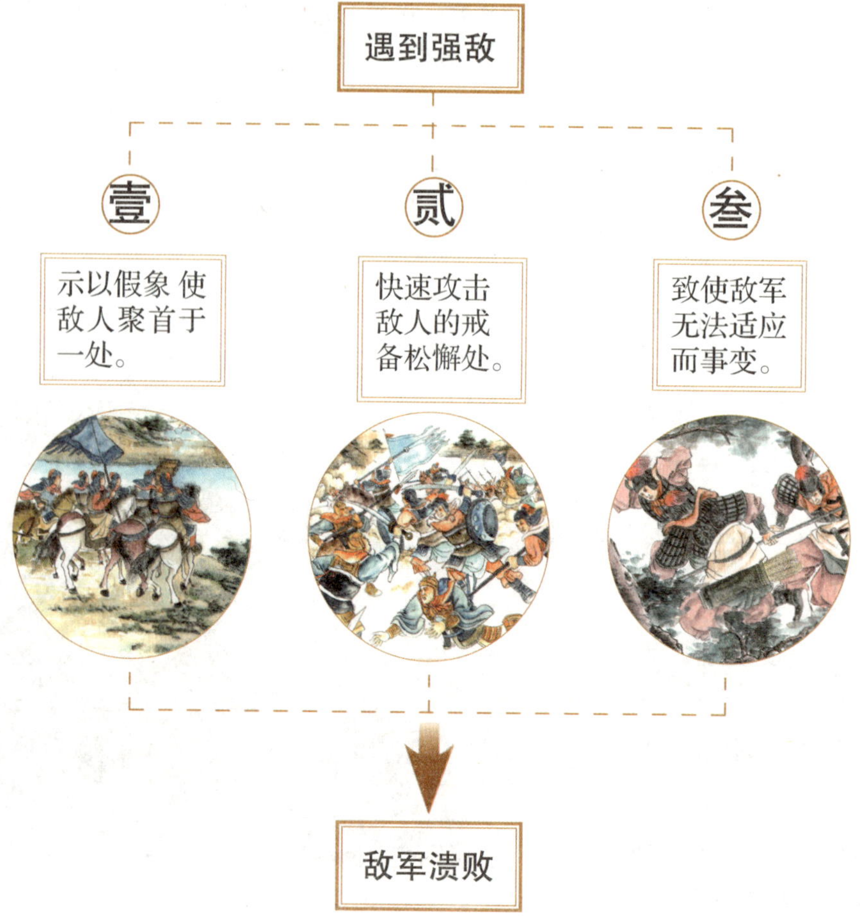

实用谋略

班超破匈奴

与敌人交战时，我方若以假动作欺敌，掩护主力在第一时间击其要害，往往能取得预想不到的胜利，这便是声东击西之计。班超破莎车的故事，便是对“声东击西”的一次成功运用。

汉武帝时，张骞出使西域，加强了汉王朝与西域各国的联系。汉宣帝设立西域都护以后，西域诸国一直与汉朝保持着良好的关系。后来，王莽改制时贬黜了西域各国王号，引起了普遍不满。王莽派军前去攻打，结果全军覆没，西域诸国也完全断绝了与汉王朝的联系。

一直公开与汉王朝对立的匈奴单于见状，趁机于新莽末年和东汉初年大肆扩充实力，准备重新夺回西域。

东汉建立后，莎车（今新疆莎车）和鄯善派使者前往洛阳朝贡，并请求东汉政府派遣都护。但当时东汉政权尚未完全稳固，刘秀忙于铲除地方割据势力，便没有应允两国的请求。建武二十一年（45），鄯善、车师等十六国又遣子入侍，并再次请派西域都护，可惜仍然未获同意。后来，西域各国互相攻伐，匈奴乘虚

班超率军大破匈奴。

而入，控制了西域地区，得到了西域诸国的人力、物力，实力大增，其后更是屡次兴兵进犯东汉河西诸郡，边地百姓不堪其扰，叫苦不迭。

班超奉命出使西域，就是为了团结西域各国，共同对抗强大的匈奴。要想使西域诸国能联合起来共同对抗匈奴，就必须先打通南北通道。莎车国地处大漠西边，归附匈奴后，它还经常煽动周边小国一同反对汉朝。班超遂决定首先平定莎车。

班超联合于阗（今新疆于田）等国，率二万五千人进攻莎车，莎车国王大惊，立刻向龟兹（在今新疆、拜城、库车一带）求援，龟兹王得报，便亲率五万人马援救莎车。班超见敌众我寡，不可力敌，必须智取，于是决定用声东击西之计，迷惑敌人。

班超先是召集于阗王和各部将领，说明己方人数少，难以取胜，不如假装各自撤退，还特别嘱咐出发时把动静闹大一些。然后派人在军中散布士卒对主将的不满言论，制造因不敌龟兹而准备撤退的假象。班超还特意“关照”了几位莎车俘虏，保证让他们能听得一清二楚。

这天黄昏，班超大军分两路撤退：他自己率部分人向西，而于阗大军则向东撤退，队伍表面上显得慌乱，其实是故意制造机会让俘虏脱逃。俘虏逃回莎车军营，第一时间报告了汉军慌忙撤退的消息。龟兹王大喜，认为班超是因为惧怕自己才慌忙逃走，便想趁机阻截。龟兹王被喜悦冲昏了头脑，没经过详细侦查，就立刻下令兵分两路，派八千骑兵向东追击于阗军，他本人则亲率一万精兵往西边追杀班超。

班超早已是成竹在胸，大漠广袤无垠，而茫茫夜色更是掩藏形迹的最好帮手。班超率军撤退十里地后，下令部队就地隐蔽。龟兹王求胜心切，也不仔细哨探，结果率领追兵从班超军的隐蔽处飞驰而过，错失了消灭班超的良机。

班超派出的探子报告说，龟兹王所率领的大股骑兵已经离去，于是他立即集合部队，与事先约定的东路于阗人马汇合一处，迅速回师杀向莎车，到达目的地时正是鸡鸣时分。班超军宛如从天而降，莎车猝不及防，还没来得及组织抵抗就已经土崩瓦解，士卒只顾四散奔逃，被斩杀者有五千多人，大批牲畜财物也成了汉军的战利品。莎车王来不及逃走，只得主动投降。

龟兹王气势汹汹地追逐了一夜，却连班超部队的影子都没看见，正在疑惑时，却传来莎车被打败的消息，他知道大势已去，只能率部返回龟兹。经此一役，班超之名威震西域。

姜维声东击西骗魏军

魏景元四年（263）七月，魏国大将军司马昭遣派镇西将军钟会率军十万，从长安出发，大举开往汉中，又令安西将军邓艾从陇右出击，前往沓中牵制蜀将姜维，向蜀汉发起全面进攻。魏军兵势强大，蜀军不能抵挡，很快就丢掉汉中之地。此时，驻守沓中的姜维，也被邓艾击败，情势相当危急。

姜维听到汉中失守的消息后，打算前去救援，但是去汉中的必经之路阴平桥，此时已被魏将诸葛绪占据。想到这里，姜维万分着急，他仰天长叹道："这是老天要让我命丧于此啊！"

就在这危急时刻，副将宁随向姜维建议道："尽管现在魏兵已切断阴平桥头，但雍州兵力必然空虚，如果我军从孔函谷抄近路去奇袭雍州，诸葛绪一定会把驻守阴平桥的守军调走去援救雍州，到那个时候，我军再夺取阴平桥，继而守住剑阁，便可以收复汉中了。"姜维想了想，觉得这招"声东击西"的计谋很好，便采纳了宁随的建议。

这时，驻守阴平桥的诸葛绪听说姜维去攻打雍州，心里暗自想道：雍州一向由我驻守，一旦有了闪失，上峰一定会责罚我的。于是连忙撤走大部分军队去回援雍州，桥头只留少量军兵把守。

姜维率兵走出三十里左右，得到诸葛雍回援雍州的消息，便调转方向，迅速赶往阴平桥，轻而易举地拿下了阴平桥，烧毁敌寨，率兵直奔剑阁。

诸葛绪赶回雍州后，听说姜维拿下了阴平桥，这才知道中计，等他返回阴平桥时，姜维已率军过去半日了，他因此受到了钟会的责罚。

姜维声东击西骗魏军。

在这则战例中，姜维实施“声东击西”之计，成功地调动了诸葛绪，使其离开阴平桥，从而乘虚而入，夺取剑阁，收复了汉中。

【点评】

声东击西，是制造假象，佯动以伪装进攻方向。通常是用灵活的行动，忽东忽西，巧妙制造假象，使敌人作出错误的判断，我方便可出其不意，一举取得胜利。

此计一般用在我方处于进攻态势时。“西”是真正的进攻目标，但为了迷惑敌人，故意“声东”，虚晃一枪，使敌人因此而放松对西的戒备：本来打算进攻乙地而不打算进攻甲地，却佯攻甲地，而不显出任何进攻乙地的迹象。这是保证此计成功的关键。

在现代商业活动中，声东击西主要是把对方的注意力引到我方并不感兴趣的地方，在为我方谋得利益的同时，最大限度地增加对方的满足感，从而使双方保持良好的关系，这是谈判中常常使用的重要策略之一。在谈判中，一个成熟老练的谈判者往往会巧妙地将自己的目标隐藏起来，而故意将一些次要的问题渲染成非常重要的甚至是关键问题，让对方以为占了便宜，自己见目的已经达到便“勉强”表示让步。这种策略不必冒重大风险，可以成为影响谈判的积极因素，而且能熟练掌握，对方很难作出反击。

第二套 敌战计

第七计 无中生有

【原文】

诳也[1]，非诳也，实其所诳也[2]。少阴、太阴、太阳[3]。

【注释】

①诳：欺骗、诳骗。②实：实在、真实，这里是意动用法，把……当作真实的。③少阴、太阴、太阳：参见第一计瞒天过海的注释。这里将三者并列，以说明阴阳相互过渡、相互转化的道理。兵法上主要指欺敌活动的发展过程：由虚假逐渐转化为真实，简单来说就是用大大小小的假象去掩护真相，使敌人再次上当受骗。少阴，指虚假。太阴，指虚假之极。太阳，指真实之极。

【译文】

使用假象欺骗敌人，但并非一假到底，而是巧妙地让对方把欺骗当作真实。即开始用小的假象，然后用大的假象，（造成敌人的错觉使其）最后把假象当成真相。

【计名讲解】

此计名出自《老子》（即《道德经》）第四十章："天下万物生于有，有生于无。"此计本是道家术语，指万物来源于"无"。后来引申为凭空捏造，把本来不存在的事说成确有其事。广义上指一种采取真真假假、虚虚实实的手法，用假象欺骗敌人，使敌人判断失误而采取错误行为的计谋。

无中生有。

后来，尉缭子把“无中生有”的思想运用到军事上，他说：“战权在乎道之所极，有者无之，安所信之？”提倡以“无”来迷惑敌人，乘其对“无”习以为常时，变虚为实，给敌人以致命一击。

古人按语说：“无而示有，诳也。诳不可久而易觉，故无不可以终无。无中生有，则由诳而真，由虚而实矣，无不可以败敌，生有则败敌矣。”“无中生有”其实是诓敌的战略。这句话的意思是说：无中生有是一种骗局，但是骗局容易识破而不能长久。因而“无”不能始终为“无”，而是要弄假成真、由虚转实。因此，用无不能击败敌人；把无变为有的时候，就能使敌人受挫。

无中生有

用假情况来欺骗敌人，但并不是完全弄虚作假，而是要巧妙地由虚变实，由假变真，以各种假象掩盖真相，造成敌人的错觉，出其不意地攻击敌人。

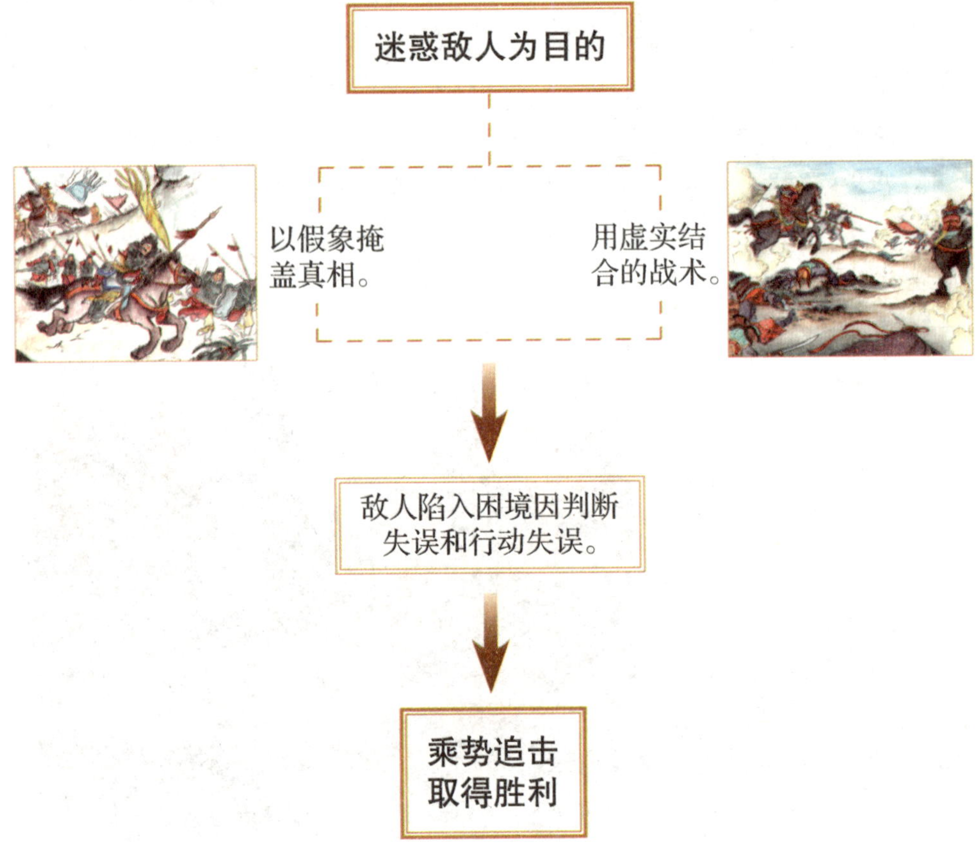

实用谋略

张巡力挫令狐潮

“无中生有”的关键在于真假要有变化，虚实必须结合。先假后真，先虚后实，无中必须生有。张巡挫败令狐潮的战例，就是对无中生有的一次成功实践。

公元755年，安史之乱爆发。次年正月，叛军将领张通晤攻陷宋州、曹州等地。谯郡太守杨万石慑于叛军威势，打算率领全郡军民投降，并逼迫张巡为其长史（副职）。张巡接到委命后，不但不为所动，反而更坚定了讨伐叛军的决心。当时，单父县尉贾贲也起兵拒叛，击败了张通晤后，进兵至雍丘，与张巡会合，共有士兵二千人。

这时，叛军将领令狐潮率军围攻雍丘。张巡领导军民英勇杀敌，多次击退叛军的进攻。令狐潮在初攻雍丘失败后，又引叛将李廷望率众四万攻城，一时人心震恐。但张巡沉着冷静，布置一些军队守城，其余分成几队，亲自率军向叛军发起突然攻击。叛军猝不及防，大败而逃。次日，张巡命人在城上筑起栅栏加强防守，然后捆草灌注膏油向叛军木楼投掷，使叛军无法逼近，致使叛军木楼攻城之策失败。

令狐潮见无法取胜，便下令把雍丘围得水泄不通，打算困死城中军民。两军相互对峙四十多天，城中粮草短缺，朝廷的援兵也一直没有赶来。令狐潮听说唐玄宗已经到蜀地去了，又用书信招降张巡，但是张巡不为所动。

令狐潮曾经招降张巡的六员部将，于是派这六个人进入雍丘城，让他们以张巡兵力不够、无法与敌对抗的现实向张巡劝降，并且还说：“皇上是死是活还不知道呢，不如投降令狐将军吧。”

张巡沉思了一会儿，假装答应。第二天，张巡在公堂上摆出唐玄宗的画像，率领众将士向画像朝拜，人人都泣不成声。张巡将这六个人带到堂前，以国家兴亡的大义斥责他们，然后把他们杀掉，城中军民的士气大增。

然而，此时城中的箭都已经用完了，张巡很头疼，他想：“现在没有箭了，如何守住城池呢？是否可以用诸葛亮的草船借箭之计呢？对，就这么办！”于是，他下令将士们将禾秆束成上千个草人，并给他们穿上黑衣，将士们都不明白他为什么这么做。

一天晚上，张巡令士卒用绳子拴着草人，然后将它们放到城下，令狐潮的士兵以为是守军偷袭，纷纷向草人射箭，过了一段时间，才知道从城上下来的是草

张巡鼓舞全军士气。

人。张巡得到几十万支箭，城防的力量有所增强。

在之后的几天夜里，张巡又从城墙上放下草人来，叛军又朝着草人射箭，待确定下来的是草人后，便不再射箭。又过了一段时间，叛军觉得好笑，便不再防备了。

张巡见叛军失去戒心，便在一天夜里组织了敢死队，共有五百人，然后把他们送到城下。叛军以为又是草人，因此没有在意，也没有向城下射箭。敢死队趁机杀向令狐潮的军营，令狐潮的军队大乱，烧掉营垒逃跑。张巡看准时机，率领城中守军杀出，向前进攻了十多里地。令狐潮大败，被迫退到离城数十里的地方驻扎下来。之后，张巡率领守军再破令狐潮的叛军，令狐潮率领残军退到陈留，不敢再出来了。

张巡利用草人借箭，待敌人识破“草人借箭”的计谋后，张巡又继续迷惑敌人，多次放草人出城。敌人放松警惕，不再对草人放箭，张巡便利用这个机会，放真人出城，出其不意地攻入敌人的军营，取得一场大胜。这一故事正是对“无中生有”之计的成功运用。

【点评】

无中生有，就是真假相参，虚实互变，以扰乱敌人，使其行动出现失误。在运用“无中生有”之计的时候，主要分三步：第一步，示敌以假，使其误以为真；第二步，故意让敌人识破我方制造的假象，令其因此而掉以轻心；第三步，我方化假为真，却让敌人仍误以为假。

一般来讲，“无”是指迷惑敌人的假象，“有”是指我方的真实意图。另外，无还可以指没有条件，有则指创造出了条件。

运用此计的人，往往是利用对方判断失误或人们普遍存在的一种贪利心理。而谨防无中生有，就是要相应地克服这种心理上的弱点，做到知己知彼，切忌为假象所迷惑。

第八计 暗度陈仓

【原文】

示之以动[1]，利其静而有主[2]，益动而巽[3]。

【注释】

①示：给人看。动：这里指正面佯攻、佯动等迷惑敌方的军事行动。②利其静而有主：敌方静下心来专注于（我方的佯动）则对我方有利。主，专心、专一。③益动而巽：语出《易经·益》："益动而巽，日进无疆。"意思是，充分发挥军事行动的灵活性，像风一样乘虚而入、迂回偷袭。益，增加。巽，八卦之一，象征风，风无孔不入，有隙即钻。

【译文】

采取佯攻的行动，利用敌人在某地集结固守的有利时机，迅速绕到敌人的薄弱之处发动突袭，出奇制胜。

【计名讲解】

此计全称为"明修栈道，暗度陈仓（古县名，位于今陕西省宝鸡市东）"，出自西汉司马迁《史记·淮阴侯列传》。"明修栈道，暗度陈仓"是汉大将军韩信运用过的一个计谋，也是古代战争史上的著名战例。

秦朝末年，群雄并起，楚怀王许诺：先入关中者为王。

公元前207年，项羽在巨鹿之战中大败秦军，想要趁势一举攻下咸阳。但当他到达函谷关时，却获悉刘邦早已趁着他与秦军激战时抢先进入关中，攻占了咸阳，并与关中父老约法三章，赢得了民众的支持，自立为关中王。

项羽大怒，仗着自己的军事实力强大，率军直逼关中，扬言要消灭刘邦，刘邦自知不敌，于是将咸阳和关中拱手相让。

公元前206年，项羽自封为西楚霸王，定都彭城（今江苏徐州），势力范围包括今天的江苏、安徽、山东、河南等地区。然后项羽给各路诸侯"计功割地"，按说其中刘邦功劳最大，项羽却视而不见，故意将偏僻荒凉的巴、蜀分封给刘邦，刘邦因此获得了"汉中王"的称号。

但就是这样，项羽仍然不放心，又将与汉中相邻的关中之地一分为三，分封给秦朝的三位降将——雍王章邯、塞王司马欣和翟王董翳，让他们率领重兵镇守，以遏制刘邦北上。其中，直接与刘邦相接的是雍王章邯。

刘邦见状，心中怨愤不已，就想立即率兵进攻项羽，在萧何、张良的一再劝阻下，才决定隐忍不发。

眼见天下分封已定，张良打算离开刘邦，回韩国侍奉韩王成。临行前，刘邦送给张良许多金银珠宝，张良却悉数转赠给项伯，并请求他说服项羽将汉中地区加封给刘邦。项伯果然照办。于是刘邦占据了秦岭以南巴、蜀、汉中三郡，建都南郑（在今陕西南郑县东北）。

刘邦前往汉中时，张良为他送别，走到褒中（今陕西褒城）时，张良见此处群山环抱，沿途都是悬崖峭壁，只有栈道可以通行，于是建议刘邦沿途烧毁入蜀的栈道，一方面表明自己绝无东扩之意，消除项羽的戒心，一方面也可以防备他人的袭击。然后在蜀中养精蓄锐，等待时机。刘邦也依计而行。

刘邦内心深处一天也没有忘记过争夺天下的雄心，进入汉中后，他励精图治，积极休整。公元前206年，刘邦见时机成熟，便派大将军韩信东征。而陈仓，正是刘邦从汉中入关中的必经之地，两地之间有崇山峻岭阻隔，又有雍王章邯率重兵把守，要强攻夺取，殊为不易。

为了麻痹敌人，韩信向刘邦献上一计，他故意派出樊哙带领一万士兵，大张旗鼓地修复已经被烧毁的山间栈道，并限令一个月修好，摆出一副要从原路杀回关中的架势。

章邯果然中计，一方面觉得十分好笑，因为这样浩大的工程没有几年是无法完成的；另一方面也确实如韩信所料那样密切注视着修复栈道的进展情况，并调来重兵在栈道所经地区的各个关口严加防范，准备阻拦汉军进攻。

但令章邯万万没有想到的是，就在栈道开始重修不久，韩信早已暗中率领汉军主力部队翻山越岭，从隐蔽的小道偷偷来到了陈仓，出其不意地从侧面发动袭击，一举攻下了陈仓。章邯听说陈仓失守，慌忙率兵迎战，结果连连失利，章邯见大势已去，被迫自杀。在不到三个月的时间里，刘邦就趁势一举平定了三秦，夺取了关中地区，并以这块富饶的宝地为基点，开始了争夺天下的大业。

刘邦前往汉中时，张良为他送别。

“暗度陈仓”意思是

正面迷惑敌人，悄悄绕到敌人侧面发动突然袭击。

古人按语说：“奇出于正，无正不能出奇。不明修栈道，则不能暗度陈仓。”意思是说：奇兵与正兵要相互配合，如果没有正面攻击，就无法出奇制胜。就好像如果不去明修栈道，也就没有暗中东出陈仓一样。这则按语讲出了“奇”、“正”的辩证关系。奇正相互对立，又相互联系。孙子说：“凡战者，以正合，以奇胜。”这里的“正”，指的正是兵法中的常规原则；这里的“奇”，指的是与常规原则相对而言的灵活用兵之法。其实，奇正也可以互相转化。比如说，“明修栈道，暗度陈仓”，写入兵书，此法可以说由奇变为正，而适时的正面强攻又可能转化为奇了。按语中举了三国时邓艾与姜维的故事：“昔邓艾屯白水之北，姜维

暗度陈仓

本计全称为“明修栈道，暗度陈仓”，出自司马迁《史记·淮阴侯列传》。敌人固守一方时，己方采取正面佯攻，故意暴露行动，而暗中却悄悄地迂回偷袭的策略，这是一种用造假象的手段来乘虚而入、出奇制胜的策略。

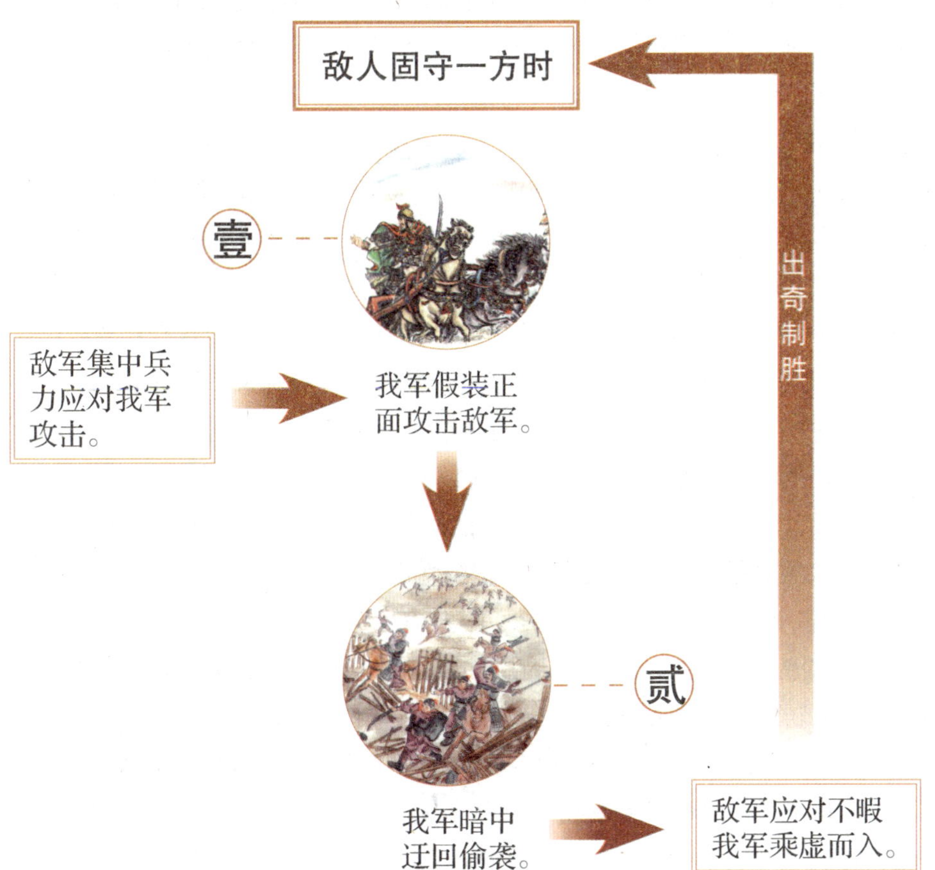

遣廖化屯白水之南而结营焉。艾谓诸将曰：‘维今卒还，吾军少，法当一渡不而作桥；此维使化持吾，令不得还，必自东袭取洮城矣。’艾即夜潜军，径到洮城。维果来渡。而艾先至，据城，得以不破。”在这则故事当中，邓艾识破了姜维的“暗度陈仓”之计，认定姜维派廖化屯白水之南，不过是想迷惑自己，目的是袭取洪城，等姜维偷袭洪城时，邓艾已严阵以待了。邓艾懂得兵法中奇正互变的道理，识破姜维之计。由此可见，对于熟悉兵法的人来说，战场上千变万化，使用各种计谋，必须审时度势，机械搬用某种计谋，是难以成功的。

实用谋略

李允则筑城御敌

由于五代十国时期，石敬瑭把幽云十六州割给辽国，中原地区的北面门户大开。北宋建立后，一直想收回幽云地区，但辽国已在此经营多年，北宋的几次进攻都无功而返。后来，辽国频频南下，北宋始终处于不利地位，只能采取守势。

北宋真宗时，李允则担任雄州知州，为防备契丹大军突然南下进犯，他打算修筑城池，防患于未然。

但问题在于，当时契丹与北宋已经签订了合约，如果公开在边境修城筑墙，怕契丹以此为借口，趁机进行武装挑衅，到时候反而落个主动挑起战事的责任。再加上契丹军事实力强大，北宋朝廷一味苟安求和，因此必须更加谨慎行事。

在雄州城北门外原来有一个瓮城（又称月城、曲池，是为了加强城堡或关隘的防守，而修建的半圆形或方形的护门小城，多建在城门外，但也有建在城门内侧的特例），李允则想修筑一个大城，把这个瓮城也包围进来。于是他先下令在城北修建了一座东岳祠，购置了许多祭祀器具，同时派人在路旁演奏，一时鼓乐喧天，这其实主要是为了引起契丹人的注意。

过了几天，李允则命手下人偷偷将东岳祠中的祭祀器具全部运走，然后放出风声，说这些器具是被契丹人盗走的。李允则还煞有介事地派人四处捉拿盗贼，闹得满城风雨。趁此机会，李允则表示：盗贼横行无忌，必须筑城围护才行。

有了这个借口作为掩护，他开始大张旗鼓地修整城墙，并把原来居住于瓮城的人全部纳入新修的大城之中。

每年祭祀河神的时候，李允则都会在两国界河举行划船比赛，并欢迎契丹人前来观看。这个划船比赛其实是水战演习。

雄州北面原本挖了许多陷马坑，还修建了许多供瞭望用的土堡，李允则故意对人说："我大宋既然与契丹讲和，还要这些东西干什么呢？"于是命令填平陷马坑，拆除土堡，在上面开垦田地，并在四周修建矮墙，种上大片荆棘。结果这样一来，这个地方反而比之前更加难以行走。

李允则筑城御敌。

李允则还在北部修建了一座佛塔，站在塔顶，可以将方圆三十里的景象尽收眼底。又命人在边界种上榆树，时间一久，这些地区树木林立，自然而然地形成了天然屏障。李允则告诉身边的人："成长起来的榆树是最好的障碍物，能使敌人的骑兵无用武之地。"

李允则煞费苦心，制造种种假象，巧妙筑城设防，敌人却误认为他的所作所为只是为了让百姓有一个良好的生活环境，并无其他企图。在契丹尚未明白李允则的真实意图时，一座牢固的防御堡垒已经建成。

【点评】

"暗度陈仓"与"声东击西"有异曲同工之妙：都要有迷惑敌人、隐蔽进攻的作用。不同之处在于：声东击西隐蔽的是攻击点，而暗度陈仓隐蔽的是进攻路线。

在此计中，明修栈道是故意做给敌人看，掩人耳目，以吸引和牵制敌人的主力，其实暗度陈仓才是真实意图。只有一"明"一"暗"配合得当，才能保证行动的成功。

当我方正面进攻不便，又另有可"度"之路的情况下，就可以使用此计。

在现代商业经营活动中，暗度陈仓常常表现为制造假象，迷惑对手或消费者，使其购买本企业的产品，或者要求本企业为其提供服务，从而巧妙地达到占领市场的目的。

第九计　隔岸观火

【原文】

阳乖序乱[①]，阴以待逆[②]。暴戾恣睢[③]，其势自毙。顺以动豫，豫顺以动[④]。

【注释】

①乖：违背，抵触，这里是分崩离析的意思。②逆：叛逆。③暴戾恣睢：这里指横暴凶残，互相仇杀。戾，凶暴、凶狠。恣睢，任意妄为。④顺以动豫，豫顺以动：语出《易经·豫》："彖曰：豫，刚应而志行，顺以动，豫。豫，顺以动。"意思是，顺任事物自然发展，自然于我有所得；若想必有所得，就必须顺任事物自然发展。这里指采取顺应的态度，不要逼迫敌人，让其自相残杀，我方再乘机取利。

【译文】

当敌方内部矛盾激化，甚至明显表现出分崩离析之势时，我方应暗中静观其变，等待敌方形势进一步恶化。敌人横暴凶残，互相仇杀，势必自取灭亡。我方应采取顺其自然的态度，相机行事，坐收渔人之利。

【计名讲解】

此计名最初见于唐代僧人乾康的诗："隔岸红尘忙似火，当轩青嶂冷如冰。"本义为在河的这边看对岸失火。比喻在别人出现危难时袖手旁观，以便从中取利。敌方自相残杀之际，却是我方渔翁得利之时，此时静观其变，顺势取利，实乃明智之举。

隔岸观火。

古人按语说：乖气浮张，逼则受击，退而远之，则乱自起。昔袁尚、袁熙奔辽东，众尚有数千骑。初，辽东太守公孙康，恃远不服。及曹操破乌丸，或说曹遂征之，尚兄弟可擒也。操曰："吾方使康斩送尚、熙首来，不烦兵矣！”九月，操引兵自柳城还，康即斩尚、熙，传其首。诸将问其故，操曰：“彼素畏尚等，吾急之，则并力；缓之，则相图。其势然也。”意思是说：敌人内部矛盾加剧，这时如果我方前去攻击，反而会促使它内部团结起来，对我进行攻击。如果我们不逼迫得太急，暂时停止进攻，敌人内部就会发生叛乱。当初，袁尚、袁熙带领数千人马逃向辽东。起初，辽东太守公孙

隔岸观火

当敌人内部矛盾激化时，我方应静观其变，等待敌方发生内乱。敌人自相仇杀，势必自取灭亡。这就是以柔顺的手段坐等愉快的结果。此计运用顺时以动的哲理，利用敌人的内乱，我不急于采取攻逼手段，等到时机成熟我即坐收其利，一举成功。

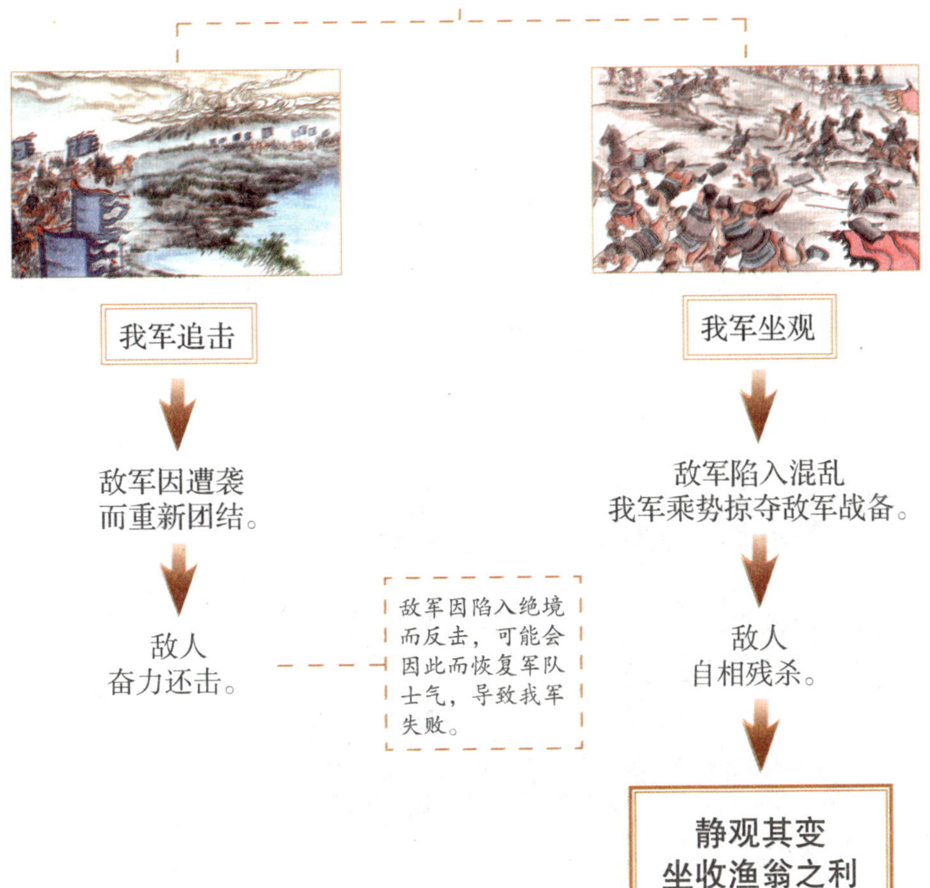

康仗着自己所处偏远，不肯服从曹操。当曹操击破乌桓以后，有人劝说曹操乘胜远征公孙康，袁尚、袁熙兄弟也可一并气擒获。曹操说："我正叫公孙康送袁尚、袁熙兄弟的人头来，用不着劳师远征了。"九月，曹操率领大军从柳城撤回，公孙康立即杀了袁尚、袁熙两兄弟，并把他们的人头送来。诸将领不明白为什么会这样，向曹操请教原因，曹操说："公孙康一向惧怕袁尚、袁熙等人，如果我们急着进攻，他们定然会合力抵抗；如果我们暂时放缓一下攻势，他们就会自相火并。这种形势的发展是很自然的事情。"

实用谋略

苏代巧言退敌

战国末年，秦将武安君白起攻打赵国，长平之战全歼赵军四十万，并将降卒尽数坑杀，只有少部分人回去报信。

赵国上下一片恐慌，军心涣散，白起乘胜连下赵国十七城，兵锋所向，直指赵国国都邯郸，消灭赵国，指日可待。

在这生死存亡的危急关头，平原君的门客苏代挺身而出，表示愿意冒险赶往秦国，以解赵国倒悬之危。赵王给了他很多金银珠宝，让他见机行事。

苏代带着厚礼，星夜赶到咸阳，求见应侯范雎。苏代对范雎说："武安君经过长平一役，声望日隆，现在攻破邯郸指日可待，到时候他就成了秦国统一天下的头号功臣。这虽然是天大的喜事，我却为应侯您担心啊。虽然您现在地位在武安君之上，但将来恐怕您不得不屈居其下了。而武安君这个人，可不太好相处。"

赵国处在生死存亡的危急关头。

苏代看准范雎此人心胸狭隘，便离间其与白起的关系，果然说得他沉默不语。过了好一会儿，范雎才向苏代询问有何对策。苏代见机会来了，胸有成竹地说道："赵国经过连番交战，国力早已衰弱，不足为惧，应侯何不趁此机会劝秦王暂时罢兵议和。这样一来就能名正言顺地剥夺武安君的兵权，您的地位也就稳如泰山了。”

范雎听了，立即进宫面见秦王，对秦王说道：“秦兵长期在外征战，劳苦日久，急需修整，不如暂时宣谕息兵，允许赵国割地求和。”秦王向来对范雎言听计从，结果，秦、赵两国议和，赵国献出六城，终于获得了喘息之机。

白起眼看就能建立不世之功，却突然被召班师，心中恼怒不已，后来听说是应侯范雎的建议，即使知道对方这么做的目的，但也无可奈何。

两年后，秦王撕毁和议，再次发兵攻赵。当时白起身患疾病，于是秦王派王陵统帅十万大军前往。赵王这次起用了老将廉颇，抵御秦军进攻。廉颇善于防守，稳扎稳打，秦军久攻不下。秦王大怒，命白起挂帅出征，白起却称病不出。秦王派王陵围攻邯郸，但始终没有进展。

秦王无奈，只好再次下令白起挂帅，白起自言病重，拒不受命。秦王怒不可遏，立即削去白起官职，将他赶出咸阳。

范雎见白起这个老对头失势，趁机向秦王进言，最终促使秦王将白起赐死。

当初白起攻打赵国时，秦国上下一心，但是苏代入秦，巧妙地点燃了范雎的妒忌之火，引起了秦国内乱，以致文武失和，赵国隔岸观火，免遭覆亡。

曹操隔岸观火除二袁

官渡之战后，袁绍兵败身亡，他的两个儿子为了争夺权力不断争斗，曹操趁火打劫，袁氏兄弟大败，只得投奔乌桓。曹操继续进兵，击败了乌桓。袁氏兄弟只得带领几千人马投奔了辽东太守公孙康。

这时，曹营诸将建议曹操乘胜远征，一鼓作气平定辽东，擒拿袁氏兄弟。曹操却说：“你们少安勿躁，公孙康自会杀了袁氏兄弟，然后将他们的首级送上门来，我们用不着劳师远征。”众人听了，认为曹操是在开玩笑，心里都不以为然。

曹操与众人计除二袁。

曹操只管下令班师，转回许昌，静观辽东局势。

到了九月，公孙康果然杀了袁氏兄弟，并派人向曹操送来他们的人头和一封降书。众将非常惊讶，于是询问曹操其中的道理。曹操笑着说："袁家父子向来有夺取辽东的野心，现在二袁兵败，如丧家之犬，投奔辽东实为迫不得已。而公孙康向来害怕袁氏兄弟吞并他，如今二袁上门投靠，他心存疑虑，相互间必生猜疑之心。若我当时从外部用兵急攻，他们必然会暂时放下仇怨而联合起来对付我。倘若我远远地回避，他们就会自相残杀，而我尽可以坐收渔翁之利了。"大家听了，对曹操佩服不已。

事实也正如曹操所猜测的那样，公孙康担心收留二袁后会留下后患，而且还会得罪势力强大的曹操。但他又考虑到，如果曹操趁势攻打辽东，自己势单力薄，无法阻挡，因此不得不拉拢二袁，以共同抵御曹操。所以，当公孙康探听到曹操已经班师转回许昌的消息后，认为曹操并无进攻辽东之意，便觉得袁氏兄弟没有利用价值了。于是设下伏兵，然后召见二袁，突然将其擒获，割下他们的首级，并立即派人把首级和降书送到曹操营中。

曹操一招"隔岸观火"，不费吹灰之力便得了二袁首级，又得了公孙康的降书，可谓一举两得。曹操能成功运用此计，源于他对当时局势的正确分析和判断。

【点评】

隔岸观火，就是"坐山观虎斗"。俗话说：见蛇不打三分罪，见火不救七分过。但是在战场上，当敌人陷入内部分裂，互相倾轧的处境的时候，也正是我方坐收渔翁之利的绝佳时机。不过，施行此计不可操之过急，以免反过来促成敌人暂时联手，共同对付我方。正确的做法是静观其变，让几股敌人互相残杀，等其力量大幅度削弱，甚至自行瓦解后再见机行事。

要想使用此计，必须有两个先决条件：一是有"火"可"观"，即敌人出现混乱的局面；二是有"岸"可"隔"，否则将会面临极大的风险。

第十计　笑里藏刀

【原文】

信而安之[1]，阴以图之；备而后动，勿使有变。刚中柔外也[2]。

【注释】

①信：使相信。安：使安心，这里指不生疑心。②刚中柔外：这里是内藏杀机、外示柔和之意。

【译文】

设法使敌人相信我方是善意友好的，从而不生疑心，放松警惕；我方则暗中策划，积极准备，相机而后动，决不可让敌人有所察觉而采取应变措施。这是一种内藏杀机而外示柔和的谋略。

【计名讲解】

此计名可追溯到唐代大诗人白居易的《劝酒》诗："且灭嗔中火，休磨笑里刀。不如来饮酒，稳卧醉陶陶。"

笑里藏刀，原意是形容外表和善而内心狠毒。与口蜜腹剑、两面三刀含义相同。此计用在军事上，是一种表面友善而内藏杀机的谋略，即运用政治、外交上的伪装手段，欺骗、麻痹对方，以掩盖己方的行动。

古人的按语说：兵书云："辞卑而益备者，进也；辞强而进驱者，退也；轻车先出居其侧者，陈也；无约而请和者，谋也；奔走而陈兵车者，期也；半进半退者，诱也。"故：凡敌人之巧言令色，皆杀机之外露也。宋曹玮知渭州，号令明肃，西人惮之。一日，方召诸将饮，会有叛卒数千，亡奔夏境。堠骑报至，诸将相顾失色，公言笑如平时。徐

笑里藏刀。

谓骑曰："吾命也，汝勿显言！"西人闻之，以为袭之，尽杀之。此临机应变之用也。若勾践之事夫差，则竟使其久而安之矣。

这段按语的意思是说："《孙子兵法》中说道：'敌方使者言词谦卑而暗中加紧战备的，是要向我发起进攻；敌方使者言辞强硬而敌军又向我驱驰进逼的，是在准备撤退；敌人先出动轻型战车并且部署在侧翼的，是在布列阵势；敌人没有事先约定就突然来请和的，其中必定有阴谋；敌人（频繁调动）往来奔走，并且已经摆开兵车列阵的，是想要与我军交战；敌军半进半退（往复徘徊）的，是想要引诱我军上前。'所以，凡是敌人的花言巧语，都是使用阴谋诡计的表现。宋代时，曹玮任渭州州牧的时候，他的军纪严明，西夏人十分惧怕他。有一天，曹玮正与属下饮酒，突然有数千名士兵发动叛乱，逃到了西夏。当探子前来报告时，将官们听了都面面相觑，十分惊恐。而曹玮却谈笑自如，好像什么都没有发生一

笑里藏刀

原指表面和气，内心阴险，口蜜腹剑的两面派。《旧唐书·李义府传》："义府貌状温恭，与人语必嬉怡微笑，而褊忌阴贼。既处要权，欲人附己，微忤意者，辄加倾陷。故时人言义府笑中有刀。"军事上，一般指通过政治外交上的伪装手段，欺骗麻痹对方，以掩盖己方的军事行动。

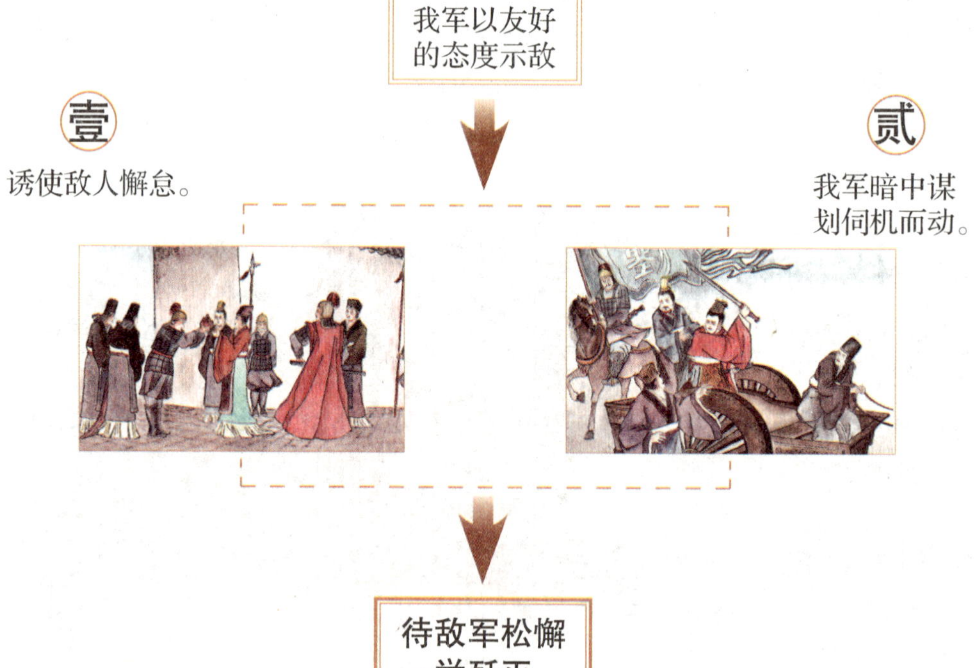

样。这时，他站起身来，对身边的将官说道：‘请别声张，他们都是遵照我的命令行事的！’西夏人听到这话，还以为前来投奔的宋军士兵是假投降，于是立刻把他们处决了。这正是曹玮在谋略上的运用。”

实用谋略

口蜜腹剑

“笑里藏刀”不只是一种作战计谋，也是为人处世的一种策略。不过，这一策略通常含有贬义，我们常把笑里藏刀的人看作是奸邪之徒，如唐朝的奸相李林甫，便是笑里藏刀之人的典型代表 。

李林甫出身于李唐宗室，是唐高祖堂弟长平王叔良的曾孙，从辈分来讲，他还是唐玄宗李隆基的远房叔父。此人品行和声望素来不高，但因为善音律，懂才艺，加上善于谄媚逢迎，因此从最初负责宫廷宿卫、仪仗的低级官吏，逐步爬上了宰相的高位。

李林甫在与人接触时，总是做出一副平易近人的样子，口中总是有无数的甜言蜜语。据《旧唐书》记载，他“貌状温恭，与人语必嬉怡微笑”，只看他那和蔼可亲的笑容，不少人都会以为他是一位忠臣。

实际上，李林甫肚子里却藏着毒剑，随时准备暗中伤人。正如北宋史学家司马光在《资治通鉴》中所描写的那样：“李林甫为相，凡才望功业出己右，及为上所厚、势位将逼己者，必百计去之。尤忌文学之士，或阳与之善，啖以甘言，而阴陷之。世谓李林甫‘口有蜜，腹有剑’。”意思是说：李林甫当上宰相后，对于朝中百官，凡是才能和功业在自己之上而受到玄宗宠信或官位快要超过自己的，一定要想方设法除去，尤其忌恨由文学才能而进官的士人。有时表面上装出友好的样子，说些动听的话，而暗中却阴谋陷害。

李林甫口蜜腹剑。

张九龄力谏止废太子。

所以世人都称李林甫“口有蜜，腹有剑”。

李林甫开始受宠的时候，与他同任宰相的还有张九龄，此人贤明能干，清正廉明，素有政绩，声望极高。李林甫对他嫉妒得要命，生怕自己被张九龄比下去了而失宠，所以想方设法排挤张九龄。加上张九龄为人正直，对李林甫的所作所为非常鄙视，根本不把他放在眼里，这自然令李林甫恼恨万分，急欲除之而后快。但张九龄大权在握，李林甫只能表面上处处讨好他。

当时，玄宗最宠爱武惠妃，她所生的寿王和盛王也特别受宠，而太子却逐渐被皇帝疏远了。

但武惠妃并不满足，她想让自己的儿子当上太子，于是在玄宗面前诬告太子结党营私，图谋不轨。李林甫也跟着在皇帝面前煽风点火，说太子有怨言。玄宗大怒之下，就想立刻废掉太子。

但废太子是一件非常重大的事情，必须征询百官的意见。皇帝于是招来当朝几位宰相，询问他们的意见。张九龄认为此事非同小可，太子为国家之本，又是由皇帝亲自教养，并无大的过失，所谓的谋反之事证据不足，不可因为皇帝的喜怒而废掉太子。

李林甫当时也在场，但从头到尾都一言不发。背地里，他却在玄宗宠信的宦官们面前说：“皇家的事，何须别人插手。”言外之意就是说张九龄多管闲事，手伸得太长。

李林甫心里很清楚，要不了多久，这些话就会传到玄宗的耳朵里。正如他所料，玄宗听了之后，也觉得张九龄太专断。他和李林甫谈起此事，李林甫趁机在玄宗面前说了许多关于张九龄的坏话。

公元 736 年，唐玄宗想要加封朔方节度使牛仙客。张九龄认为牛仙客不过是一个庸人，他在任上所做的都是分内工作，可以适当赏赐，却不应加封，还约李林甫一起进宫劝谏玄宗。李林甫慷慨激昂，当面表示赞同，进见时却一直默默无语，回来后还私自把此事告诉了牛仙客。

第二天，牛仙客面见玄宗，泪流满面地表示自己要放弃官爵。玄宗仍想加封牛仙客，张九龄据理力争，玄宗非常恼火，质问张九龄说：“什么事情都要听你的吗？”张九龄表示这是自己的分内之事，而且牛仙客出身小吏，目不识丁，将这样一个人拔擢为宰相根本不合适。

李林甫瞅准时间，向玄宗进言道：“天子用人，有何不可？张九龄不过是区区一介文官，却泥古不化，不识大体，根本成不了大器。”玄宗听了，更加不喜欢张九龄，渐渐疏远了他。

张九龄与中书侍郎严挺之是好友。严挺之前妻离婚后嫁给了蔚州刺史王元琰。恰好王元琰被指控贪赃枉法，玄宗将此案交给严挺之等审查，严挺之替王元琰脱了罪。李林甫把这个消息秘密地告诉了唐玄宗，玄宗认为严挺之包庇王元琰，打算严厉追究。张九龄极力替严挺之辩护，却不知道自己正好中了李林甫的奸计。玄宗把以前积累的猜疑与此事联系起来，认为张九龄结党营私，最后罢免了他的宰相职务。李林甫成功地独揽了唐朝大权。

【点评】

“笑里藏刀”之计的关键在于一个“笑”字。笑必须拿捏好分寸，表现得真实自然，千万不可将隐藏其中的“刀”露出来。否则，笑得做作或过火，反而会引起对方的怀疑和警觉。笑只是手段，真正的杀招是藏在笑容中的刀，至于出刀的方式，则视情况而定，但必须迅速果断，使敌人应变不及。

两方相较，敌人相对强大而我方相对较弱，敌我的矛盾尚未明朗时，适宜运用此计。要注意针对敌方指挥者的不同特点来实施：对于骄傲自大的，要助长其骄横之气；对于胆小怯懦的，要示以诚意，使其放松警惕。我方则暗中做好准备，等待时机。

孔子曰：“巧言令色，鲜矣仁。”无论是在战场上，还是在日常生活中，都要谨防笑面虎，万不可为笑容所迷惑，而忽视了其隐藏在背后的祸心。

第十一计　李代桃僵

【原文】

势必有损，损阴以益阳[①]。

【注释】

①损阴以益阳：这里是指以暂时的、局部的牺牲为代价，来换取长远的、全局的胜利。阴，这里指局部。阳，这里指全局。

【译文】

当局势发展到必然会有所损失的时候，就应该牺牲局部来换取全局的胜利。

【计名讲解】

此计名出自《乐府诗集·鸡鸣篇》："桃生露井上，李树生桃旁，虫来啮桃根，李树代桃僵，树木身相代，兄弟还相忘？"本义是指李树代替桃树受虫蛀。这里比喻兄弟之间的关系，就如桃李共患难一般，要互助互爱。

此计作为计谋，是指在双方势均力敌，或敌优我劣等很难获取全胜的情况下，用较小的代价或牺牲，换取大的胜利，是一种舍小保大的谋略，类似于象棋比赛中"弃车保帅"的战术。

李代桃僵。

两军对峙，敌优我劣或势均力敌的情况是很多的。如果指挥者主观指导正确，常可变劣势为优势。孙膑赛马的故事为大家所熟知，他在田忌的马总体上不如对方的情况下，使田忌仍以二比一获胜。但是，运用此法也不可生搬硬套。战国时齐魏桂陵之战，魏军左军最强，中军次之，右军最弱。齐将田忌准备按孙膑赛马之计如法炮制，孙膑却认为不可。他说，这次作战不是争

李代桃僵

原喻指兄弟之间互相爱护互相帮助，后用来比喻互相顶替或代人受过。出自南宋郭茂倩《乐府诗集·鸡鸣》。此计用在军事上，指在敌我双方势均力敌，或者敌优我劣的情况下，用小的代价，换取大的胜利的谋略。

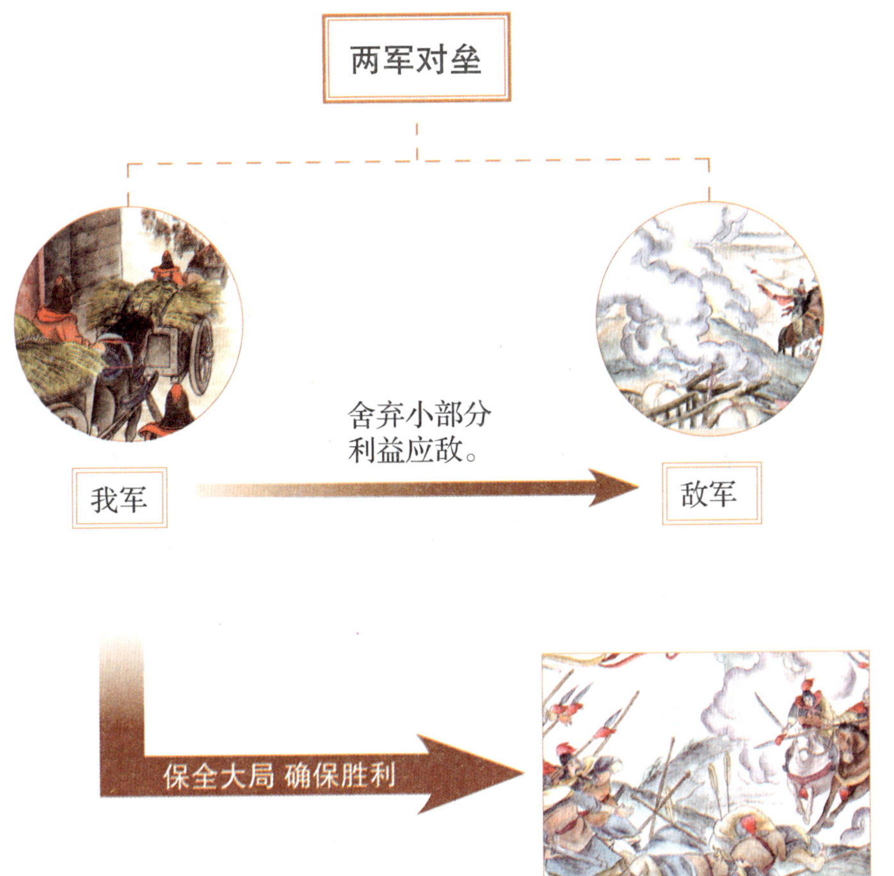

个两胜一负的结果，而应大量消灭敌人。于是用下军对敌人最强的左军，以中军对势均力敌的中军，以力量最强的部队迅速消灭敌人最弱的右军。齐军虽有局部失利，但敌方左军、中军已被钳制住，右军很快败退。田忌旋即指挥己方上军乘胜与中军会合，力克敌方中军。得手后，三军合击，一起攻破敌方最强的左军。这样，齐军在全局上形成了优势，终于取胜。

古人的按语说道："我敌之情，各有长短。战争之事，难得全胜，而胜负之诀，即在长短之相较，乃有以短胜长之秘诀。如'以下驷敌上驷，以上驷敌中驷，以中驷敌下驷'之类：则诚兵家独具之诡谋，非常理之可推测者也。"意思是：敌我双方的情况互有短长。战争中企图在各个方面压倒敌人，这实在难于做到。战争的胜败，取决于双方力量的对比，通常是占有优势的一方能够获得胜利。但是，为使我方取得优势地位，应当运用以劣胜优的诀窍。就像战国时孙膑向田忌献计一样，“用下等马对对方的上等马，以上等马对对方的中等马，以中等马对对方的下等马”。

实用谋略

赵氏孤儿

李代桃僵，指的是面对困难时，以小的代价换取大的胜利的谋略。这一谋略的关键在于舍弃“李”，春秋时程婴以亲子代替赵氏孤儿，并最终消灭奸臣屠岸贾的故事，其中运用的便是“李代桃僵”之计。

春秋时，晋景公手下有一个大奸臣名叫屠岸贾，他鼓动晋景公除掉对晋国有功的赵氏家族。晋景公默许了，于是屠岸贾率三千人马把赵家团团围住，将赵朔、赵同、赵括、赵婴齐等全部杀掉。

赵朔的妻子庄姬公主是晋侯的姑姑，当时她已经怀了身孕，被秘密送进宫中躲藏起来。屠岸贾闻讯，决心赶尽杀绝，便撺掇晋景公杀掉公主以绝后患。但景公念在姑侄情分上，不肯杀公主。屠岸贾知道公主已经怀了孩子，见景公不杀公主，便决定等公主分娩后，杀掉赵朔的遗腹子以斩草除根。

公孙杵臼和程婴是赵朔的门客，两人是好友，对赵家非常忠心。赵朔死后，两人秘密见了面。

公孙杵臼质问程婴：“你为何忍辱偷生？”

程婴说：“赵朔的妻子已经怀了赵家的骨血，如果生下来的是个男孩，我就把他抚养成人，让他去报仇雪恨；如果生下来的是个女孩，我就彻底失望了，到时只好以死来报答赵氏的知遇之恩。”

不久，庄姬公主分娩，在宫中生下了一个男婴。屠岸贾听说后，亲自带兵到宫中进行搜索，公主将婴儿藏在裤内，侥幸躲过了一劫。程婴派一个信任的人假扮医生，入宫给公主看病，在忠臣韩厥的协助下，趁机将婴儿装在药箱中偷偷带出宫外。

屠岸贾猜测婴儿是被偷送出宫了，于是立即悬赏缉拿。

眼看庄姬公主母子俩好不容易逃脱了这次劫难，程婴对公孙杵臼说：“虽然屠岸贾这次没有找到孩子，但他绝对不会善罢甘休。你觉得该怎么办？”

赵氏孤儿。

公孙杵臼没有回答，却问程婴："抚育孤儿与死亡，哪件事更容易？"

程婴回答："当然是死亡容易，抚育孤儿难。"

公孙杵臼说："赵君生前对你最好。我不如你，只好请你去做最难的事情，我只能去做容易的事情，所以，让我先去死吧。"

两人商议过后，决定采用调包计：找一个男婴与赵氏遗孤对调，然后公孙杵臼带着这个婴儿逃到首阳山，程婴则故意去告密，让屠岸贾搜到假的赵氏遗孤，这样他才会停止搜捕，赵氏的嫡脉才能保全。

当时，程婴的妻子也恰好刚刚分娩，生下了一个男婴，程婴于是决定拿自己的儿子代替赵氏遗孤。程婴回家后，心中悲痛万分，因为他知道自己的孩子肯定会被屠岸贾杀死。但程婴还是用大义说服了妻子，然后含泪将自己尚在襁褓之中的儿子抱上，与公孙杵臼一齐逃到了首阳山中。程婴的妻子则带着赵氏孤儿往另一个方向逃走。

屠岸贾很快就知道了此事，迅速带兵赶到首阳山。程婴假装走投无路，从山中出来，对屠岸贾说："程婴不肖，无法保全赵氏孤儿的性命。反正孩子免不了一死，如果屠岸贾将军付给我千金，我就把孩子的藏身之处告诉你。"

屠岸贾一心想要知道赵氏孤儿的下落，当场就答应了程婴的要求。在程婴的带领下，屠岸贾等人终于找到一间隐匿在山中的小茅屋，公孙杵臼就住在里面，屠岸贾还从屋中搜出了一个用锦被包裹着的男婴，想来这就是赵氏遗孤了。

公孙杵臼当着众人的面大骂程婴背信弃义，一边骂还一边佯装乞求："杀了我吧，孩子是无辜的，请放他一条生路。"

心狠手辣的屠岸贾一心想要斩草除根，当然不会答应，于是当场摔死了婴儿，杀了公孙杵臼。

程婴眼睁睁看着亲子和好友当场惨死，却只能按捺住满心的悲痛和愤恨，装出若无其事的样子。从此，程婴背负着忘恩负义、出卖朋友的"骂名"，忍受着世人的唾骂，带着赵氏孤儿逃往外地，隐居起来，将他抚养成人，并让他学会了一身本领。

十五年后，赵氏孤儿终于长大成人，他就是赵武。赵武知道了自己的身世后，立誓要向屠岸贾复仇，替赵家讨回这笔血债。后来，赵武与朝中韩厥里应外合，杀了奸臣屠岸贾，报了血海深仇。而公孙杵臼的忠烈之名和程婴的忠义精神也终于大白于天下。

程婴见赵氏大仇已报，自己不肯独享富贵，遂拔剑自刎。赵武为程婴服丧三年。而程婴与公孙杵臼合葬于一墓，他们被后人称为“二义”，其忠义英烈之名流传千古。

在对手的总体实力强于己方的情况下，采用“李代桃僵”的策略，可以变劣势为优势，从而战胜对手。

田忌赛马

战国时，齐威王和齐国的大将田忌都很喜欢赛马，因此两人经常在一起比赛。

两人约定的比赛方式是：把各自的马分成上、中、下三等，比赛时，上等马对上等马，中等马对中等马，下等马对下等马。齐威王是一国之君，他的马自然比田忌的马要强一些，所以每次比赛田忌都是三场连败，田忌因此输了不少钱。

有一次，田忌的好友孙膑也去看了比赛，结果自然又是田忌输了。田忌觉得很扫兴，正要垂头丧气地离开赛马场时，却听见有人叫自己的名字，抬头一看，原来是孙膑。

田忌赛马。

孙膑招呼田忌过来，然后拍了拍他的肩膀，说：“我刚才看了赛马，才发现原来威王的马比你的马快不了多少呀。”

孙膑话还没说完，田忌就瞪了他一眼：“没想到居然连你也来挖苦我。”

孙膑说：“我没有

挖苦你。你再同大王赛一次，我保准能让你赢他。”

田忌疑惑地看着孙膑，问道：“你是说另外换马比赛？”

孙膑摇摇头，说：“一匹马也不用换。”

田忌一听，立刻泄了气，说：“那还不是照样得输。”

孙膑胸有成竹地说：“你按照我的安排去做，保准没问题。”

田忌知道孙膑足智多谋，虽然心中困惑不已，但还是决定听他的话。

齐威王之前屡战屡胜，正在得意扬扬之际，看见田忌在孙膑的陪同下迎面走来，便讥讽田忌说：“怎么，难道你不服气，嫌输得不够，还想再来一次？”

田忌说：“当然不服气，咱们再比一场！”还掏出一大堆银钱放在桌子上作为赌注。

齐威王见了，心里暗暗觉得好笑，不过田忌之前每次都是他的手下败将，现在居然主动把钱送上门，他自然也不会拒之门外，于是吩咐手下人把前几次赢的钱全部拿来，还追加了一千两黄金。然后满怀信心地说道：“现在就开始吧！”

随着一声锣响，比赛开始了。第一局，还是田忌输了，而且是以极大的差距输掉了这场比赛。齐威王兴奋地站起来说：“想不到大名鼎鼎的孙膑先生，想出来的对策也不过如此。”孙膑并没有与齐威王做口舌之争，因为他自信能够挽回败局。

在接着进行的第二场比赛中，田忌的马竟然胜了一局，齐威王有点慌了。

但更让齐威王目瞪口呆的事情还在后面，第三局比赛还是田忌获胜。这样，在三局比赛中，田忌胜了两局，结果自然是田忌获得了最终的胜利。田忌不仅收回了之前输掉的赌注，还大赚了一笔，孙膑也因此更受信任和重用。

面对这样出乎意料的结果，齐威王百思不得其解。原来，孙膑发现，田忌的马和齐威王的马之间的差距并不大，于是第一场比赛用下等马对齐威王的上等马，第二场比赛用上等马对齐威王的中等马，第三场比赛用中等马对齐威王的下等马。田忌赛马的故事，正是用了“李代桃僵”的计谋。

孙膑主动先败一局，以换取后两局的胜利。还是同样的马匹，孙膑只是巧妙地调换了一下出场顺序，结果就转败为胜。

【点评】

在两军阵前，在政治舞台上，在商场中，要想不付出任何代价就大获全胜非常困难，所以总是不可避免地要付出一定的代价或牺牲。在这种情况下，必须牢记“两利相权取其重，两害相权取其轻”的原则，以保全大局和长远利益为重。

而当敌我双方势均力敌或者敌强我弱时，也可以运用李代桃僵之计，以少量

李代桃僵。

的损失换取极大的胜利，从而逐渐将劣势转化为优势。李代桃僵，就是趋利避害，以少量的损失换取很大的胜利，这就是李代桃僵之计的实质。

在此计中，“李”表示要做出牺牲的一方，“桃”则表示被保全的一方。在实施此计时，有两点需要注意：李与桃之间必须具备一定的联系，否则将无法完成替代任务；李轻而桃重，决不能反向替代。

此计有五种含义：

一、弃车保帅。

二、寻找替罪羊。让别人替自己背黑锅，这通常被认为是一种非常阴险的手段。

三、弃子争先。虽然损失了一些棋子，但有利于占据先手，从而让整盘棋都活了。相反，如果过于计较眼前利益，每子必争，往往一败涂地。

四、忍痛割爱。

五、代人受过。

在现代商业活动中，经营者要从全局出发，对优劣形势进行对比分析，既不可为小利所引诱，也不可为小害所妨碍，要争取主动和优势，但不必寸步不让，适当的时候以退为进，从而达到最终的目的。

第十二计　顺手牵羊

【原文】

微隙在所必乘[①]，微利在所必得。少阴，少阳[②]。

【注释】

①微隙：很小的空隙，这里指敌方的某些漏洞、疏忽。②少阴，少阳：意思是抓住敌方小的疏漏，变为我方小的胜利。少阴，阴之初始，比喻敌人的小漏洞。少阳，阳之初始，比喻我方的小胜利。

【译文】

敌人出现的漏洞再微小，也必须乘机利用；利益再微小，也要力争获得。要变敌人的小漏洞为我方的小胜利。

【计名讲解】

本计语出《草庐经略·游失》：“伺敌之隙，乘间取胜。”关汉卿著元杂剧《尉迟恭单鞭夺槊》台词中，就出现了本计计名。《水浒传》第九十九回写道：“前面马灵正在飞行，却撞着一个胖大和尚，劈面抢来，把马灵一禅杖打翻，顺手牵羊，早把马灵擒住。”但以上说的均不是战争。中国历史上，有很多顺手牵羊的战例，例如：晋献公途经虞国灭掉虢国，回师虞国时又乘其不备，灭掉了虞国；秦穆公攻打郑国，兵至滑国时，知郑人已有戒备，灭郑没有希望，就顺手灭掉滑国，然后班师回秦。

“顺手牵羊”的本义是顺手把别人的羊牵走。比喻在实现主要目的的过程中，伺机取得意外收获。在军事上是指看准敌人出现的漏洞，抓住其薄弱环节，乘便获利的谋略。

顺手牵羊。

古人对顺手牵羊之计非常重视。《六韬》中

说道："善战者，见利不失，遇时不疑。"（意思是说要善于捕捉战机，乘隙争利。）《鬼谷子·谋篇》中说："察其天地，伺其空隙。"（意思是说根据天地万物的变化，抓住敌人的间隙，趁机将其消灭。）《草庐经略·游兵》中说："伺敌之隙，乘间取利。"（意思是说看到敌方有间隙可趁，便伺机谋取好处。）《登坛必究·叙战》中说："见利宜疾，未利则止。取利乘时，间不容息，先之一刻则大过，后之一刻则失时也。"（意思是说看到有利可图就迅速行动，没有好处就不轻举妄动。谋取好处要掌握时机，恰逢其时，如果时机未到就采取行动，或是已经错过最佳时机，就不能实现预定目的。）这些兵法中虽未出现"顺手牵羊"四个字，却是对这一计策的最好说明。

顺手牵羊

一旦出现微小的漏洞，必须要及时利用；发现微小的利益，也要力争获得。利用敌方小的疏忽，为我方争取小的胜利。此计是一种"伺隙捣虚"、创造和捕捉战机的谋略，谋略的实质在于乘敌之隙。

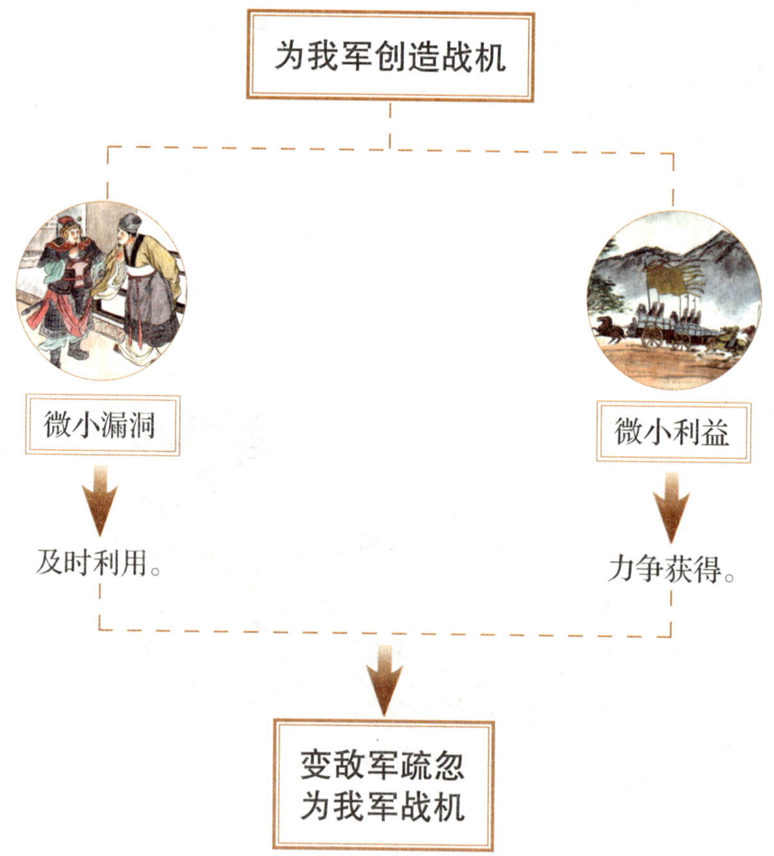

古人的按语说:“大军动处，其隙甚多；乘间取利，不必以战。胜固可用，败亦可用。”意思是说：凡是大军行动的时候，一定会留下很多缝隙和漏洞，我方可以乘虚而入，在这种情况下，一定要争取获得胜利，而且不必使用过多的兵力或经过特别大的战斗。这种战法，强者固然可以使用，而弱者同样也可运用。

实用谋略

楚王问鼎

实施“顺手牵羊”之计，要把握好时机，一方面敌方必须得留下可趁的间隙，一方面我方要有消灭敌方的绝对实力。春秋时期楚庄王在灭掉陆浑之戎后，想趁机顺手灭掉周朝，但是由于时机不成熟，楚庄王并没能抓到这只“羊”。

楚国位于江、汉流域，向被视为南方之蛮夷。其先熊绎在西周初期曾被成王封为子爵，但楚国对周室时服时叛，不受封建之约束。春秋初年，王权衰微，楚君熊通索性于公元前740年自立为王（即楚武王），欲与天子分庭抗礼，一较长短。不久其子文王定都于郢（今湖北江陵西北），国势进一步强大起来。春秋初期，强楚实乃中原诸国之心腹大患，而中原诸侯经常说的“尊王攘夷”，也往往以抑楚为其主要目标。

楚早就有窥伺中原的志向，所以长期以来，它一方面并吞周围小国，一方面不断向北推进。但它先在齐桓公时被阻于召陵，继而在晋文公时战败于城濮，其北进图谋一再受挫。后来，楚庄王即位，开始任用贤才进行改革，使楚国迅速强大起来。

楚王问鼎。

公元前606年，楚庄王亲自率领军队讨伐周都洛邑西南方的陆浑之戎。陆浑之戎是姜戎的一支，是不同于华夏族的少数民族。陆浑之戎原住在西北的瓜州，由于不臣服于秦国，秦国率兵把它驱逐到远处。晋献公认为，姜戎是炎帝后裔，应与华夏族同等对待，所以把伊水中上游的山地封赐给姜戎。姜戎在伊水立国，熊耳山区尽为戎地。陆浑之戎成为楚国北扩的重大障碍，楚庄王决定以武力将其剿灭。

陆浑之戎生性剽悍，习于骑战，但不习于战阵兵法。楚军长驱直入，大破陆浑之戎。返回楚国的时候，楚军到达洛水之畔，楚庄王在这里举行盛大的阅兵式，打算顺手牵羊，一举灭掉周朝，从而实现其称霸中原的目的。

楚军阅兵于周朝边境的消息传到了洛邑，周王极为恐慌。周朝的大夫王孙满自告奋勇，表示能劝退楚王。周王便下令让王孙满慰劳楚王，以观楚军的动静。

王孙满素有贤德，是一位杰出的政治家。他到达洛水之南，见楚军营帐相连，甲胄鲜明，楚王居于中帐，不降阶相迎。王孙满看到楚王的架势，知道他态度傲慢，浑然不把自己这位“代天巡狩”放在眼里。但是，王孙满并不介意，他仍旧向楚王致答了周天子劳师之意，说道：“周朝天子听说大王率军路经此地，因此特派小臣前来慰劳。”

楚庄王听了王孙满的话，心里更加得意了，他并不向王孙满致谢，而是傲慢地问道：“九鼎现在都在周朝，其大小轻重如何？”

王孙满一听楚王打听九鼎的大小轻重，深知其有灭周之心，于是从容地回答说：“大小、轻重在于德而不在于鼎。”

楚庄王听后，大惑不解，忙问道：“这句话怎么说呢？”

王孙满回答道：“从前，夏朝施行德政的时候，远方的国家把物产画成图像进献，九州又进贡了各自出产的铜。夏王于是用这些铜铸成了九鼎，把图像铸在鼎上，鼎上各种事物都已具备，使百姓懂得哪些是神，哪些是邪恶的东西。所以百姓进入川泽、山林，就不会碰上不顺利的事情。

“因此能使上下协调一致，承受上天的福佑。夏桀昏乱无德，九鼎便迁到商朝，前后六百年；商纣暴虐，九鼎又迁到了周朝。如果德行美好光明，九鼎虽小，也重得无法迁走。如果德行奸邪昏乱，九鼎再大，也是轻的。上天保佑有圣明德行的人，也是有限度的。成王将九鼎安放在王城时，曾占卜预告周朝传国三十代，享国七百年，这个期限是由上天决定的。周朝的德行虽然衰落，天命并没有改变。九鼎的轻重，也就不必询问了。”

楚庄王闻此，知道取代周王室的时机还不成熟，于是率领军队撤退了。

王孙满知道楚庄王的亡周之心，他阐述“德”，一方面是想以理说退楚王，一方面也说明想取得天下，只能凭借德行，才能令天下顺服。仅仅通过得到鼎来窃取天下的权力，纵然能够成功，也不能长久。楚王在听到王孙满的一番言论后，知道自己还无法取代周朝，于是只得撤军了。这样，楚王顺手牵羊的美梦破灭了。

韩信取三齐

顺手牵羊的关键在于抓住时机，乘虚而入，从全局着眼，只要不会出现“因小失大”的状况，就不要轻易放过获利的机会。公元前 203 年，韩信被封为齐王，而他之所以能成为齐王，多亏听从了谋士蒯通的建议，借项羽和刘邦兵戎相向的机会，顺手牵“齐”。

公元前 205 年，齐王田荣和刘邦分别从东西两面夹击项羽。项羽亲自率领大军击败田荣，和刘邦在荥阳对峙。不过，由于在攻打田荣的过程中，楚军残忍地焚烧城郭、坑杀降卒，齐国发生了叛乱。田荣的弟弟田横趁机收容散兵，聚集力量攻打项羽。

项羽一心对付刘邦，无暇顾及齐国的内乱，田横便乘虚而入夺回齐国，并立田荣的儿子田广做了齐王。与此同时，作为刘邦的左膀右臂，韩信正忙着为刘邦开疆拓土，他采纳广武君李左车的意见，不用一兵一卒便迫使燕国投降，使其归服自己。

韩信原本就计划夺取燕、齐两国，但就在他准备挥师齐国的时候，刘邦派郦食其做说客劝说齐王田广背楚降汉。郦食其很好地完成了任务，素来对汉军有所提防的田广遂放下了对汉军的戒备。

既然田广不再与汉为敌，韩信也没有必要讨伐他了。因此，听说此事后，韩信便打消了伐齐的念头，但他的谋士蒯通却建议他顺手牵羊。蒯通对韩信说：“将军是奉诏攻打齐国，汉王只不过暗中派遣一个密使游说齐国，难道有诏令命你停止进军吗？为什么不进军呢？况且郦生不过是个读书人，坐着车子，凭着三寸之舌，就收服齐国七十余座城邑。您为将

燕国派使者向韩信归服。

多年，反不如一个读书小子的功劳吗？”

韩信被蒯通说动了，于是按照蒯通的计谋，重又拉起旗帜，大举伐齐。齐王得知韩信要来攻打自己，又惊又气，一面派人向项羽求助，一面烹杀郦食其泄愤。然而，尽管项羽马上派来二十万大军援救田广，田广仍没保住自己的国家。最后，齐国被收入韩信囊中，刘邦也只得封韩信为齐王。

夺取齐国，一方面得力于韩信出众的指挥能力，一方面也得力于蒯通的审时度势。后者敏锐地捕捉到楚汉战场的形势变化——项羽正和刘邦对峙，不可能将太多力量放在齐国身上，而齐国则由于刚刚接受了刘邦的劝降，对汉军没有防备——这些都是韩信顺手牵羊不可或缺的条件。

【点评】

从某种意义上讲，“贪”是人类生活的根本追求：人类贪求更香的食物，于是学会了用火烤制熟食；人类贪求更安逸的生活，于是学会了盖房子，然后逐渐出现了高楼大厦；人类贪求更方便的出行方式和更快的速度，于是有了汽车、轮船、飞机等交通工具。顺手牵羊也是人类“贪”的本性的一种自然流露。

实施此计，关键在于“顺手”二字，如果是在不顺手的情况下勉强为之，不仅徒劳无功，可能还会对原有的主要目的造成妨碍。

“顺手牵羊”中，“羊”比喻意外的小利，但并不是见羊就要“牵”。首先要观察它是不是敌人布下的诱饵；其次要明确，小利终归是小利，不能因此而偏离了自己的主要目的，只有在通观全局，确定不会因小失大的前提下，才能顺手牵羊，否则很可能捡了芝麻丢了西瓜。

军队在行动的过程中，肯定会出现很多漏洞。比如，当行军速度较快时，可能造成协调不灵，给养跟不上等问题，战线拉得越长，漏洞越多。只要有利，即使不能完全取胜，也可以抓住时机给予敌人一击。

无论是强者还是弱者，胜利者还是失败者，战争史上经常会出现这样的情况：一方开始处于劣势，然后用小股精锐部队钻入敌人的心脏，神出鬼没地打击敌人，从而转化为优势。

在现代商业经营活动中，经营者经常在市场竞争中运用此计：在宣传本企业产品的特点和优点的同时，还要暗示对方产品的缺陷和不足，贬低对方，以抬高自己。不过有一点，这种对比是确实存在的，否则一旦发现是虚假信息，这种宣传就只能起到反效果了。

第三套 攻战计

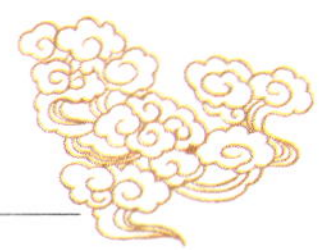

第十三计 打草惊蛇

【原文】

疑以叩实[①]，察而后动；复者[②]，阴之媒也[③]。

【注释】

①疑以叩实：发现了可疑情况就应当考实调查清楚。叩，询问、寻求。②复者：反复去做，即反复去叩实，察而后动。③阴：指某些隐藏着的、尚不明显或者尚未暴露的事物、情况。媒，媒介。

【译文】

发现了可疑情况就要去寻求实情，只有调查清楚后才能采取行动；反复查探分析，是发现敌人阴谋的重要方法。

【计名讲解】

此计名出自段成式《酉阳杂俎》。

唐代时，当涂县有个县令叫王鲁，此人贪得无厌，见钱眼开，一天到晚只想着贪污受贿，搜刮民脂民膏，只要是有利可图，他就可以不顾是非曲直，肆意颠倒黑白，因此干了许多不法之事。

常言道：上梁不正下梁歪。见到上司贪赃枉法，大开方便之门，王鲁属下的大小官员自然也不会客气。

打草惊蛇。

一天，有个人递了一张状纸到衙门，原来是当地百姓联名控告王鲁手下的主簿贪赃枉法。王鲁将状纸粗粗扫了一眼，状纸上所陈述的各种罪状几乎和他平日的违法乱纪行为一模一样，简直就好像是在控告自己一样。

王鲁做贼心虚，一边看着状纸，一边忍不住全身都在颤抖，生怕自己的不法行径也会暴露。他越想越害怕，连状纸都不知道该怎么批了，竟然不由自主地在状纸上写下了此刻内心的真实感受："汝虽打草，吾已惊蛇。"意思是说你这么做，本来的目的是为了打地上的草，但我就像躲在草丛中的蛇一样，被大大地吓了一跳。后来，人们就将王鲁所写的这八个字简化为"打草惊蛇"了。

"打草惊蛇"本义是指惩治甲而警告乙。后比喻做事不密，使人有所戒备。运用在军事上，一是指己方行动不够机密，致使对方有所察觉而提前采取对策，从而隐藏得更深；二是指敌情不明或有可疑之处时，先佯动诱敌，待敌人暴露出真实的情况后再采取行动，目的是防止堕入敌人的陷阱之中，或者诱使敌人按照我方的战略意图行动。正如《虎钤经》中所说："观彼动静而后举焉。"

打草惊蛇

语出段成式《酉阳杂俎》：唐代王鲁在当涂担任县令时，搜刮民财，贪污受贿。有一次，县民控告他的部下主簿贪赃。他见到状子，十分惊骇，情不自禁地在状子上批了八个字："汝虽打草，吾已惊蛇。"打草惊蛇，作为军事谋略，是指敌方兵力没有暴露，行踪诡秘，意向不明时，切不可轻敌冒进，应当查清敌方主力配置、运动状况再说。

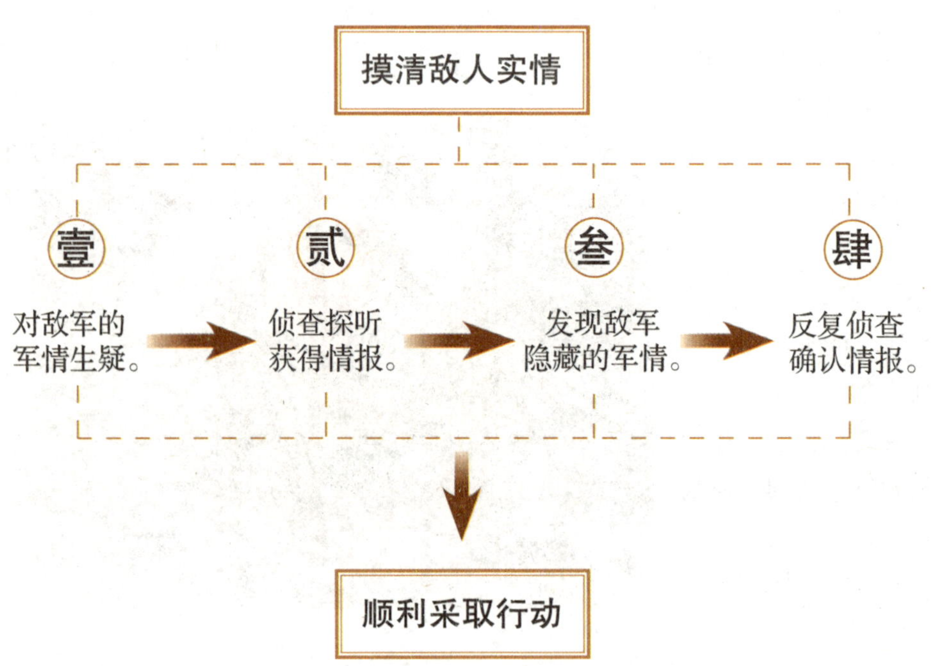

实用谋略

崤之战

打草惊蛇是三十六计之一，但它有时也是兵家大忌，如果行动过早而被敌人得知，那么极有可能导致全部军事计划作废。战国时期，好武善战的秦穆公就曾在这方面有过很大的教训。

周襄王二十四年（前 628），郑文公、晋文公相继去世，帮助郑国守卫城池的秦国大夫杞子等认为这是偷袭郑国的好机会，便告诉秦穆公，自己掌握着郑国的北门，如果偷偷地派兵伐郑，拿下郑国指日可待。

秦穆公听到杞子的汇报，非常高兴，遂征求大夫蹇叔的意见。但蹇叔不看好这个计划。蹇叔以为，从来没听说过让疲劳之师去攻打远方的国家，军士疲劳，远方的君主又有所防备，事情恐难以成功。秦军的动作，郑国一定会知道，而军队长途跋涉又没有所得，注定会产生反叛之心。但是秦穆公完全听不进蹇叔的话，因此下了攻打郑国的命令，派大臣百里傒的儿子孟明视、蹇叔的儿子西乞术以和白乙丙统领大军出征。

出征的那天，蹇叔哭着说，自己只能看到秦军出发却看不到他们回来。秦穆公听了很是不快。

秦军出发了，到达滑邑。一个名叫弦高的郑国商贩在滑邑的市场上看到秦国大军，就顺手将自己的十二头牛献给秦军，说："听说秦国想灭掉郑国，郑国的国君很小心地进行防备，还派我送牛来犒劳贵国将士。"秦国的军官听到这话，互相说："郑国已经察觉到我们偷袭他们的事情了，继续前进不会有什么好结果。"

弦高立刻返回郑国，将秦军袭郑的事情告诉郑国国君郑穆公，后者则在探明情况后立即派大夫皇武子暗示留在郑国的杞子等人，郑国已知晓秦国的计划，杞子等人听后都知趣地离开了郑国。而秦军方面得知秦在郑国的内应已经离开，伐郑的胜算甚小，便改变了作战计划，

弦高智退秦军。

转而攻打并灭掉了滑邑。

不过，事情并没有就此结束。正值服丧期的晋国得知秦国打算偷袭郑国，认为这正是天赐的攻秦良机。晋襄公采纳了中军帅先轸的意见，起兵攻秦，为鼓舞士气，晋襄公还穿着丧服亲自督战，晋军在崤函地区的东、西崤山之间设下埋伏，就等着秦军送上门来。

此时，秦军正在孟明的率领下经过崤山，还没有对当地的地形进行侦查，不知不觉进入晋军的埋伏圈。晋军封锁了山谷的两头，堵死了秦军的退路，对秦军发动猛攻。晋襄公亲临战场，率兵出击，秦军被打得措手不及，进退不能，最后秦军被悉数歼灭，领军的几位大将也成了晋军的俘虏。秦军因打草惊蛇全军覆没，晋军则因为行动隐秘获得成功。

诸葛亮于汉水巧战曹操

有时为了更好地迷惑敌人、扰乱敌人计划，可以重复“打草”，反复“惊蛇”，让敌人陷入虚实莫辨、惊恐不安的境地。

公元218年，刘备领兵十万围困汉中。曹操得知后非常吃惊，亲自率领四十万大军与之相抗。蜀军见曹操来势汹汹，便退驻到汉水以西，蜀魏大军隔水相望。

一天，刘备和军师诸葛亮外出观察两岸情况，思考克敌之策。诸葛亮见汉水上游有一片土山，认为可以埋伏千余士兵，回营后，便要大将赵云带着五百名士兵，伏于土山之下。临行之前，诸葛亮还特地要这五百士兵都带上鼓角，他告诉赵云，每到黄昏时分，只要听到营中有炮声响起，就擂鼓吹角，但不能出战。

第二天，曹军到阵前挑战，蜀军却坚持按兵不动。曹军叫喊了一阵，见对方没有动静，便班师回营。诸葛亮站在高处观察敌军的动向，这天夜里，他见曹营的灯火熄灭了，便命令士兵开炮为号，埋伏在土山处的赵云等听到炮声，马上擂鼓吹角。

蜀军大败曹魏。

曹兵被蜀军的动静惊动了，非常恐慌，怀疑蜀兵会来劫营，忙起来迎敌，不想出营一看，并未看到有人劫营。这样一夜折腾了好几次，曹兵不由怨声载道，他们被蜀军的号角弄得魂不守舍，寝食难安。而曹操虽然知道这是诸葛亮的计谋，却也不敢号令将士不去理会蜀军的战鼓战号，万一蜀军发动了真正的袭击，精神松懈的曹军很可能反应不过来。考虑再三，曹操最终决定退兵三十里，另寻地方安营扎寨。

诸葛亮见曹兵后退了，便趁势率部渡过汉水。而在渡过汉水之后，诸葛亮又让将士们背水扎寨，故意让蜀军身处险境，同时也让曹操大惑不解。曹操担心诸葛亮又在耍什么计谋，就修书一封给刘备，和他约定时间进行交战。

约定的日子很快到来，战斗一开始，蜀军就假装失败，向汉水方向撤退，但在撤退的时候，蜀军却故意将不少辎重弃于道旁，曹操不由疑心大起。为了避免落入敌人圈套，曹操早早便鸣金收兵，禁止魏军追击蜀军。有人不明白曹操的意图，问："为何不乘胜追击？"曹操则答道："蜀军背水扎寨本就可疑，现又故意丢弃辎重则更令人怀疑，小心为上，必须火速撤兵。"

然而，就在曹兵开始后撤的时候，诸葛亮亮起了旗号，指挥蜀兵重新杀来，曹军猝不及防，慌乱溃散，损失惨重。原来诸葛亮的"打草惊蛇"，就是为了让曹军陷入恐慌混乱，给蜀军创造获胜的条件。曹操猜不透诸葛亮的意图，保险起见计划撤兵，结果正中诸葛亮之计。

【点评】

在进军途中，如果经过坑地、水洼、芦苇、密林及山隘等地，一定不能麻痹大意，稍有不慎，就会"打草惊蛇"而被埋伏之敌所歼。可是，战场情况复杂，变化多端，有时己方巧设伏兵，故意打草惊蛇，让敌军中计的战例也层出不穷。

运用此计前，首先要明确究竟什么是"草"，什么是"蛇"。

草与蛇虽然性质不同，却是互相联系的：蛇借草藏身，草能迅速地向蛇传递信息，尤其是危险来临的讯号。可见，草指敌人的盟友，或者敌人的小股部队，蛇指敌人自身或者敌人的主力。

打草惊蛇有三重含义：

一、引蛇出洞。因为蛇潜伏在草丛中，不易发觉，因此在行动时故意先打草，让蛇暴露踪迹。一旦蛇的位置不再隐蔽，要想消灭它也就很容易了。

二、打草惊走蛇。直接打蛇，蛇可能随棍而上，这种情况比较危险。而通过远远地击打草丛吓走蛇，往往比较有效。当不愿或者不能与敌人正面交锋时，便可使用这种间接驱敌之法。

三、甲和乙互相关联，可以通过打击甲来警告乙，是一种间接警告之法。

第十四计　借尸还魂

【原文】

有用者，不可借；不能用者，求借。借不能用者而用之，匪我求童蒙[①]，童蒙求我。

【注释】

①匪我求童蒙，童蒙求我：语出《易经·蒙》。匪，通“非”，不、不是。童蒙，年幼无知的小孩，这里指受支配者。

【译文】

有作为的，不求助于人；无作为的，求助于人。利用那些无所作为的并顺势控制它，结果就不是我受别人支配，而是我支配别人。

【计名讲解】

此计名出自元代岳伯川的杂剧《吕洞宾度铁拐李岳》：“岳寿，谁想你浑家将你尸骸烧化了，我如今着你借尸还魂，尸骸是小李屠，魂灵是岳寿。”这个剧本原型应当是中国古代的一个民间故事。

从前，有一个叫李玄的人，曾拜太上老君为师，跟他修道，学习长生不老之术。一天，李玄应太上老君之召，留下肉体凡胎，灵魂出窍，飘飘然游于三山五岳之间。临行前，他嘱咐徒弟看护好自己的肉体，说是七日便回。

徒弟也一直很小心地在一旁守护，但是到了第六天，徒弟忽然接到消息，说是母亲病危。徒弟看李玄的躯体之前一动不动，现在摸上去浑身冰凉，连呼吸也停止了，认为师父已经死了，就算离他之前说的七日之期还有一天时间，但人死了也不可能复生，便匆匆忙忙将李玄的身体火化后回家去了。

借尸还魂。

待李玄神游归来，

借尸还魂

在失去主动或处于败局的情况下，要善于利用一切可以利用的东西，转换战争局势，变被动为主动，以实现既定的军事意图。此计的本意是利用出兵援助别人的机会，趁机控制或占领人家的地盘。

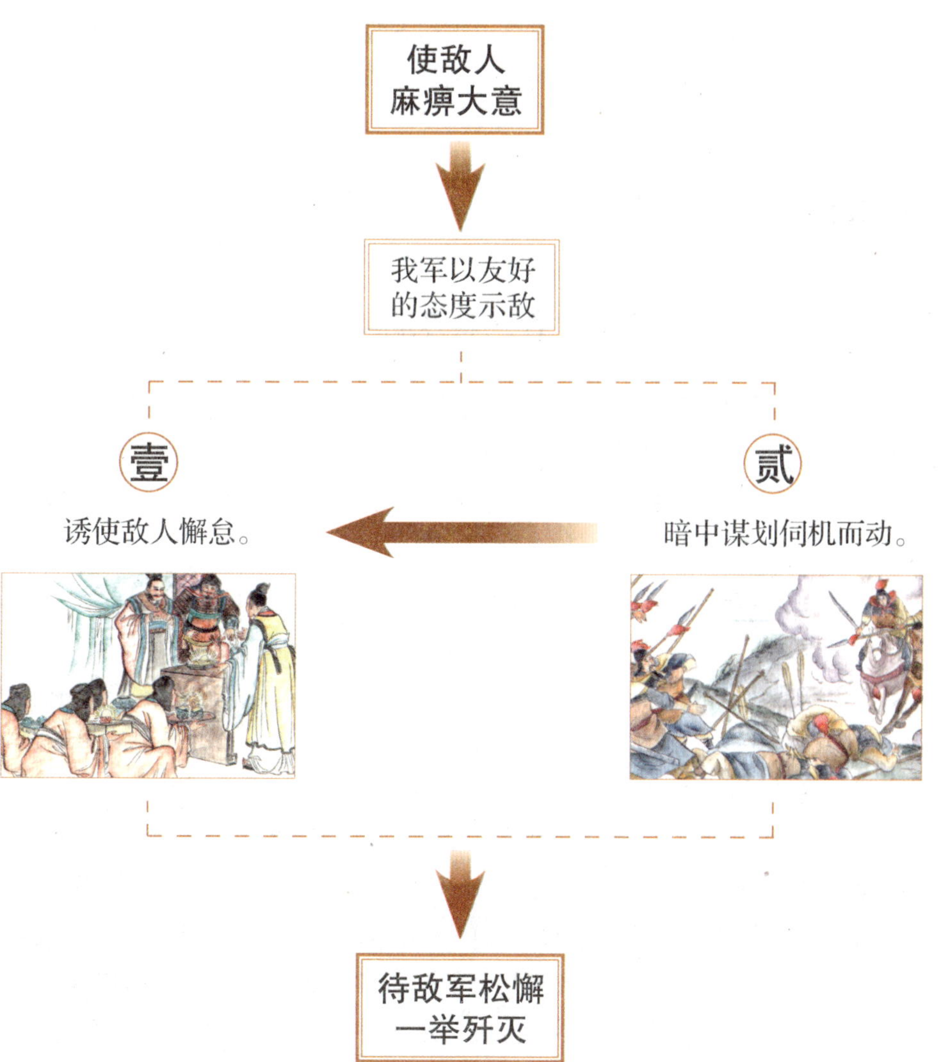

却发现徒弟不见踪影，自己的躯体也不见了，魂魄无所归依。这种状态持续的时间一长，他的灵魂也将跟着消散，落得个魂飞魄散、灰飞烟灭的下场。

李玄苦苦思索着办法，眼看时间越来越少，恰好路旁有一个刚死的乞丐，尸体还可以借用。慌乱之中，李玄也来不及查看，便将灵魂附在了这具乞丐的尸体上。

借尸还魂后的李玄，蓬头垢面，胡子拉碴，坦腹露胸，而且一条腿还跛了。

虽然不甚满意，但总算是活了过来。为了方便行走，李玄对着一根竹竿轻轻吹了一口气，竹竿立即变成了一条铁杖，李玄因此被称为“铁拐李”，他原来的名字反而逐渐被人淡忘了。

“借尸还魂”的本义是指人死后灵魂还能借着别人的尸体复活。比喻已经没落或死亡的事物、势力、思想等，又假借某种形式重新出现或复活。运用在军事上，是指利用那些没有作为的名义或势力来达到我方的目的。另外，当处于被动或面临失败时，利用一切有利条件来扭转局势，争取主动，实现自己的目标，也可视为“借尸还魂”。

实用谋略

巧借亡者之名发动起义

借尸还魂，是说已经死亡的东西，又借助某种形式复活。秦末陈胜、项梁就曾使用此计，不但壮大了自己势力，还最终灭掉了秦国。

秦朝末年，赋税和徭役十分繁重，百姓怨声载道。公元前209年，终于爆发了陈胜、吴广起义。

陈胜、吴广本是秦朝征发到渔阳的戍卒中的小头目，他们前往渔阳途中，遇上了大雨，无法按时到达目的地。这令陈胜、吴广十分着急，因为按照秦律规定，戍卒延期抵达目的地，就要被斩首。于是，陈胜、吴广聚在一起，悄悄商议对策。他们二人一致认为，与其因为误期而被杀，还不如起来造反。陈胜表示，公子扶苏和楚将项燕都深得民心，但是他们都被害死，所以不如假托这两个人的名义，向全国发出号召，一定会得到天下人的响应。吴广完全赞成陈胜的主张。

两人经过精心准备，杀死负责押送戍卒的两名官吏，然后把众戍卒召集起来，号召大家一起反抗秦朝的暴政。众戍卒听罢，齐声高呼，表示愿意追随陈胜、吴广。于是，陈胜让戍卒们冒充是公子扶苏和项燕的队伍，并袒露右臂，作为义军的标志，打出了大楚的旗号。陈胜又筑起一座高台，用那两个军官的头颅祭天，举行誓师仪式，立誓同心协力推翻秦朝的暴政。

陈胜和吴广率先向暴秦发难以后，天下云集响应，各地义军风起云涌，很快席卷了大半个中国，秦朝的覆灭已成大势所趋。

陈胜和吴广在起义时借用了公子扶苏和楚将项燕的名号，吸引了不少人的追随，响应者中不断有人仿效他们，采用了“借尸还魂”之计来提高队伍的威信，增强号召力。

陈胜为起义制造舆论。

公元前208年，陈胜战死，但起义军的余部仍在坚持斗争。楚人项梁和他的侄子项羽也在乱世中拉起了一支人马。项梁正是楚国名将项燕的后人。

另外一支义军则找到了楚国贵族的后裔，并推举他为领袖，也有不少人闻风前去归附。

项梁在薛城召开会议，商议推举楚王的事宜。项梁既为名将之后，便产生了自立为楚王的想法，但谋士范增劝他说："八十多年前，楚怀王被诱骗到秦国，然后被囚禁在那里，至死不得还归。这样的奇耻大辱，楚人一直铭记于心。如果能找到一位楚国王室的后代，立他做楚王，不但可以将原先的楚国百姓笼络至将军麾下，而且楚地的其他义军也会前来归附。"

项梁听从了范增的建议，派人四处寻找楚王的后人，最后终于找到了楚怀王的一个孙子，名叫熊心，当时他还只是一个十三岁的牧童。项梁按照先前的计划，拥立这个幼小的牧童登基，称其为楚怀王。

"楚怀王"的出现，更加激起了百姓对秦朝的强烈不满和反抗情绪，起义军方面则是信心倍增，凝聚力大大增强，势力日益壮大，在接下来的战斗中又取得了一系列胜利。

范增主张拥立楚怀王的后人为王，其实这施用的就是"借尸还魂"之计。楚国早已被秦国灭掉，成为过去，但它在反秦斗争中仍有相当大的号召力。抬出楚国这面大旗，可以有效地号令天下，给项梁等人的反秦起义披上了一层合情、合理的外衣，借历史上的楚怀王，来实现灭亡秦朝的目的。

刘备占益州

借尸还魂的一个重要内涵就是借他人的名义，夺自己的地盘；借用他人的力量，扩充自己的势力范围。三国时期，刘备就是凭借此计占据了益州。

公元211年，益州牧刘璋唯恐曹操进攻巴蜀，他的谋士张松便给他出谋划策，要他迎接刘备入蜀。刘璋同意了，遂派法正带四千人及巨款送给刘备。这对刘备而言正是天赐良机，巴蜀地理位置好，资源丰富，很方便英雄大展宏图，建

刘璋派人来请刘备入益州。

功立业。于是，刘备接受了刘璋的请求，和庞统一起进入益州，留诸葛亮、关羽等据守荆州。

刘璋热情地欢迎刘备到来。而此时，由于被刘备的英雄气概所折服，原为刘璋谋事的张松、法正都建议刘备杀掉刘璋自立。但刘备认为自己初来乍到，人心尚未归服，不能轻举妄动。进入益州后，刘备十分注重提高自己的声望。刘璋推荐他做大司马，领司隶校尉，刘备也推荐刘璋做镇西大将军，领益州牧。刘璋配给刘备士兵，命其督白水军，还令他攻击张鲁。尽管刘备当时总共有三万多人，车甲、器械、资货甚多，但他并未急着出兵，而是树立恩德，收买民心。

刘备和刘璋的友好关系一直维持到公元212年。这年曹操出兵征讨孙权，孙权向刘备求援。刘备便请求刘璋给自己万名士兵和军事物资，但刘璋只许诺为他提供四千兵马和一点点物资。

刘备马上抓住这个把柄骂刘璋不义，然后将矛头对准刘璋，向刘璋宣战。刘璋根本不是刘备的对手，几场仗打下来，刘备的势力越来越大，刘璋的势力则越来越小。公元213年，曹操停止讨伐孙权，这让诸葛亮等刘备的得力助手得以腾出手来率军入川，有了他们的帮忙，刘备如虎添翼。公元214年夏天，刘备率汉军围成都数十日，派简雍为说客，劝说刘璋投降，刘璋终于放弃了抵抗。

刘备如愿以偿地占据了益州，为蜀国的建立打下了基础。在这个过程中，刘璋即他所借的“尸”，他以助刘璋抗曹为名，进驻益州，又借刘璋在益州的影响力，迅速地建立起自己的势力，最终反客为主，夺取了对益州的控制权。

【点评】

“借尸还魂”在政治、经济、军事、外交甚至文化领域运用甚广，尤其是在历史上经常出现这样一种情况：在一个朝代的末期，反抗者总会首先扶植一个前朝亡国之君的后代，以他的名义来号召天下。这就是典型的借尸还魂。在此计中，“借尸”只是手段，“还魂”才是目的。所以借尸时还需注意一点，“尸体”的灵魂仍在，即必须具有一定的影响力和号召力，否则时间过得太久，早已被人们遗忘了，以至于响应者寥寥无几，也就达不到目的了。

第十五计　调虎离山

【原文】

待天以困之①，用人以诱之②。往蹇来返③。

【注释】

①待天以困之：指在战场上，我方等待自然条件或情况对敌方不利时，再去围困它。天，这里指天时、气候，也包括地理环境。②用人以诱之：用人为的假象去引诱敌方使其就范。③往蹇来返：语出《易经·蹇》："蹇，难也，险在前也，见险而能止，知矣哉。"意思是往前走危险，就返身离开。

【译文】

等到自然条件对敌人不利时再去围困它，用人为的假象去引诱调动敌人。向前进攻有危险时，就要设法使敌人反过来攻打我。

【计名讲解】

"调虎离山"一语出自《管子·形势解》："虎豹，兽之猛者也，居深林广泽之中则人畏其威而载之。人主，天下之有势者也，深居则人畏其势。故虎豹去其幽而近于人，则人得之而易其威。人主去其门而迫于民，则民轻之而傲其势。故曰：'虎豹托幽而威可载也。'"意思是说：虎豹是兽类中最威猛的。当它们居住在深山大泽中时，人们就会因惧怕其威风而敬畏它们。君主是天下最有势力的人，如果深居简出，人们便会害怕他的势力。虎豹若是离开它们居住的深山大泽而走近人类居住的地方，人们就可以将它捕捉使它失去原来的威风。做君主的若是离开王宫的门而与普通的人混在一起，人们就会轻视他而以傲慢的态度看待他。所以说，虎豹只有不离开它们居住的深山幽谷，其威风才会使人感到畏怯。这里虽然尚未使用"调虎离山"一语，但已经包

调虎离山。

含只有将老虎调离深山，才能将其制服的意思。后来在民间文学作品中便逐渐出现了“调虎离山”的说法。

调虎离山的本义是设法使老虎离开山冈。比喻为了便于行事，设法诱使对方离开原来的地方。老虎是兽中之王，又占据了对它来说属于有利地形的大山，必然横行无忌，难以捕获。然而，再凶猛的老虎，一旦失去了高山密林作为倚仗，也会威势大减，很容易受到攻击，也很容易被制服。这就是俗语说的“虎落平阳被犬欺”。因此，要想捕捉老虎，就要引诱它离开大山。

调虎离山

等待天时对敌方不利时再去围攻它，用人为的假象去诱骗它。向前进攻有危险，那就设计让敌人反过来攻击我方。此计是一个调动敌人的谋略，调动敌人脱离良好的阵地，就会使敌人化强为弱。

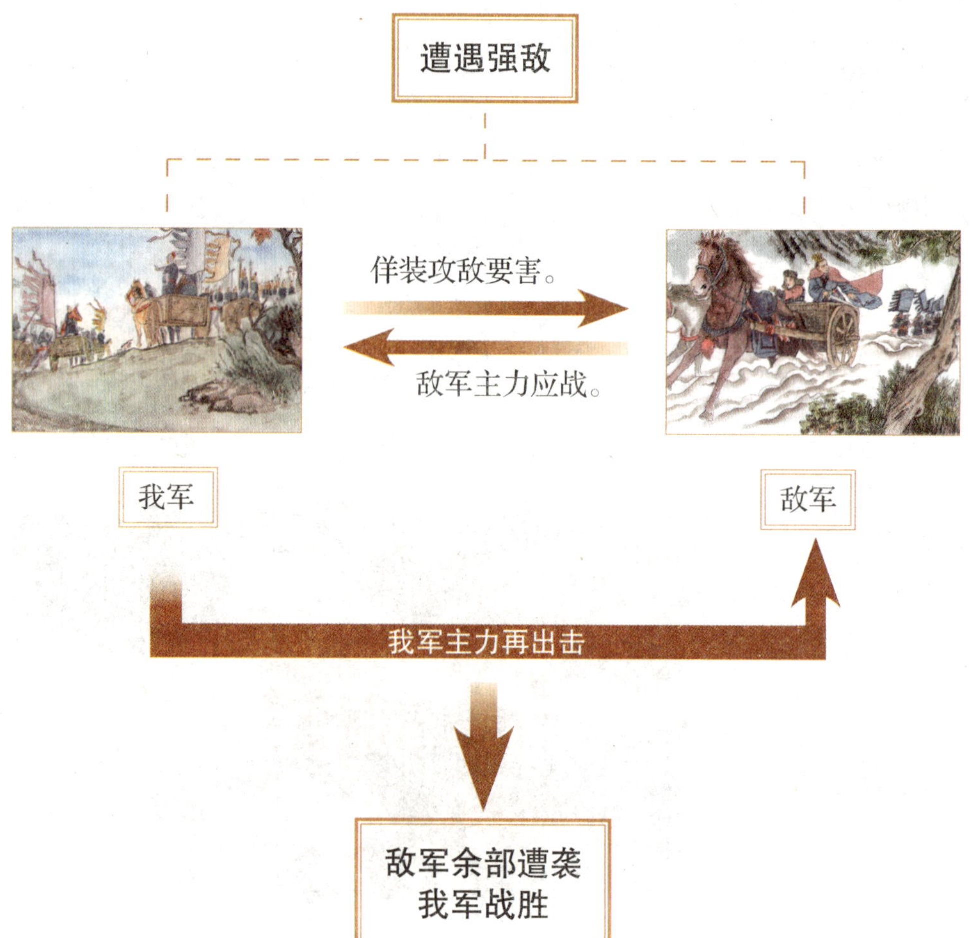

此计作为一种军事计谋，是指有目的地调动敌人并将其消灭的谋略。调虎离山的核心就在一个“调”字。“虎”是指敌人，“山”是指敌人占据的有利地形或指其凭借的有利条件。《十一家注孙子》中说：“兵得地者昌，失地者亡。地者，要害之地。”在两军对峙中，当敌方占据了有利地形，兵力众多，防范严密时，我方应设法引诱敌人离开有利地形，或使其失去有利条件，然后展开包围或袭击，这些都可以视为调虎离山的具体应用。

实用谋略

孙策占领庐江

如果敌方占据了有利的地势，并且兵力众多，这时我方应把敌人引出坚固的据点，或者把敌人引入对我方有利的地区，才可以取胜。东汉末年，孙策正是采用了“调虎离山”之计，才得到了江南重镇庐江，并据此巩固了自己的势力。

东汉末年，军阀割据，彼此混战不休。孙坚之子孙策年仅十七岁，却是江东有名的少年英豪，他继承父志，决心在乱世中做出一番事业。经过不断拼杀，孙坚的势力逐渐强大起来。

建安四年（199），孙策平定了长江以南诸郡之后，又欲向北推进，计划攻取江北的庐江郡。

但是庐江郡以南是长江天险，北面又有淮水阻隔。当时占据庐江的是军阀刘勋，他的兵力不弱，且野心勃勃，要想战胜他，殊为不易。

不过，刘勋志大才疏，嗜财如命，针对这一弱点，孙策在和众将商议之后，决定以财物为诱饵，采用调虎离山之计，以夺取庐江。

计议已定，孙策当即派一名特使带着他的亲笔书信和厚礼前去拜见刘勋。

使者对刘勋说：“我们素来对太守十分敬仰，愿意与太守交好。眼下上缭经常派兵侵扰江南各国。我们势单力弱，无法远征，因此，特备礼上书，请求太守发兵征伐上缭。如果太守肯出兵，将是对江南弱国的莫大恩惠，我们感激不尽，愿倾力支援太守。”说完即献上书信和厚礼。

刘勋见到厚礼，心中大喜，又见孙策在信中把他大肆吹捧了一番，夸他声名远播，所以心里更加得意了。更何况，刘勋早就听说上缭乃殷实富庶之地，占领了上缭就意味着有丰厚的收获，他其实对上缭觊觎已久，只是觉得有后顾之忧，因此一直没有采取行动。现在他见孙策软弱无能，便打消了顾虑，当即同意出兵上缭。

孙策占领庐江。

刘勋的部属刘晔极力劝阻道："上缭虽然地方狭小，但城坚池深，易守难攻，短时间内难以攻克。我看这是孙策所施的'调虎离山'之计，等大军都调出去之后，他就会乘我们内部空虚，发动突然袭击，到那时，庐江郡很可能就保不住了。"

但是，刘勋目光短浅，刚愎自用，早已被孙策的奉承和厚礼迷惑了神志，不听刘晔劝告，坚持出兵讨伐上缭，庐江城剩下的只有一些老弱残兵。

孙策密切监视刘勋的动向，见他率几万主力远征上缭，城内空虚，遂亲率大军，水陆并进，偷袭庐江，一路上几乎没有遇到什么抵抗就顺利地攻下了庐江。

刘勋猛攻上缭，却始终不能取胜，正在这时，突然传来消息，说庐江失守，这才知道中计，却是悔之晚矣，也无心再战。于是，这只丢了窝的"虎"只能带领人马灰溜溜地投奔曹操去了。

从此，孙策占据了整个江东地区，为吴国的建立奠定了基础。

【点评】

《孙子兵法》已经告诉我们：攻城为下。而不顾一切地攻城终将以失败而告终。当敌人已经占据了有利地形，并做好了充分准备时，我军千万不可直接争地，应该巧妙地用小利将敌人诱离坚固的防御地区，而引诱至对我军有利的地区，然后我方就可以变被动为主动。

调虎离山主要有两种方法：一是引诱敌人离开防御严密的据点；二是将敌人

引诱至我军的次要方向，以减轻其对我正面战场的压力。

大致说来，调虎离山可以分为以下几种方式：

一、如果敌方较为明智，尽量晓以利害或大义，使其自动退让。此为上策，也是理想状况，不过多数情况下较难实现。

二、诱之以利。

三、用虚虚实实的办法扰乱敌人的视线，使其漫无目的地四处奔走，然后伺机将敌人引诱至对其不利的地形中。

四、巧妙地激怒敌人，使其丧失理智，轻举妄动，最终落入我军的圈套。

五、在敌人内部或外部制造祸害，使其为了自保而自动逃离。

总之，调动敌人一定要审时度势，因势利导，做到巧妙灵活，千万不可被敌人看出形迹。

在现代商业活动中，当自己与对手争夺同一块市场时，如果无法协商解决，就可以考虑攻击对手的另一处市场，使其首尾难以兼顾，或分散对手投注在此处的精力，迫使对手作出让步或者己方乘虚而入，以达到抢占市场的目的。

在体育竞技中，比赛双方都希望能在主场作战；在商业谈判中，人们都会争取在己方场地与对手谈判，这样就不必分心去熟悉或适应环境，而将全部精力都集中在谈判上。而且拥有了主场优势，遇到情况可以及时进行汇报并得到反馈，而对方“客场作战”，不能不更加注重礼仪，也不好过分逼迫主人，此消彼长之间，己方就在心里和气势上都占了上风。因此，谁能将对手调离其熟悉的环境，谁就争取到了主动权。

第十六计　欲擒故纵

【原文】

逼则反兵，走则减势[1]。紧随勿迫，累其气力，消其斗志，散而后擒，兵不血刃[2]。需，有孚，光[3]。

【注释】

①逼则反兵，走则减势：将敌人逼迫得太紧，它就可能拼死反扑；如果让其逃跑，则可以减削它的气势。走，跑。②兵不血刃：兵器上没有沾血。形容未经战斗就轻易取得了胜利。③需：指《易经》中的《需》卦，这里是耐心等待而不进逼敌人之意。有孚：这里指让敌人相信。光：光明，这里指战局前途光明。

【译文】

如果将敌人逼得太紧，它就可能拼命反扑；如果让敌人逃跑，则可以削减它的气势。对逃跑之敌要紧紧跟随，但不要过于逼迫，以此来消耗其体力，瓦解其斗志，等到敌人士气低落、军心涣散时再去擒拿它，这样就可以不动刀枪，避免不必要的流血牺牲。总之，不过分逼迫敌人，并使其相信这一点，就能使战局前途充满光明。

【计名讲解】

此计名最早见于《老子》第三十六章：“将欲歙之，必固张之；将欲弱之，必固强之；将欲废之，必固兴之；将欲夺之，必固与之。是谓微明，柔弱胜刚强。”意思是说：想要收敛它，就一定要先扩张它；想要削弱它，就一定要先使它强壮；想要废除它，就一定要先抬举它；想要夺取它，就一定要先给予它。这就是虽然微妙而又显明，以柔克刚的道理。

欲擒故纵。

上面这句话体现了老子的辩证思想，后世在此基础上多有发挥。《鬼谷子·谋篇》中说："去之者纵之，纵之者乘之。"

"欲擒故纵"也写作"欲擒姑纵"，意思是为了捉住对方，故意先放开他。比喻为了更好地控制而故意放松一步。

"擒"和"纵"是一对矛盾，擒是目的，纵指方法。要想制服敌人，先要放任它，古人有"穷寇莫追"的说法，其实不是"不追"，而是要看怎样去追。因为把敌人逼急了，它必然会集中全力，拼死反扑。所以不如故意放松一步，使敌

欲擒故纵

此计是指当敌人锐气正盛时，我方故意避战示弱，使敌人骄纵起来，放松警惕。在我方掌握主动权的情况下，要充分考虑到将要面临的困难，主动创造条件，抓住时机消灭敌人。

追击敌人

追使敌军无路可退。

敌军在绝境反而重获斗志。

敌军反击我军损失惨重。

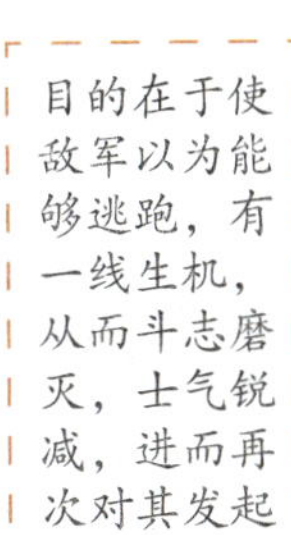

目的在于使敌军以为能够逃跑，有一线生机，从而斗志磨灭，士气锐减，进而再次对其发起进攻，则事倍功半。

作势让敌军能逃跑。

消耗敌军体力瓦解敌军士气。

我军进攻敌军惨败。

取得胜利

人放松警惕，松懈斗志，然后突然发动进攻，歼灭敌人。因此，欲擒故纵是一种放长线钓大鱼的计谋。

古人的按语说："所谓'纵'者，非放之也，随之，而稍松之耳。'穷寇勿追'，亦即此意。盖不追者，非不随也，不追之而已。"意思是说：所谓的"纵"，并非对敌视而不见，而是尾随其后稍松一些而已。兵书说"对溃败之敌，不要穷追不舍"，也即这个意思。这里所说的不追，并非不尾随跟踪，只是不过分紧逼罢了。

实用谋略

郑伯克段于鄢

"欲擒故纵"中的"擒"和"纵"，是一对矛盾：擒是目的，纵是方法。如果把敌人逼急了，它只得集中全力，拼命反扑。不如暂时放松一步，使敌人放松警惕，斗志松懈，然后再伺机而动，歼灭敌人。

春秋时，郑国的国君郑武公从申国娶了一个女子，名叫武姜。武姜为郑武公生了两个儿子，大儿子是后来的郑庄公，小儿子叫共叔段。

武姜生庄公时因为难产而受到惊吓，所以给他取名为"寤生"，而且心里一直不喜欢他，偏爱共叔段，甚至对寤生继位非常不满，想改立共叔段为世子，于是多次向武公提出这个请求，但武公并没有答应。

武公死后，庄公即位，武姜请求郑庄公把共叔段分封到一个叫做"制"的城邑去。

庄公婉言拒绝说："制邑地势险要，原属虢国，从前虢叔就在那里丧命，封给共叔段不太合适。若是要求封给其他城邑，我都可以照您的吩咐办。"于是武姜请求封给共叔段另一个叫"京"的城邑，庄公答应了，让共叔段住在那里，称之为"京城太叔"。

大夫祭仲知道后，极力劝阻说："分封的都城，其城墙如果超过三百丈长，就会成为国家的祸害。按照先王所订立的制度，国内最大的城邑不能超过国都的三分之一，中等的城邑不能超过国都的五分之一，小的城邑不能超过国都的九分之一。现在，京邑的城墙不合法度、不合礼制，您的利益将会受到损害。"

庄公说："母后执意如此，我又怎能推却呢？"

祭仲回答说："姜氏哪里会有满足的时候？必须及早处置，不能让祸根滋长蔓延，一旦滋长蔓延就很难办了。蔓延的野草尚且很难铲除干净，何况是您那备受宠爱的弟弟呢？”

庄公却只说了一句话：“做多了不义的事情，必定会自取灭亡，你姑且等待吧。”

共叔段被封在京邑后，十分得意，仗着有武姜做后盾，觉得庄公对自己无可奈何，便肆意妄为。

过了不久，太叔段使原来属于郑国的西边和北边的边邑归附自己，让这两座城邑同时向两方交纳贡赋。这一举动明摆着没把郑庄公这个国君放在眼中。

公子吕对郑庄公说：“一个国家不能有两个国君，现在您打算怎么办？如果您打算将郑国交给太叔（共叔段），那么我请求去服侍他；如果不给，那么就请您设法除掉他，不要让百姓们心存疑虑。”

庄公说：“不用管他，他这样下去自己会遭受灾祸的。”

共叔段见郑庄公没什么作为，胆子越来越大，拼命扩张自己的势力，又把两处地方改入自己统辖的范围，这样一来，他的领地一直扩展到廪延（在今河南延津北）。

公子吕十分着急，又去求见郑庄公，说：“现在可以行动了！共叔段的土地越来越大，如果现在还不动手，继续放任下去，他将得到百姓的拥护，到时候恐怕难以制服。”

庄公从容地说：“对君主不义，对兄长不亲，这样的人即使土地扩大了，最终还是会垮台的。”

共叔段一步一步做好了谋反的准备：他集结兵力，修整城郭，征集了充足的粮草和战车，修缮了武器盔甲，准备偷袭郑国国都。

武姜和共叔段约定了起事日期，到时武姜打开城门做内应。

庄公探知了共叔段起兵的日期，他等的就是这一刻，于是果断地说：“现在可以出击了！”

庄公假称自己出行去朝见周天子，暗地里却命令子封率领二百辆战车秘密攻打京邑。

共叔段扩充自己势力。

共叔段毫无防备，等他得到

姜氏向郑庄公请封制邑。

消息时，郑庄公已经兵临城下。京邑的人民早就知道共叔段的不义行径，都背叛了，共叔段只能仓皇逃到鄢城。郑庄公又率军追到鄢城。共叔段众叛亲离，无处容身，只能远远地投往共国。

共叔段仗着母亲的宠爱和纵容，早有谋反夺位之心，而且其行为嚣张狂妄，郑庄公怎么可能不知？从历史事实来看，郑庄公老谋深算，他怎么会不介意母亲之前多次请求立弟弟为国君之事，又怎么可能容得下这种野心勃勃的弟弟？

只是事情一开始，共叔段的野心尚未完全显露，又有母亲的庇护，庄公故意满足共叔段的欲望，正是为了让他骄横自满，胡作非为。

朝中大臣虽然多次建议庄公采取行动，但彼时共叔段的反叛行为尚不明显，轻易出兵讨伐，师出无名，还可能落下欺侮亲弟的不义名声。

直到共叔段主动起兵造反，罪行暴露无遗，民众离心，失道寡助，郑庄公才果断采取行动，一举平叛，显得自己仁至义尽。

《春秋》记载国君攻打臣子，一般都会用“伐”字，以显示其行动的正义性。而郑庄公对自己的亲弟弟失于教导约束，甚至故意纵容他胡作非为，这一招“欲擒故纵”就是为了将其彻底铲除。所以《春秋》中记载道：“郑伯克段于鄢。”只用了一个“克”字，就将作者对庄公的责难蕴于其中，这正是著名的“春秋笔法”。

【点评】

一般来说，打仗都是以消灭敌人、夺取地盘为目的，所以说“纵虎归山，后患无穷”。

但是，在特殊情况下，纵敌也可以成为一种有效的歼敌手段。比如兵法上常说“穷寇勿追”，就是指当敌人尚未被彻底打败，还有一定的实力时，不可急于进攻。否则敌人被逼得狗急跳墙，作困兽之斗，拼命反扑，将会给我方造成不必要的损失。这时候，正确的做法是放敌人一马，但并不是真的放过它，只是虚留生路，让敌人看到一线希望，令其斗志松懈，只想着如何保命，从而无法下定死战到底的决心，逐渐消耗、拖垮敌军，我军则寻机将其全歼。

诸葛亮七擒七纵孟获之事乃“欲擒故纵”之计的典型应用。诸葛亮此举绝非感情用事，他的最终目的是为了使孟获心悦诚服，永不再叛，然后就可以利用孟获在当地的影响力，稳住整个南方的局势，为将来北伐解除后顾之忧。

军事谋略有“变”“常”之分。在通常情况下，抓住了敌人都不会轻易将其放走，更何况是敌军主帅，因此释放敌人主帅显然属于“变”。诸葛亮审时度势，采用攻心之计，最后终于达到了目的。

当然，纵敌须有节有度。诸葛亮之所以敢七擒七纵，是因为他在不动声色间一直将主动权牢牢掌握在手中。而历史上“当断不断，反受其乱”者也比比皆是：商纣王囚禁了周文王，却又敌不过珍宝的诱惑放走了他，最后在鹿台自焚被周人夺了天下；项羽不听范增劝谏，在鸿门宴上放走刘邦，最后被刘邦逼得在乌江自刎；建文帝妇人之仁命部下不可伤害燕王朱棣，又放走了朱棣的两个儿子，最后被朱棣夺了皇位……这些都是历史上因纵敌不当而导致国破身死的血淋淋的教训，后人须谨记。

由此可见，纵敌并不是放任不管，而是战略上的必要放松，主要是防止敌人作垂死挣扎。“纵”是手段，“擒”才是目的。

施行此计时，尤其要注意以下三点：

一、敌人刚刚逃跑时，不要急着追赶，等到敌人跑得筋疲力尽之时，自然能手到擒来。

二、对于自己的宿敌和潜在之敌，等养肥了再动手，便可将其势力尽数收入囊中。当然，养须有度，决不能坐视敌人成长为心腹之患。

三、如果敌人实力非常强大，可以先用鲜花掌声、甜言蜜语麻痹他，然后给敌人以突然一击。好话人人爱听，真正扛得住这种糖衣炮弹的少之又少，所以此计屡屡奏效，历史上不知道有多少地位高、权势大的人最后均败在了这一招下了。

施行此计的人，首先应当具有宽广的胸怀和远大的目光，能够摸透对方的心理；同时，施行此计的人也必须具有超凡的智慧和高妙的手段，方能随时将敌人轻松擒回来。

第十七计　抛砖引玉

【原文】

类以诱之①，击蒙也②。

【注释】

①类以诱之：用类似的东西去诱惑敌人。②击蒙：这里指诱惑敌人，然后便可打击这种受我诱惑的愚昧之人。击，打击。蒙，指《易经》的《蒙》卦。蒙的本义是事物的初始状态，这里指使敌人懵懵懂懂地上当。

【译文】

用类似的东西去引诱敌人，使敌人懵懵懂懂地上当受骗。

【计名讲解】

抛砖引玉，出自《传灯录》。《传灯录》中记载了一个故事：相传，唐代诗人常建听说赵嘏要去游览苏州的灵岩寺。为了请赵嘏作诗，常建先在庙壁上题写了两句，赵嘏见到后，立刻提笔续写了两句，而且比前两句写得好。后来文人称常建的这种做法为“抛砖引玉”。

北宋释道原《景德传灯录·卷十·赵州东院从稔禅师》说：“大众晚参，师云：‘今夜答话去也，有解问者出来。’时有一僧便出，礼拜。稔曰：‘比来抛砖引玉，却引得个墼子（墼指的是没有烧的砖坯）。’”

抛砖引玉。

“抛砖引玉”的本义是抛出砖去，引回玉来。后来比喻用自己不成熟的意见或作品引出别人更好的意见或好作品。此计用在军事上，指的是用相类似的东西去迷惑、诱骗敌方，使其落入我方事先设好的圈套之中，然后伺机粉碎敌人的计谋。在这里，砖和玉是一种形象的比喻："砖"喻指小利，即诱饵；"玉"喻指作战的目的，即大的胜利。"引玉"，才是最终的目的；"抛砖"，是为了达到目的而采取的手段。这就好比钓鱼需用钓饵，先让鱼儿尝到一点甜头，它才会上钩一般；把小的利益抛给敌人，使其得到一点好处，占了一点便宜，敌人就会放松警惕，才会误入我方事先设好的圈套里，从而一举将敌人消灭。

古人的按语说："诱敌之法甚多，最妙之法，不在疑似之间，而在类同，以固其惑。以旌旗金鼓诱敌者，疑似也；以老弱粮草诱敌者，则类同也。"

按语的意思是说：迷惑敌人的办法有很多，最好不要使用似是而非、引人起疑的办法，而是要用同类相似的方法，用以加深敌方的错觉。凡是以旗帜招展与锣鼓齐鸣的办法来迷惑敌人的，是疑似之法；凡是用老弱残兵和粮食柴草迷惑敌人的，才是类同之法。

抛砖引玉

指的是用类似的事物去迷惑敌人，使敌人懵懂上当。此计出自《传灯录》，传说唐代诗人常建听说赵嘏来到苏州，断定他一定会去灵岩寺，于是就在寺前写下两句诗，赵嘏看到后，就在后面续了两句，完成一首绝句，而且后续的比先前的两句要好。所以后人称常建的做法为"抛砖引玉"。

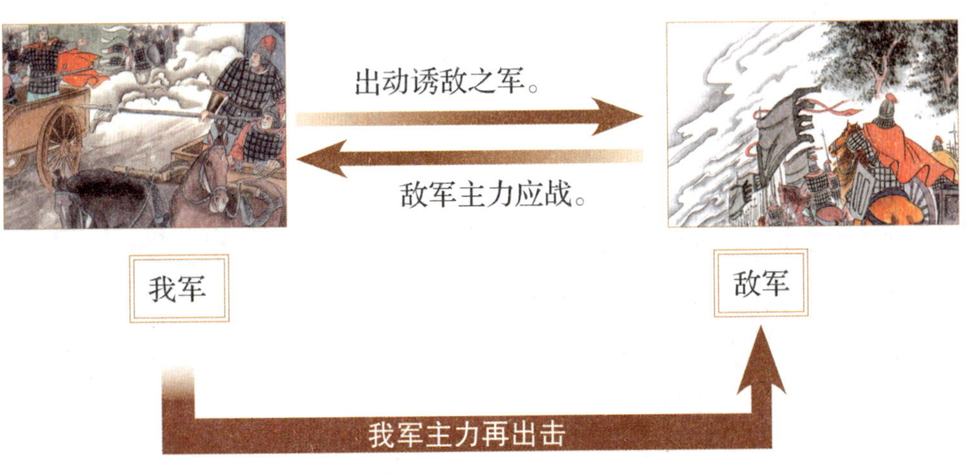

实用谋略

楚国轻取绞城

抛砖引玉，即用相类似的事物去迷惑、诱骗敌人，使其懵懂上当，中我圈套，然后乘机击败敌人的计谋。春秋时期，楚国轻取绞城，用的正是抛砖引玉的计谋。

公元前700年，楚国发兵攻打绞国（在今湖北郧县西北）。

楚军兵势强大，行动迅速，很快就兵临城下。绞国见楚军士气旺盛，自知出城迎战肯定凶多吉少，于是决定坚守不出。

绞城地势险要，易守难攻，楚军的多次进攻均被击退。两军就这样相持了一个多月。

楚国大夫莫傲屈瑕在仔细分析了双方的情况后，认为绞城只可智取，不可硬攻。他面见楚王，献上了一条“以鱼饵钓大鱼”的计谋。

莫傲屈瑕说：“既然绞城强攻不下，不如利而诱之。”

楚王向他询问诱敌之法，莫傲屈瑕建议说，绞城被围月余，城中必定会缺少薪柴，我们正好可以利用这个，派一些士兵装扮成樵夫，上山打柴。敌军见了，一定会出城劫夺柴草。头几天，我军按兵不动，让他们先占得一些小利。他们必定因此而麻痹大意，派出大批士兵出城劫夺柴草，到时我们先设下伏兵断其后路，然后聚而歼之，乘势夺城。

楚王认为此计虽好，但绞国不一定能够上当。莫傲屈瑕说：“大王放心，绞国虽然小，但是轻敌躁进。轻敌躁进就会少虑寡谋。现在我们主动送上香甜的钓饵，不愁它不乖乖上钩。”

楚王于是依计行事，命一些士兵装扮成樵夫上山打柴。

绞侯听探子报告说有樵夫进山，忙问这些樵夫周围是否有楚军保护。

探子说，他们都是三三两两进山，身边并无兵士跟随。

绞侯立刻布置人马，等这些“樵夫”背着柴禾从山中走出时，突然发动袭击，顺利得手，抓了三十多个樵夫，夺得了不少柴草。

一连几天，绞军频频出动，收获颇丰。既然有利可图，又不见楚军出动，出城劫夺柴草的绞国士兵越来越多。楚王抛出的诱饵已经被敌人吞下，便决定及时收杆，逮到这尾大鱼。

第六天，绞国士兵仍然像前几天一样大摇大摆地出城劫掠，“樵夫”们见绞军来劫掠，顿时吓得没命逃奔，绞国士兵穷追不舍，却在不知不觉中被引入了楚军早已设下的埋伏圈中。霎时间，伏兵四起，杀声震天，绞国士兵本来战斗力就不如楚军，加上毫无防备，哪里抵挡得住，慌忙之余，只想后撤，却早已被伏兵断了归路，结果死伤无数。

楚国大举伐绞城。

趁此机会，楚王迅速派兵攻城，绞侯这才知道自己中了计，但已经无力抵抗，只得主动开城投降。

楚军巧用“抛砖引玉”之计，轻轻松松拿下了之前久攻不下的绞城。

【点评】

此计的顺利实施全靠“利而诱之”：抛砖，就是先给敌人一些甜头，引诱其上钩，以达到“引玉”的目的。

抛出的“砖”，可以是“真砖”，即实实在在的好处，也可以是“假砖”，即只是一个假动作，但不管是真是假，不管怎么将“砖”抛出，必须明确的是，抛出的是“砖”，引到的必须是“玉”，即抛出的诱饵一定要比后来所收获的东西价值小，否则就是得不偿失。

古人认为，引诱和迷惑敌人最好的办法，不是用敲锣打鼓、张设旗帜的方式虚张声势，而是示假隐真，利而诱敌。钓鱼要用诱饵，引玉先得抛砖。先让敌人尝到一点甜头，才可能让它吃大的苦头。

抛砖引玉有以下三重含义：我方用小利引诱对方，最后得到较大的利益，而用来做小利的诱饵并未丧失；我方以较小的代价换来较大的利益；我方以较小的事物来对抗对方较大的事物，最后二者同归于尽。虽然对方均有损失，但我方的损失比对方小得多，这也是一种胜利。

要想有所收获，首先须得付出，就像钓鱼必须先放诱饵一样，想引玉就得先抛砖，让敌人先尝到一点甜头，是为了让它吃到更大的苦头，而让自己收获更大的甜头。

第十八计　擒贼擒王

【原文】

摧其坚，夺其魁，以解其体。龙战于野，其道穷也①。

【注释】

①龙战于野，其道穷也：语出《易经·坤》："象曰：战于野，其道穷也。"意思是强龙争斗于田野大地上，是走入了困顿的绝境，这里比喻敌人陷入绝境。

【译文】

摧毁敌人的主力，擒住或消灭它的首领，就可以瓦解它的整体力量。这就好像龙离开大海到陆地上作战，从而面临绝境一样。

【计名讲解】

此计名出自唐代诗人杜甫的《前出塞》诗："挽弓当挽强，用箭当用长。射人先射马，擒贼先擒王。"杜甫写这首诗的时代背景是：唐开元十八年（737），唐玄宗利用吐蕃人未作防备的机会，派兵入侵吐蕃，大败吐蕃军队，深入敌境两千余里。两年之后，金城公主去世，吐蕃遣使到长安报丧，并借此向唐朝求和，玄宗没有答应。公元740年，吐蕃攻占唐朝边境重镇石堡（今青海省会西宁西南）。天宝七年（748），唐朝派陇右节度使、大将哥舒翰统军三万三千人与吐蕃军决战。尽管此役收回了石堡，但是唐军死伤惨重。杜甫的《前出塞》诗，正是针对这一情况有感而发的，意思是说，只要能够制服敌国的首领，保住本国的疆土，防止异国的入侵就可以了，没必要杀太多的人。从当时历史背景来看，杜甫的这首诗寓含着对唐玄宗李隆基无节制地对外

擒贼擒王。

用兵的讽谏之意。

“擒贼擒王”的本义是捉坏人先要捉住其头领，和俗语“打蛇打七寸”的意义相近。比喻做事要抓住要害。运用在军事上，是指首先歼灭敌军主力或擒拿敌军主要将领，借此动摇敌人的斗志，扰乱其阵脚，使敌人彻底瓦解；也可指集中优势兵力，消灭敌人的有生力量。

古人按语说：“攻胜则利不胜取。取小遗大，卒之利、将之累、帅之害、功之亏也。全胜而不摧坚擒王，是纵虎归山也。擒王之法，不可图辨旌旗，而当察其阵中之首动。”意思是说：战胜敌人就不能不乘机扩大战果，如果仅仅满足于小利，而失掉获得大利的战机，只顾使士兵减少伤亡，但是由于敌军的主力仍旧完好无损，就会给指挥者带来巨大的困难，甚至会前功尽弃。认为取得完全胜利而不消灭敌军主力并俘虏其首领，就像放虎归山，后患无穷。俘获敌军首领的办法，不要只辨别旗帜，而应观察在敌营中谁是指挥官。

擒贼擒王

此计是指当敌人锐气正盛时，我方故意避战示弱，使敌人骄纵起来，放松警惕。在我方掌握主动权的情况下，要充分考虑到将要面临的困难，主动创造条件，抓住时机消灭敌人。

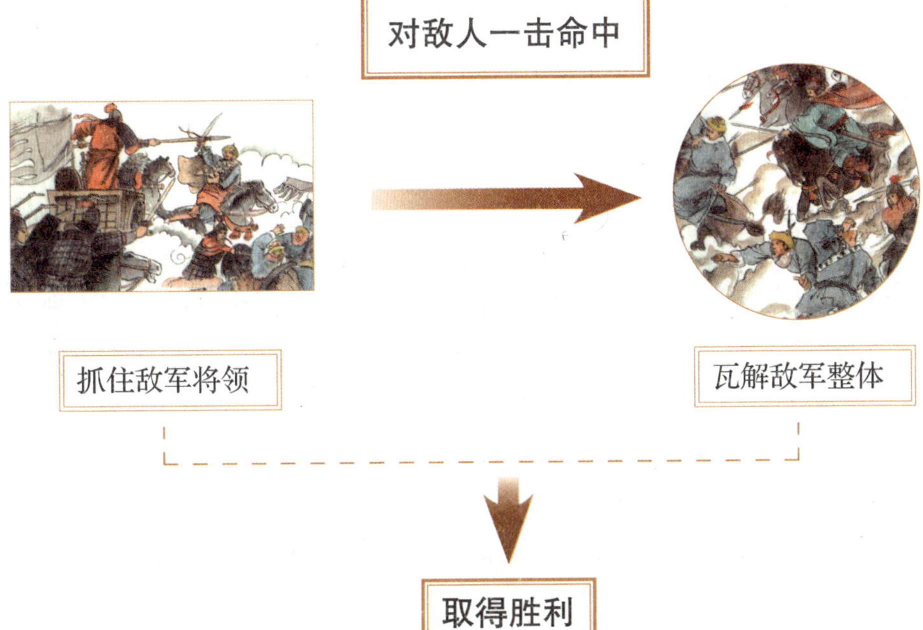

实用谋略

张巡智胜尹子奇

杜甫《前出塞》诗中有句写道："射人先射虎，擒贼先擒王。"古往今来的许多战例，都出现过"擒贼先擒王"的情形，"张巡智胜尹子奇"的故事，便是典型的一个。

唐玄宗时爆发了安史之乱。一开始叛军声势浩大，连战连捷。公元757年，安禄山在洛阳被杀，他的儿子安庆绪接掌大权。安庆绪派手下大将尹子奇率十万劲旅向睢阳进犯，企图夺取江淮，继续扩大地盘。

睢阳守将许远知道情况危急，遂向河南节度副使张巡告急求援。张巡立刻带领三千兵丁火速前往救援，即便如此，两部人马合起来也不过七千人，与叛军相比，实在相差太悬殊了。

好在张巡足智多谋，作战经验丰富，善于用兵。叛军包围城池以后，连连猛攻，张巡身先士卒，奋力抵抗，并在敌强我弱的情况下，俘获叛军将领六十余名，斩杀两万多敌人。初战告捷，睢阳守军军心大振。

叛军自然不甘心就这样失败，于是仗着人多势众，旋即卷土重来。张巡虽然指挥唐军打退了叛军一次又一次的进攻，并且每次都有所斩获，但始终未能动摇其根本。而张巡人马少，更加经不起消耗。对于睢阳守军来说，当时的形势依然非常严峻。

而尹子奇见二十余次攻城均被击退，士兵已经非常疲惫，因此不得不鸣金收兵，暂作休整。

当天夜里，叛军刚刚准备休息，忽听城头战鼓隆隆，杀声震天，似乎唐军即刻就要开城出战。尹子奇迅速集合列队，准备与冲出城来的唐军激战。

谁知张巡却是"干打雷，不下雨"，虽然把战鼓擂得隆隆作响，却一直紧闭城门不出战。叛军被折腾了一整夜，没有得到休息，将士们又累又困，疲倦至极，连眼睛都要睁不开了，倒在地上就开始呼呼大睡。

正在叛军人困马乏的时候，只听城中一声炮响，张巡突然率领守军冲杀出来。

叛军在睡梦中被喊杀声惊醒，吓得乱作一团。张巡一马当先，接连斩杀敌将五十余名，士兵五千余人。

但叛军依然未伤元气，张巡召集将领们商议退敌方案，有的说：敌军有

张巡坚守睢阳。

十万，而我军只有几千人，恐怕难以抵挡，最好赶快请来援兵。有的说：应该偷袭敌人的粮仓，乱其军心，断其后路，然后方能取胜。但是，就算派人杀出重围去请援兵，也要数月才能到达，远水解不了近渴，恐怕到时睢阳早已失守。而敌军粮草由重兵把守，显然是早有准备，难以劫下。所以这些方案很快就被一一否定。

这时，张巡分析道："如果硬拼，我军肯定不敌叛军，必须智取。只有先除掉叛军主将尹子奇，敌人定会乱作一团，我军再乘胜追击，打他个落花流水。"

但张巡以前从未见过尹子奇，现在两军混战，辨认起来更加不易。

于是张巡心生一计，当尹子奇又开始发动进攻时，他命士兵从城头向敌阵放箭，只是这箭枝是用蒿草秆做的。叛军中有人捡到箭，以为睢阳守军的箭已经用光了，心中大喜，立刻兴冲冲地拿去向主将报告。

张巡在阵前看得一清二楚，立即让部将南霁云张弓搭箭射向尹子奇。南霁云是有名的神箭手，虽然相距较远，但他依然一箭射中尹子奇左眼，这回可是"货真价实"的真箭，尹子奇立刻鲜血满面，差点落下马来。

张巡见尹子奇中箭，立即指挥几千精兵趁势掩杀，差点将尹子奇生擒活捉。尹子奇则如惊弓之鸟，仓皇逃命。主帅负伤遁走，手下将士顿失主心骨，乱成一锅粥，在唐军的冲杀下，兵败如山倒。

【点评】

在战争中，打败敌人了，将会取得丰厚的利益。但是，如果因为满足于小胜利而错过了大胜的好机会，就像仅仅击溃了敌军，却放走了"贼王"，这无异于放虎归山。只有捕杀了敌人首领，摧毁了敌方的指挥部，使敌人陷于群龙无首的境地，才能迅速消灭敌人。

而从哲学角度看，“擒贼擒王”中的“王”指主要矛盾或矛盾的主要方面，它是居于领导和支配地位，解决了主要矛盾或矛盾的主要方面，次要矛盾和矛盾的次要方面也就迎刃而解了。

“擒贼擒王”的含义包括以下三重：

一、擒其首脑；二、攻击要害；三、提纲挈领。

人们常说：“蛇无头不行。”一个组织的形成和发展，总是取决于少数关键性的人物。一旦关键人物不在了，余下的人就成了一盘散沙。

所以，要消灭和瓦解一个组织，首要的攻击目标就是它的首领和核心人物，这就是“打蛇打七寸”。不过，擒王的具体实施方法有很多种，还可以与其他计谋联用。

从明处下手，硬擒硬杀是其中一种，但往往要付出高昂的代价，而且容易引起对方的警觉，成功的可能性比较低。

“调虎离山”和“美人计”都是行之有效的手段，和武力擒王相比，代价较小，成功的系数也要高得多。总之，擒王的方法有很多，依照具体情况还能进行各种变通，但首先擒王这条原则是恒定不变的。

第四套 混战计

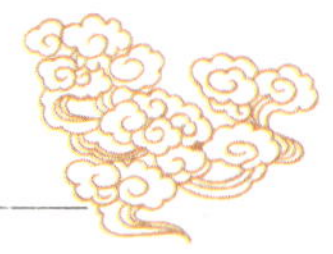

第十九计 釜底抽薪

【原文】

不敌其力，而消其势①，兑下乾上之象②。

【注释】

①势：气势。②兑下乾上之象：指履卦。《易经·履》中说："柔履刚也。"这里含有以柔克刚之意。

【译文】

不直接面对敌人的锋芒与之抗衡，而是间接地削弱它的气势。也就是说用以柔克刚的办法来转弱为强。

【计名讲解】

计名出自北齐魏收所写的《为侯景叛移梁朝文》："抽薪止沸，剪草除根。"水凉水沸，是日常生活中常见的现象。要想让水不沸腾，可以加进一些凉水，即扬汤止沸，也可以抽掉锅底的柴草，即"釜底抽薪"。扬汤止沸，水一时凉了，很快又会再沸。这是因为没有从根本上止沸。釜底抽薪，因为水靠火沸，火要薪生，便从根本上消除了水沸的基础或依靠物了。

釜底抽薪本义是把柴火从锅底抽掉（使水停止沸腾）。比喻从根本上解决问题。

运用在军事上，指的是切断敌人的供给来源，从根本上动摇敌人的军心和士气，使其成为"无源之水，无本之木"，然后一举战胜敌人。尤其是当敌人力量强大时，决不能正面硬拼，而应该以柔克刚，避其锋芒，削弱其气势。在古代战争中，粮草是关键和重中之重，所以运用此计时多在粮草上做文章。到了近现代，

釜底抽薪。

“薪”的范围更加广泛。

古人按语说：“水沸者，力也，火之力也，阳中之阳也，锐不可当；薪者，火之魄也，即力之势也，阴中之阴也，近而无害。故力不可挡而势犹可消。尉缭子曰：‘气实则斗，气夺则走。’而夺气之法，则在攻心。”意思是说：锅水沸腾，靠的是一种力量，也就是火。星星之火可以燎原，迅猛而不可挡。柴草是火的灵魂，是发火的基础，其中蕴藏着极大的能量。但是，柴草本身却不凶暴，即使碰到它也不会受到伤害。因此，强大的力量尽管无法阻厄，而从气势上使其自行瓦解的妙招，还是有的。尉缭子说：“士气旺盛就要向敌发起进攻，士气低沉就主动退出战斗。”削弱敌军士气的办法，就在于巧妙地运用政治攻势。

釜底抽薪

语出北齐魏收《为侯景叛移梁朝文》：“抽薪止沸，剪草除根。”此计用于军事，是指对强敌不可用正面作战取胜，而应该避其锋芒，削减敌人的气势，再乘机取胜的谋略。

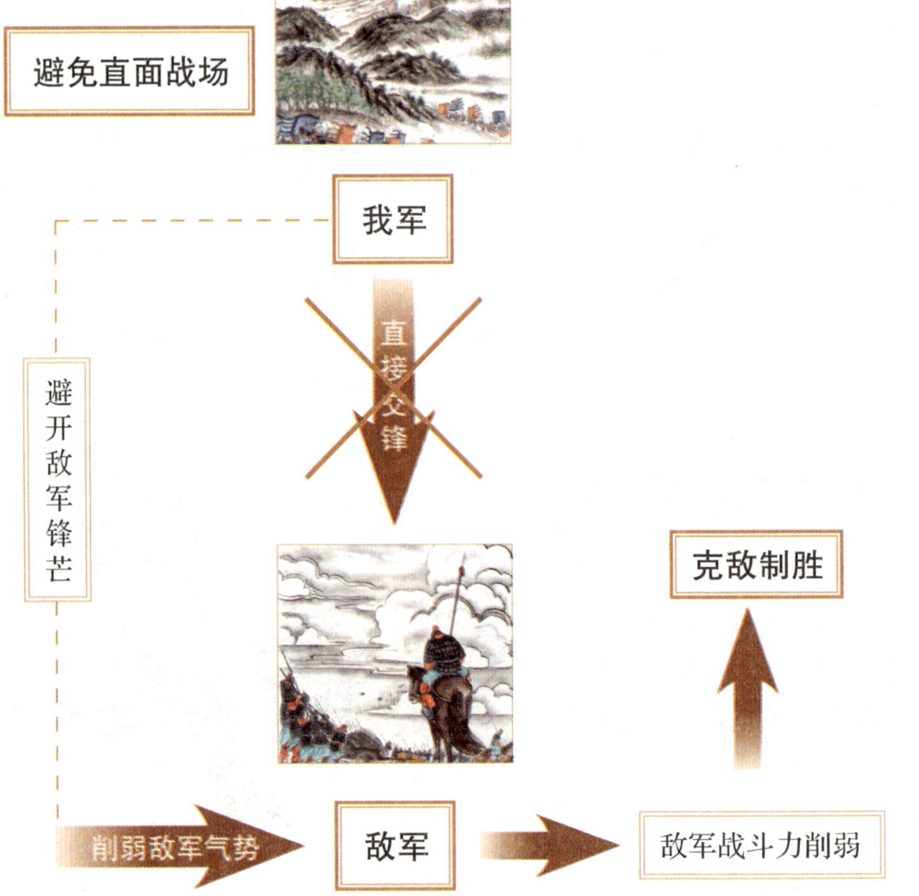

实用谋略

刘备夺取汉中

赤壁之战后，曹操惨败而归，但仍然牢牢掌握着北方地区。孙权在战后巩固并扩大了自己在江南的地盘，刘备则占据了荆州，并趁势进军巴蜀，夺取了益州，形成三足鼎立之势。

汉中地处益州，地理位置十分重要，曹操进军汉中，威胁到了刘备的利益。刘备自然不甘心这样一块战略要地落入曹操手中，于是，曹、刘之间的汉中争夺战就这样爆发了。

公元215年，曹操设计消灭了西北的马超、韩遂势力，巩固了自己的大后方，随即便亲率大军进攻割据汉中的张鲁。

张鲁是东汉时期“五斗米道（又称正一道、天师道，是道教早期的一个重要派别）”的传教人，被东汉统治者封为镇民中郎将，领汉宁太守，成为一方统治者。

在得知曹操进攻汉中的消息后，张鲁自忖以汉中一隅之地及手下的将兵，不足以与曹操抗衡，便想开城投降，但他的弟弟张卫不肯。曹军到达平阳关（在今陕西勉县西北）后，张卫率一万多人拒关坚守，但最终为曹操所破，张鲁见此，便率部降了曹操。因此，曹操基本上控制了汉中及巴中地区。

刘备对此忧心忡忡，便派部将黄权出兵击败了曹军在巴中的势力，控制了该

刘备与谋士商议进取汉中之事。

刘备夺汉中。

地区。

此时，曹操的大军正驻扎在汉中，手下大将司马懿曾建议他抓住时机进攻益州。曹操鉴于西蜀守备严密、地形易守难攻，而且虽然平定了马超和韩遂的势力，但后方并没有完全稳定，一旦长久相持，很可能发生变乱，因而没有采纳司马懿的献言。

没过多久，曹操就把原驻守在长安的大将夏侯渊调来驻守汉中，自己则领兵回到许都。

汉中的地理意义对刘备和曹操两方来说都极为重要：它是四川东北的门户，如果是曹操占据了汉中，那么益州北方就会无险可守，刘备刚占据四川不久，统治并不稳固，汉中落入曹魏手中无疑对他形成了极大威胁；而如果是刘备占据了汉中，不仅西北的门户守住了，而且进可直攻关中，退可固守成都。种种因素加起来，刘备自然决心将汉中掌控在自己手中。

公元 217 年，刘备留诸葛亮坐镇后方，坚守成都，负责粮草和军需供应，自己则亲率主力进攻汉中。刘备大军直抵阳平关下，想一举攻下这一战略要点。夏侯渊据险而守，顽强抵抗。刘备选精兵数万轮番进攻，怎奈阳平关本身易守难攻，加上魏军战力极强，两军在关前相持一年有余，始终不能分出胜负。

公元 219 年正月，刘备经过充分的准备与策划，决定采取行动来打破这种胶着不下的局面。刘备率蜀军绕过地势险要、防守严密的阳平关，悄悄南渡汉水，沿南岸山地疾速向东行进，一举攻占了军事要地定军山。

定军山地势险要，关系重大，是汉中西南的门户，攻下了定军山，就等于打开了直通汉中的道路，并且威胁到了阳平关曹军侧翼的安全。刘备这一出其不意的举措迫使夏侯渊将驻防阳平关的兵力东移，去与刘备争夺定军山。

为防止蜀军进军北上或继续东进，曹军在汉水南岸和定军山东侧建营垒、修围寨、设鹿砦（用树木设置的形似鹿角的障碍物，是一种防御工事）。

刘备趁着夜色的掩护攻打曹营，火烧南围鹿砦。夏侯渊命张郃守住东围，自己率轻骑援救南围。刘备又率军猛攻东围，同时派老将黄忠带领精兵埋伏在东、南围之间的险要地段。面对蜀军的猛烈攻势，张郃难以招架，夏侯渊得报又急忙率军回援东围。黄忠以逸待劳，等夏侯渊率军而过时，突然居高临下袭击行军中的曹军。曹军毫无防备，仓促应战，很快就溃不成军，死伤惨重，夏侯渊本人也被黄忠斩杀。张郃拼死力战，杀出东围，退守阳平关。

夏侯渊死后，张郃承担起统帅之职。曹操得知汉中战场失利，大惊，然后亲率主力从长安出斜谷，火速赶往阳平前线救援汉中。而此时的蜀军已经夺取并保住了定军山，扭转了先前的被动局面，胜利后的蜀军士气空前高涨，刘备也信心十足，并对随从的部将说："曹操就算是亲身前来和我决战，也无力回天了。"

曹操急于尽快收复定军山，情绪急躁；刘备则"以静待哗"，派遣多股游兵，深入曹军后方进行袭扰，劫其粮草，断其交通，并伺机消灭小股部队。曹军正欲向前，却攻险不胜，求战不得；后方又屡遭侵扰，军需供应受到破坏，粮食短缺，军心恐慌，士兵们逐渐失去了斗志，士气越来越低落，临阵脱逃者日益增多。

僵持了一个多月，曹操眼见取胜无望，不得不放弃汉中，全军撤回关中。刘备如愿占据了汉中。跟着，他派刘封、孟达等袭取了汉中郡东部房陵（今湖北房县）、上庸（今湖北竹山西南）等地，进一步拓展了自己的势力。至此，汉中争夺战以刘备的大获全胜而告终。

孙武在《军争篇》中提出，用兵作战最困难之处在于争夺有利条件。从刘备、曹操争夺汉中的战役中，也确实证实了孙子这一观点的正确性。交战之初，曹操据汉中，扼守阳平关军事要地，打退刘备军队的多次进攻，使得刘备长期处于屯兵要塞之下却毫无进展的被动状态之中；而后来，当刘备抢占了另一个更为有利的军事要地定军山后，形势便完全发生了转变。刘备由被动变为主动，由受制于人变成控制人——能够以逸待劳，调动曹军，使曹军疲于奔命，来回奔走，以至于最后打败曹军。

曹军疲于奔命，来回奔走。

刘备之所以能变被动为主动，最主要的一点是他在关键时刻能够做到"以迂为直，以患为利"。刘备夺取汉中，是运用了孙子"迂直之计"而取得的。在汉中之争初期，刘备在争夺战中处于不利地位。但由于刘备用“迂直之计”，善于将不利因素化为有利因素，成功地抢占了军事要地——定军山，从而争得了这场战争的制胜权，最终占据了汉中，迫使曹军退出四川，取得了这场战争的胜利，也巩固了自己在四川的势力。

【点评】

为了让锅中的水停止沸腾，我们经常会把锅中的水不停地舀出来再倒回去（即“扬汤止沸”），或者直接倒入凉水，但这样治标不治本，因为只要火源还在，水很快还能再沸腾。因此，最好的办法是抽掉锅底的柴草，即“釜底抽薪”。

两军对阵时，如果敌人势力强大，一时难以阻挡，那么就应该避其锋芒，并从根本上动摇敌人。

在冷兵器时代，粮草对军队的作用至关重要，“军无粮草则亡”。因此，绝大多数情况下，古代军事家将截断敌人的粮草视为“釜底抽薪”的目标。

而在近现代，此计运用的范围更加广泛，而“薪”所包含的内容也更加广泛。此计所包括的含义如下：

一、先治本后治标。任何事物都分为“标”（枝节、表面）和“本”（根本、本质）两个方面。只有先找出根本，从根本入手，才能彻底解决问题。

二、去其所恃。世界上的事物都是相互联系、相互依存的，一旦破坏了某事物赖以生存的基础，那么将会对这一事物造成致命的打击。

三、攻心为上。“夫战，勇气也”，作战主要凭借的就是一股士气。士气虽然不是实力本身，但它对实力能产生极大的影响。当我们不能或者不愿与敌人比拼实力时，可以转而攻气——对敌人展开强大的心理攻势，从内部瓦解敌人，削弱其气势，乱其阵脚。敌人自乱军心，我方便能毫不费力地取得胜利。

四、以柔克刚。硬碰硬往往会两败俱伤，当必须保存实力时，不妨用柔和的办法去制服刚强的敌人，这样做能收到意想不到的效果。

第二十计　混水摸鱼

【原文】

乘其阴乱[1]，利其弱而无主。随，以向晦入宴息[2]。

【注释】

①乘其阴乱：乘敌人内部发生混乱。阴，内部。②随，以向晦人宴息：语出《易经·随》，意思是人要顺应天时去安排作息，向晚就应当入室休息。随，顺从。

【译文】

趁敌人内部发生混乱，利用其力量虚弱而没有主见这一弱点，使敌人顺从我，就像人顺应天时到了夜晚就要入室休息一样。

【计名讲解】

“混水摸鱼”又写作“浑水摸鱼”，本义是趁着水浑把鱼捉住。比喻乘乱捞取利益。用到军事上，指的是当敌人内部出现混乱的时候，趁机抢夺利益或夺取胜利，这是一种乱中取胜的计谋。

混水摸鱼的计名出自《三国志·蜀志·先主传》。

东汉末年，朝政黑暗腐败，爆发了黄巾起义。各路豪强纷纷起兵，彼此混战，借镇压黄巾起义的机会争夺地盘，壮大自己的势力。刘备就是其中的一个。

刘备是汉室宗亲，但是到他父亲那一辈的时候，家道已经衰落了。刘备不像曹操和袁绍等人那样有雄厚的基础，因此只能东奔西走，不断依附于别人。

混水摸鱼。

有一次，刘备来到隆中，他三顾茅庐，请出了诸葛亮，有了自己的战略规划，并在诸葛亮的辅佐下，势力逐渐壮大。赤壁之战后，刘备先夺荆州，有了立足之地，后取西川，终于与魏、吴形成鼎足之势，这就是运用了混水摸鱼的计谋。

古人的按语说："动荡之际，数力冲撞，弱者依违无主；敌蔽而不察，我随而取之。《六韬》曰：'三军数惊，士卒不齐，相恐以敌强，相语以不利，耳目相属，妖言不止，众口相惑，不畏法令，不重其将：此弱征也。'是'鱼'，混战之际，择此而取之。如刘备之得荆州、取西川，皆此计也。"

这段按语意思是说：在动荡不稳的局势中，总是有几种相互冲突的力量同时存在。弱小者联合谁与反对谁的态度都没有明确，敌方又都受蒙蔽而没有察觉，

混水摸鱼

原指趁着混乱的时机捞一把，这里引申为军事谋略，即趁着敌人内部发生混乱，利用它的力量虚弱而没有主见，使它顺从我，意在乱中取胜。此计重在以假乱真，采用主动的军事行动"搅混水"，然后再借机行事。

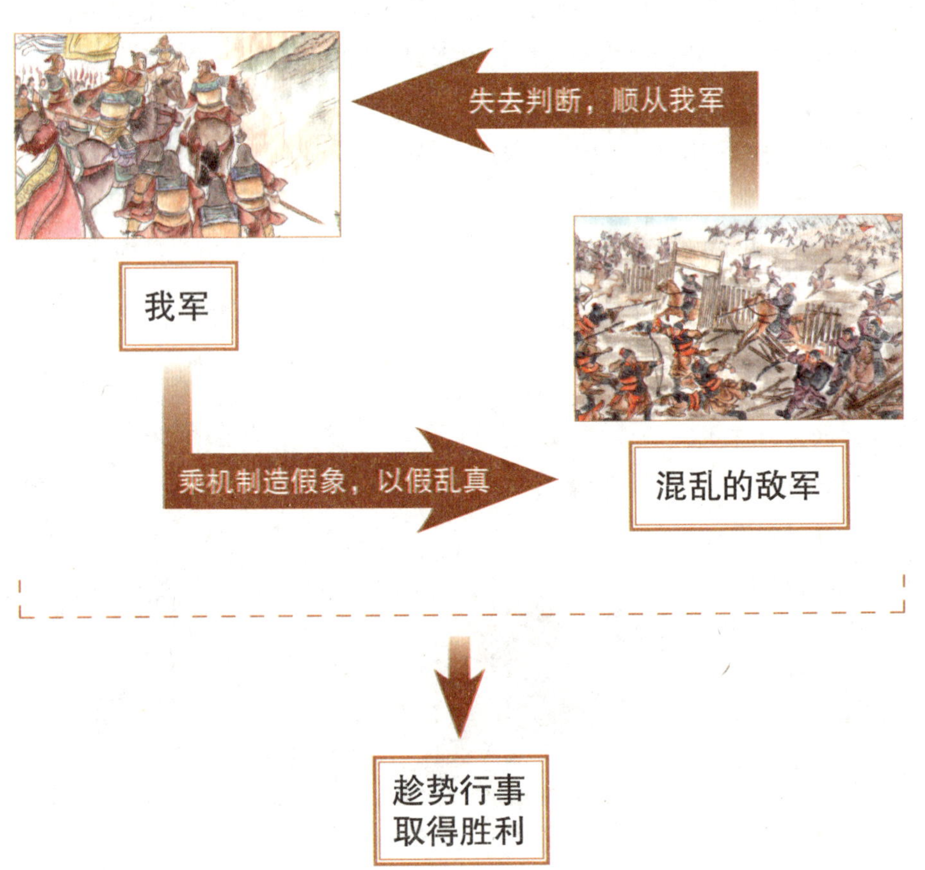

我方则应毫不犹豫地顺手消灭他们。兵书《六韬·兵征》说："全军多次出现恐慌，军心不稳。又因高估敌情而心怀惧怕。互相传闻，说泄气话。谣言四起，听信假话。不畏惧军令，也不尊重将帅。这些都是怯弱的表现。"凡有这样的目标，都应趁势夺取。就像刘备能取得荆州、西川那样，那都是因为施用这一妙计的缘故。

实用谋略

草船借箭

"混水摸鱼"应用到军事中，不能只靠等待，而应主动去制造可乘之机，一方主动去把水搅浑，一切情况开始复杂起来，然后可以借机行事。诸葛亮草船借箭的故事，就是一招典型的混水摸鱼。

曹操扫平江北后，打算南下灭掉东吴，从而一举统一天下。刘备得到消息后，派诸葛亮到江东去拜见孙权，以促成孙、刘联盟。

诸葛亮来到东吴后，见到孙权，并劝他与刘备联合。孙权权衡再三，答应了诸葛亮的请求，还委派大都督周瑜与诸葛亮一起讨论合作的事宜。

有一天，周瑜请诸葛亮来营中议事，说："我们即将跟曹军交战。水上交战，用何种兵器最好？"

诸葛亮说："水上交战，自然是用弓箭最好。"

周瑜说："先生跟我想的一样。但是现在军中缺箭，我想请先生负责赶造十万支箭。此乃公事，希望先生不要推脱。"

诸葛亮说："既然是都督委托，亮自当照办。却不知这十万支箭什么时候要用？"

周瑜问："十天够吗？"

诸葛亮说："眼看曹操大军即日将至，两军随时会开战，如果还要等待十天，恐怕会误了大事。"

周瑜问："那按先生的估计，几天可以造好？"

诸葛亮微笑着说："只要三天。"

周瑜说："眼下军情紧急，先生可不要开玩笑。"

诸葛亮说："这么重要的事，我怎么敢跟都督开玩笑？我愿意在此立下军令状，如果三天之内造不出十万支箭，亮甘受惩罚。"

周瑜听了，当场让诸葛亮立下军令状，并设酒席招待他，诸葛亮说："今天已经来不及了。从明天开始算起，到第三天，请都督派五百名军士到江边来搬取箭枝。”又喝了几杯酒之后，诸葛亮就告辞离去。

当天晚上，周瑜派鲁肃到诸葛亮的营中去打探消息。

鲁肃到了后，见诸葛亮并没有督促士卒制造弓箭，心里感到疑惑，便向诸葛亮询问到底怎么回事。诸葛亮微微一笑，并不答话。过了一会儿，诸葛亮请求鲁肃借给他二十条船，且每条船上要配置三十名军卒，船只都用青布幔子遮起来，还要一千多个草靶，分别竖在船的两舷。说完之后，诸葛亮还嘱咐鲁肃不要将此事告知周瑜。

鲁肃是个忠厚长者，他听了诸葛亮的话，便答应了他的请求，却并不明白诸葛亮的意图。回去后，鲁肃瞒着周瑜，私自拨了二十条快船，每条船上配备了三十名军士，并照诸葛亮事先吩咐的，布好了青布幔子和草靶，等诸葛亮调度。

第一天，不见诸葛亮有什么动静。第二天，仍然不见诸葛亮有什么动静。直到第三天夜里四更时分，诸葛亮才秘密地把鲁肃请到船上。

鲁肃奇怪地问他：“你叫我来做什么？”

诸葛亮说：“请你一起去取箭。”

鲁肃更加不解：“到何处去取箭？”

诸葛亮回答道：“子敬（鲁肃的字）先不用问，去了自然便知。”

鲁肃感到莫名其妙，但也不再发问。诸葛亮随即命令把二十条船用长索连在一起，朝江北曹军大营的方向开去。

外面一片漆黑，浩浩江面上大雾弥漫，能见度极低，甚至连对面都看不清楚。五更时分，船队已经靠近曹军水寨。

这时，诸葛亮下令将船只头朝西、尾朝东，一字摆开，横在曹军寨前。然后，他又命船上的士卒一边用力擂鼓，一边高声呐喊，故意制造出击鼓进兵的假象。

鲁肃见状，吃惊地说道：“我们只有这几个人，如果曹军冲杀过来，可怎么办？”

诸葛亮笑着说：“江上雾大，曹操绝不敢派兵出战。你我只管放心地饮酒取乐，等到天亮了就回去。”

曹营中忽然听到江上传来鼓声和呐喊声，慌忙去报知曹操。正如诸葛亮所料想的那样，曹操传令说：“江上雾气太大，敌人忽然来攻，恐怕有埋伏。我们看不清虚实，不要轻易出战。只调弓弩手来朝他们射箭，不让其靠近营寨便是。”

于是曹操急忙派人去旱寨调来弓弩手六千人赶到江边，会同水军射手共约万余人，一齐朝江中放箭。

诸葛亮在周瑜面前立下军令状。

一时间，箭如飞蝗，除了部分落入水中，其余的纷纷射在船边的草靶上。过了一会儿，船身开始倾斜，诸葛亮又从容地命令调转方向，船头朝东，船尾朝西，一字排开，并命士卒更加大声地擂鼓呐喊，逼近曹军水寨。

等到天渐渐亮了，雾快要散尽的时候，船两边的草靶上全都密密麻麻地插满了箭枝。诸葛亮命令所有的军士齐声高喊："谢谢曹丞相赐箭！"同时命令船队掉头返回南岸。

等到曹营兵卒将此事报知曹操后，曹操才知道自己上了大当，但是诸葛亮的船队此时早已驶出了二十多里，就算马上派水军去追赶也来不及了。白白损失了十万多支箭，曹操心中懊恼不已。

在返回的途中，诸葛亮对鲁肃说："每条船上大约有五六千支箭，二十条船加起来总共有十万多支。来日用曹操的箭射曹军，那不是很好嘛！"

事后，鲁肃回到中军大帐，见了周瑜，将诸葛亮借箭的经过详细说了一遍，周瑜大惊，感慨道："诸葛亮的确神机妙算啊。"

诸葛亮草船借箭正是靠的"混水摸鱼"之计。江面大雾便是"混水"，而曹军的十万支箭便是"鱼"。诸葛亮借着天降浓雾之机，摸到了"鱼"，顺利完成了周瑜交代的任务。

刘备混水摸鱼取南郡

趁着混乱乘机捞取利益，这是"混水摸鱼"的显著特点。刘备就是用了此计，成功夺取了南郡。

赤壁之战中，曹军大败，曹操不得不率领残兵败将退回许昌。临行前，曹操派大将曹仁驻守南郡（今湖北公安），以防止孙权北进。

实际上，孙权和刘备两家都在打南郡的主意。赤壁大战的胜利，使孙权信心大增，于是派周瑜、程普等人乘胜追击，准备攻取南郡。与此同时，刘备也移师至油江口，意在夺取南郡。

在攻打南郡之前，周瑜先发兵攻下了彝陵（今湖北宜昌），然后乘胜攻打南郡。曹仁假装不敌，率军弃城而去，却暗中在城内埋下伏兵，周瑜中了诱敌之计，刚率军入城，就见乱箭从四周飞来，周瑜也中了一箭。

众将保护周瑜杀出一条血路，回营后医治，才发现箭头有毒。医生叮嘱周瑜必须静养，万万不可动怒，否则毒入心脉，将无力回天。

曹仁见周瑜中了毒箭，非常高兴，知道此伤不宜动怒，于是故意每天派人到周瑜营前叫骂。周瑜手下众将怕他知道了生气，于是坚守营门，不肯出战。但曹军骂声太大，还是被周瑜听见了，周瑜气得当场就要应战，被众将苦苦劝住。

一日，曹仁亲自率领大军去东吴营前挑战，周瑜怒不可遏，带领人马就往外冲，东吴众将阻拦不住。开战不久，周瑜忽然大叫一声，口吐鲜血，坠于马下，众将大惊失色，赶紧将其救回营中。回营后大家才知道，周瑜早就打定主意将计就计，借此哄骗敌人。

没过多久，周瑜箭疮发作死去的消息迅速传开了。同时，东吴军营中奏起了哀乐，挂起了白幡，士兵们都戴着白孝，哭声震天。

曹仁闻讯，大喜过望，想着周瑜刚死，东吴群龙无首，军心涣散，正好趁机前去劫营，不仅能大败吴军，还能割下周瑜的首级，送到许都请赏。

趁着夜色，曹仁亲率大军去劫营，只留下陈娇带领少数军士守城。曹军冲进周瑜大营，却见营中空荡荡的，一个人影也见不着，四下里寂静无声。曹仁知道中计，急忙下令退兵，但已经来不及了，只听一声炮响，吴军从四面八方杀出，为首大将正是“已经归天”的周瑜。

周瑜中计，落荒而逃。

曹军心慌意乱，无力抵抗，曹仁好不容易杀出重围，想要退返南郡。但周瑜早已料到这一点，预先在通往南郡的道路上埋下伏兵，曹仁受到阻截，只得往北逃去。

周瑜大胜曹仁后，立即挥军直奔南郡而去。但是，等周瑜率部赶到南郡城下时，却见南郡城头布满旌旗了，城头上站着一员大将——赵云。

原来，赵云奉诸葛亮之命，趁着周瑜和曹仁激战之时，轻松地拿下了只剩老弱残兵的南郡。诸葛亮又利用夺得的兵符，派人冒充曹仁连夜前往各处求援，很容易就夺取了荆州、襄阳。

在这场战役中，刘备趁着周瑜与曹仁大战的机会，采用“混水摸鱼”的计谋，轻而易举地拿下了南郡。

【点评】

无论是两军对阵，还是商场较量，抑或是政坛角逐，取胜之道数不胜数，而混水摸鱼便是一种有效的方法。这是因为，施行此计可以轻易达到目的，需要付出的代价往往也比较小。不过，混乱的局面并不能经常出现，一旦碰上，那就务必要牢记“机不可失，时不再来”八个字。

古代兵书《六韬》中列举了敌军衰弱的种种表现：士兵们交头接耳，窃窃私语，传播谣言，不畏惧军法，不尊重将领……如果发现上述情况，则说明“水已经浑了”，就应该乘机“摸鱼”，及时夺取胜利。

具体来说，混水摸鱼中的“鱼”有以下几种含义：可制服的敌人；可获取的利益；可利用的时机；可凭借的条件；可争取的力量。

在浑浊的水中，鱼儿辨不清方向，会到处乱撞；在复杂的战争中，某一方经常会因为种种原因而出现观望、动摇的情况，这时就有了可乘之机。

总之，“混水”二字乃是运用此计的必要条件，它可以分为两种情形：水本来就浑浊，我方抓住机会“乱而取之”；水本来是清澈的，我方故意将水搅浑，再趁乱“摸鱼”。二者相较，自然是后者的难度比前者大一些，因为更多时候，没有那么多可乘之机，光靠等待是没有用的，得自己主动去创造，让情况变得更加复杂，然后见机行事。就计策而言，“混水摸鱼”要比“趁火打劫”更具有谋略，因为它要求指挥者在运用的过程中发挥出更大的主动性。

第二十一计　金蝉脱壳

【原文】

存其形，完其势[①]，友不疑，敌不动。巽而止蛊[②]。

【注释】

①存其形，完其势：保存阵地已有的战斗形貌，进一步完备各种作战态势。②巽而止蛊：语出《易经·蛊》，这里指暗中转移兵力，防止敌人造成危害。巽，退让。蛊，惑乱。

【译文】

保存阵地的原形，进一步完备作战态势，使友军不怀疑，敌人不敢轻举妄动。我方却趁机秘密转移了主力，安然躲过了战乱之危。

【计名讲解】

“金蝉脱壳”本是一个成语，它的字面意思指的是蝉脱去外壳的蜕变。后用来比喻制造或利用假象脱身，使对方不能及时发觉。或比喻事物发生根本性的变化。

此计名出自《元曲选·朱砂担》第一折：“兄弟，与你一搭儿买卖呀，他倒过个金蝉脱壳计去了也。”

金蝉脱壳本义是指蝉在蜕变为成虫时，要脱去幼虫的壳。比喻巧妙地脱身逃走，使对方不能及时发觉。用到军事上，它指的是留下虚假的外形来稳住敌人，自己则暗中撤退或转移，以实现脱离险境或迂回到其他作战地点的目的，这是一种走而示之不走的策略。

金蝉脱壳。

古人的按语说：“共友击敌，坐观其势。尚另有一敌，则须去而存势。则金蝉脱壳者，非徒走也，盖为分身之法也。故我大军转动，而旌旗金鼓，俨然原阵，使敌不敢动，友不生疑，待以摧他敌而返，而友敌始知，或犹且不知。然则金蝉脱壳者，在对敌之际，而抽精锐以袭别阵也。”意思是说：与友军联合作战的时候，要仔细察明敌、友、我三方的态势。倘若另外又发现敌人，那就必须保持原有阵势而分兵对敌。使用此计，并不是要一走了之，而是分兵合击战胜敌军的战术。所以，当我方主力转移之后，仍要旗帜招展、锣鼓齐鸣，以保持原先的阵势。这样，敌军就不敢随意妄动，而友军也不会对我怀疑了。等到击溃别处之敌胜利而返时，友军和敌方才能发现，或是仍然没有察觉。金蝉脱壳之计，实际上是对敌作战时，暗中抽调精锐部队去突然袭击别处敌军的奇谋。

金蝉脱壳

是一种摆脱敌人、转移或撤退的分身之法。保存阵地的原形，造成还在原地驻守的气势，使友军不怀疑，敌人也不敢轻举妄动。在敌人迷惑不解时，隐蔽地转移己方的主力。

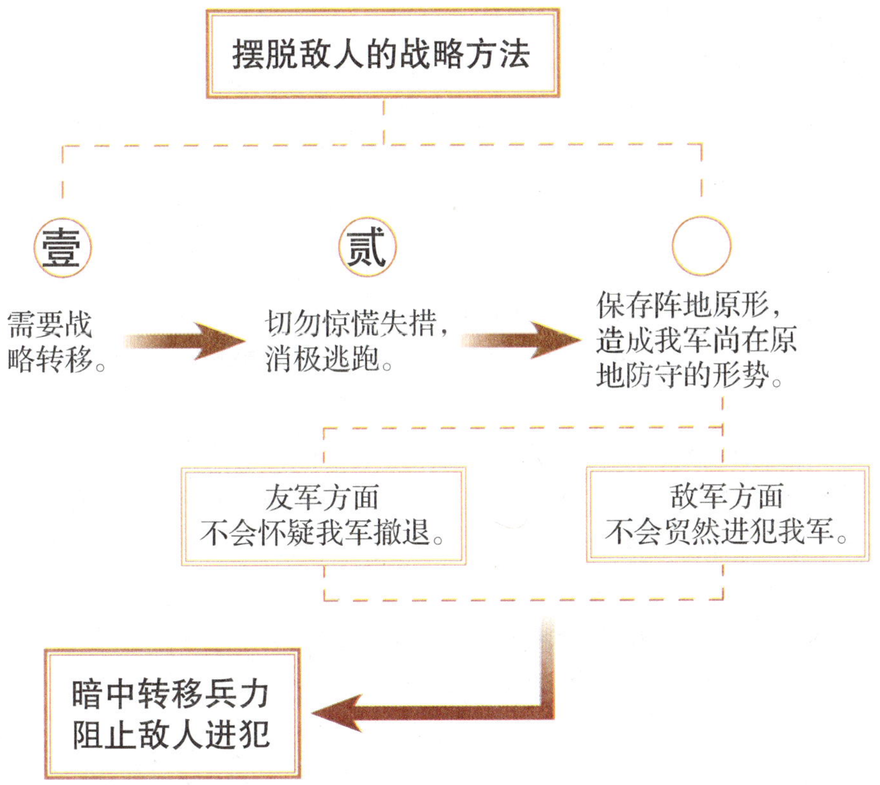

实用谋略

悬羊击鼓

“金蝉脱壳”是指制造或利用假象脱身，使对方不能及时发觉，毕再遇“悬羊击鼓”而脱身，就是用了一招金蝉脱壳之计。

南宋开禧年间，金兵见宋室软弱，屡屡南下进犯。

南宋名将毕再遇多次与金军对垒，并打了好几次胜仗。金兵为歼灭毕再遇的军队，遂调集数万精锐骑兵，打算与毕再遇展开一场决战。

这时，毕再遇只有几千人马，而金军的增援部队却越来越多，两军实力相差悬殊，如果与金军决战，必败无疑。鉴于敌众我寡的态势，毕再遇准备暂时撤退，以保存实力。

但当时金军已经兵临城下，如果宋军公开撤退，金兵发现后一定会全力追击。那样的话，宋军肯定会损失惨重。

以往与金兵交战时，毕再遇总是命令手下将士擂鼓不止，认为这样既能威慑敌军，又能鼓舞己方的士气。一旦全营撤退，鼓声必将停止，到时候就会引起敌人的注意。

怎样才能瞒着金兵悄悄将部队转移呢？毕再遇苦苦思索。这时，帐外忽然传来阵阵马蹄声，毕再遇眼前一亮，想出了一条妙计。

于是，毕再遇召集众将商议撤退之事，他说道：“现在敌众我寡，为保存我军实力，必须主动撤退。当然，撤退必须悄悄进行，越隐秘越好。但如果我方营中的军鼓声突然停止，势必被敌人发现。我有一计，可以让我军安全撤离。”于是他小声对属下嘱咐了一番，让众将依计行事。

毕再遇先暗中做好了撤退部署，等到深夜时分，突然下令兵士擂响战鼓。金军听见宋营中传来隆隆的战鼓声，以为宋军趁夜劫营，遂匆匆忙忙集合部队，准备迎战。

谁知道等了半天，只听到鼓声一直在响，却始终不见一个宋兵出城。一整晚，宋军都在连续不断地击鼓，搅得金兵整夜不得安睡。第二天，金军将领似有所悟：宋军这是在施用疲兵之计，想用战鼓搅得我们不得安宁，等到我们疲惫不堪的时候再发动突然袭击。

金军将领自以为识破了宋军的“诡计”，而宋营的鼓声连续响了两天两夜，这一举动越发让金军将领肯定了自己之前的猜测，于是传令全军将士一切行动如

毕再遇金蝉脱壳。

常，对鼓声不予理睬。

到了第三天，宋营的鼓声逐渐减弱，金军将领断定宋军已经疲惫，于是将部队分成几路，小心翼翼地向宋营包抄。走近后，见宋营毫无动静，金军将领令所有士卒一拥而上，迅速冲进宋营，却发现整个营寨空无一人，根本找不到宋兵的影子，这才知道上了当，而此时宋军早已经集体安全撤离了。

原来，毕再遇用的正是金蝉脱壳之计：他先命手下士兵找来数十头羊，临行前将羊的后腿牢牢绑在树上，羊被倒悬之后，因为难受便使劲挣扎，两只前蹄不停地蹬踢；毕再遇又命人在羊下面放了几十面战鼓，让羊的两只前蹄抵在鼓面上，随着羊腿拼命蹬踢，隆隆的鼓声不断传出；在鼓声的掩护下，宋军轻装简从，悄悄撤离了军营。

毕再遇用悬羊击鼓之法，成功迷惑了敌军，为己方争取了两天的时间，使全营将士安全转移。

宋江私放晁盖

在元末明初的小说《水浒传》中，施耐庵曾写过一个故事，说的是宋江在做押司的时候，听说官府要捉拿义兄晁盖，于是采用“金蝉脱壳”之计，偷偷地把这一消息告知晁盖，这才使晁盖避免了一场牢狱之灾。

这个故事要从“智取生辰纲”说起。原来，晁盖等人听说有人给太师蔡京送

宋江给晁盖通风报信，让其尽快逃走。

生辰纲，便使计劫夺了它。蔡京知道后大怒，责令济州知府在十天之内必须捉到劫走生辰纲的强人。

济州知府接到命令后，急忙派三都巡捕使臣何涛调查此事。何涛下去后，经过一段时间暗查，听说劫生辰纲的一干强人中，有一个叫“白日鼠”白胜的。何涛心想，只要抓住了白胜，就能顺藤摸瓜找出其他人，因此决定先捉拿白胜。

何涛带了几个公人连夜抓了白胜夫妻，又从床下挖出一包金银，然后将二人押到济州城。天亮后，知府升堂审讯白胜。白胜起初不肯招，但经不住毒打，只得招了为首的是晁盖，其他六人都不认识。

知府将白胜夫妇打入死牢后，命令何涛带着公文马上赶往晁盖所在的郓城县，令郓城县立即协助捉拿晁盖等七名正犯，拿回赃物，然后押赴济州发落。

为不走漏风声，何涛带着人星夜赶往郓城县。到达郓城县时，恰逢知县退了早衙，何涛便到衙门对面一家茶馆等候。

何涛问茶老板：“今天县衙谁值日？”恰好对面一个吏员从衙门里走出来，茶博士指着他说：“就是那位宋押司。”这位宋押司就是江湖上大名鼎鼎的“及时雨”宋江。

何涛向宋江说明来意，并让其向知县代为转告。宋江仔细询问了生辰纲被劫一事，何涛毫不怀疑，便一五一十地说了出来。宋江听完后大吃一惊，心里盘算着偷偷向晁盖等人通风报信。于是，宋江表面上假装痛恨劫生辰纲的“盗贼”，还对何涛说：“晁盖本来就是个刁民，全县人没有一个不唾骂他的。现在他胆大妄为，自作自受，要捉拿他们就如同瓮中捉鳖，必定手到擒来。这封公文至关重要，必须由您亲手交给知县，让知县过目后再派人去抓捕犯人。”

何涛说：“押司说的是，烦请引见知县。”

宋江说：“知县大人正在吃饭，而且他早晨处理了不少公务，稍微歇息片刻后就会升堂处理公务，请您在此稍候片刻。我回家处理些私事，等会儿就请你去见知县。”

何涛认为宋江说得合情合理，便应允了。

原来，这正是宋江的“金蝉脱壳”之计，他稳住何涛后，骑上快马，飞快地直奔东溪村晁盖的家中。

这时，晁盖等七人正在家中，宋江见到晁盖，赶紧向他说明情况，并让他们赶快逃走。晁盖听后，大吃一惊，随后带着金银珠宝逃往梁山泊。等到何涛带兵赶到东溪村捉拿晁盖时，早已是人去屋空了。

【点评】

“脱壳”的办法是多种多样的。实质度是用诡诈之术迷惑敌人，伪装和掩护真实的行动企图。

运用“金蝉脱壳”之计，关键在于一个“脱”字；而面对的敌人不同，脱的方法也不尽相同。

运用此计时，应注意以下几点：首先，一定要选好时机，既不能过早，也不能过迟。其次，只要还存在胜利的可能，就应该继续战斗下去，非到万不得已，不要轻易使用这种计谋。再次，如果败局已定，必须及时撤离，决不可孤注一掷，须知战场之上，多停留一分钟，就多一分危险，也会减少一分生还的希望。

金蝉脱壳绝不是惊慌失措，消极逃跑，恰恰相反，使用此计需要认真分析形势，作出准确判断，然后转移队伍，摆脱敌人，这是一种积极的战略撤退和转移。

在进行撤退和转移时，通常都是在十分危急的情况下进行的，如果稍有不慎，就会有全军覆没的危险。因此，行动前应该冷静地观察和分析形势，坚决果断地采取行动，尤其要注意做好保密工作，绝不能在敌人面前露出半点破绽。

第二十二计　关门捉贼

【原文】

“小敌困之①。剥，不利有攸往②。”

【注释】

① 小敌困之：对弱小或者数量较少的敌人，要设法去困围（或者说去歼灭）它。② 剥，不利有攸往：意思是小股顽敌行动诡诈难防，不利于穷追远赶。见《易经·剥》卦。上卦为艮为山，下卦为坤为地。意即广阔无边的大地吞没山，所以，卦名曰“剥”。剥，剥离、剥削。攸，所、向。

【译文】

对于弱小的敌人本应围而歼之。不过，对于那些看起来势单力薄的小股顽敌，不宜穷追远赶。

【计名讲解】

“关门捉贼”是三十六计中的一计，意思是关起门来捉进入屋内的盗贼。此计计名首见于《三十六计·秘本兵法》中：“捉贼而必关门，非恐其逸也，恐其逸而为他人所得也。且逸者不可复追，恐其诱也。贼者，奇兵也，游兵也，所比劳我者也。”重点说捉贼的关键是先要关好门。

关门捉贼本是民间谚语，它与另一民间俗语“关门打狗”的意思差不多。后来，人们把日常生活中的这种小智谋移用到战争之中。在军事实践中，它与兵家常用的围歼战、口袋阵等用法相近。古今中外战争史上，也有很多使用此计的战例。在中国古代战争史上，使用此计的著名战例，较早的有战国时代齐魏之间的马陵道之战、秦赵长平之战，汉初的楚垓下之战等，此后使用此计来消灭敌人的战例就更多了。

关门捉贼。

古人按语说：捉贼而必关门，非恐其逸也，恐其逸而为他人所得也；且逸者不可复追，恐其诱也。贼者，奇兵也，游兵也，所以劳我者也。《吴子》曰：“今使一死贼，伏于旷野，千人追之，莫不枭视狼顾。何者？恐其暴起而害己也。是以一人投命，足惧千夫。”追贼者，贼有脱逃之机，势必死斗；若断其去路，则成擒矣。故小敌必困之；不能，则放之可也。

意思是说：捉贼之所以必须关门，不仅是为了防止敌人逃走，而且还防止其逃去后为别人所得而利用。况且，对逃跑的敌人不要再追，这是防止中了他的诱兵之计。所说的“贼”，是指突然来袭、出没无常的敌人，他们的目的在于使我军疲劳，以便实现其企图。兵书《吴子》中写道：“现在让一个亡命之徒，隐藏在广大的原野里，纵然派出一千多人去追捕，也会视而不见和顾虑重重的。这是什

关门捉贼

从字面上看，此计是一种围困并歼灭敌人、特别是小股敌人的策略。在施行这一计谋的时候，一般还得配合使用其他计谋。对付小股的敌人，要包围起来予以歼灭。零星散乱的小股敌人，虽然势单力薄，但是行动自由，不利于急追远赶。

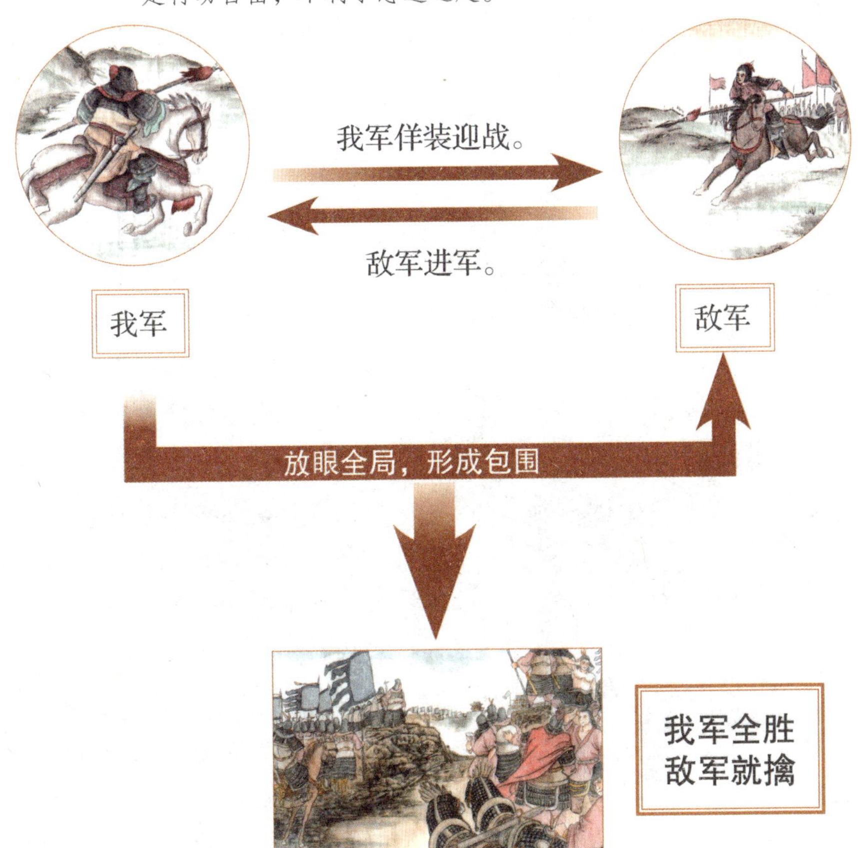

么缘故呢？因为，只要一人豁出命来，反而会使另外的一千多人畏缩不前。”所以，追赶盗贼的时候，如果盗贼发现有脱逃的机会，就会拼死搏斗；如果我军能断其归路，那么，盗贼就会产生绝望之心，（这么一来，他）非被我擒住不可了。因此，对于弱小的敌人，必须将其包围起来，然后再趁机歼灭；否则，暂时让其逃走，也不是不可以的。

实用谋略

白起于长平大败赵括

历史上著名的长平之战，也是一场运用关门捉贼计的典型战役。

公元前262年，秦昭王派大将白起攻打韩国，很快便攻占了野王城，这就切断了韩国上党郡和国都之间的联系。为了使秦国退兵，韩国想献出上党郡，与秦国讲和。但是，上党郡守冯亭不愿降秦，他请求赵国发兵援救上党郡。

秦昭王四十七年（前260），秦国再次派左庶长王龁攻打韩国，取得了上党郡。上党的百姓纷纷逃往赵国。当时，赵国在长平（今山西省高平市长平村）屯有重兵，而长平又临近上党，这对秦国构成了威胁。四月，王龁率领大军进攻长平，赵孝成王派大将廉颇率兵拒秦，于是，秦、赵长平大战爆发了。

赵将廉颇固守城池，拒不出兵。

长平之战开始后，赵军损失严重。廉颇根据秦强赵弱、初战失利的不利局面，决定采取坚守营垒的战略。尽管秦军多次向赵军发起进攻，但廉颇一直拒不出兵。双方僵持多日，秦军没能取得胜利，只好撤兵而回。这时，赵国发生灾荒，国内缺粮，赵孝成王担心军粮难以维持，遂多次催促廉颇主动出战。而秦相范雎趁机派人带重礼向赵国权臣行贿，用离间计挑拨赵国君臣的关系，散布流言说：秦国所痛恨、畏惧的，是马服君赵奢的儿子赵括；廉颇容易对付，他快要投降了。此时，赵王正因廉颇拒不出战而恼怒，而且赵国士卒又伤亡惨重，他听到流言，信以为真，便派赵括替代了廉颇，命赵括率兵击秦。

赵括刚一上任，便更改廉颇的部署，大批撤换将领，使赵军战力大大降低。秦王见赵国中了计，暗中任命白起为将军、王龁为副将，率领大军直奔长平。为了避免引起赵军的注意，秦王下令军中严守这一机密。

秦军坑杀赵军四十万降卒。

白起知道赵括只会“纸上谈兵”，而且还鲁莽轻敌，因此决定采取后退诱敌，分割围歼的策略。他下令前沿部队在赵军发起进攻时佯败后撤，将主力隐蔽在纵深构筑袋形阵地，另以精兵五千人，插入赵国先头部队与主力之间，然后再将赵军分割包围，直至消灭。

果然，赵括一下子中了敌军的“关门捉贼”之计。他在不明虚实的情况下，轻率地向秦军发起进攻。秦军假意败走，暗中张开两翼，伏下奇兵向赵军包抄过来。赵军乘胜追击秦军，秦军“逃入”壁垒。由于壁垒坚固，赵军根本无法攻入。白起见时机成熟，遂令两翼奇兵迅速出击，将赵军截为三段，切断了赵军粮道。赵军首尾分离，此时秦军又派轻骑兵不断骚扰赵军。赵军形势危急，只得坚守，以待救兵。秦王听说赵国的粮道被切断，便亲自前来督战，以鼓舞全军的士气。同时，秦王下令征发十五岁以上男丁从军，赏赐民爵一级，以阻绝赵国的援军和粮草。

赵军在长平断粮四十六天，军士饥饿不堪，自相残杀。赵括走投无路，只得重新集结部队，分兵四路轮番突围，但是仍旧无法冲出包围圈。赵括亲率精兵出战，被秦军乱箭射死。赵军失去主帅，顿时大乱，秦军趁势发起总攻，四十多万赵军士卒走投无路，只好投降了白起。白起假意接受投降，待赵军士卒丢下武器后，白起下令将他们全部坑杀，只留下二百余名士卒，让他们回去向赵国报信。

长平之战中，白起诱敌深入，等赵军进入自己的伏击圈后，再将其分割成数段，使其首尾不能兼顾，然后集中兵力把赵军合围起来，最终全歼了赵军，这便是关门捉贼之计的一次成功运用。

三河之战

关门捉贼，就是要对小股的敌军采取四面包围、聚而歼之的策略。它的特点是行动诡秘，出没不定，行踪难测。太平军取得“三河大捷”，就主要得益于对这一计谋的成功运用。

天京事变后，太平天国内部元气大伤，形势开始由盛转衰。对于清军来说，这是千载难逢的良机，于是趁势发起进攻。1858 年，曾国藩手下悍将李续宾率湘军主力攻占九江，之后又连克太湖、桐城、舒城等地，前锋直指三河镇。

三河镇是通往安徽省会庐州的咽喉要道，一旦三河镇失守，庐州也岌岌可危。因此，太平天国若想在安徽立足，就要拼死保住三河镇。

一接到三河镇告急的文书，太平天国的青年将领、英王陈玉成便率本部人马星夜赶往三河镇，同时，他在路上也想出了一个“关门捉贼”的作战计划。

陈玉成率军首先截断了清军后路，同时命令庐州守将吴如孝会合捻军南下，切断李续宾部与舒城清军的联系。恰在此时，李秀成又奉洪秀全之命领兵前来作后援。经过这番调动，太平军对湘军形成了包围之势，李续宾部则成了瓮中之鳖。

不久，陈玉成和李秀成兵分两路向李续宾的大营发起进攻，双方展开了激烈的战斗。

陈玉成赶赴三河镇。

李续宾见形势危急，立即组织反击，向太平军发起了猛烈进攻，一度冲破了陈玉成的营垒。然而正在这时，天上突然降下浓雾，李续宾的军队就像掉进了迷魂阵中一般，无法辨别方向。太平军则趁势发起进攻，一举将李续宾部歼灭。紧接着，陈玉成和李秀成兵合一处，全力攻打湘军阵门，而三河镇的守将吴定规也瞅准时机从城内杀出，将湘军团团包围。一时间硝烟弥漫，杀声震天，湘军被杀得溃不成军，连失七座大营，最终大败而逃。这场战役被称为“三河之战”。

在三河之战中，太平军歼灭湘军六千余人，击毙清朝文武官员四百余人，其中还包括曾国藩的弟弟曾国华。李续宾则因全军溃败，走投无路，自缢而亡。

三河惨败的噩耗传来，曾国藩大为震惊，他沮丧地说道：“三河之败，歼我湘人殆近六千，不特大局顿坏，而吾邑士气亦为不扬。”而此前开始走下坡路的太平军则借助三河大捷止住了颓势，重振了军威。

在三河之战中，湘军孤军深入，犯险冒进。李续宾仅率数千人自湖北东犯，入皖之后，处处分兵驻守，结果“兵以屡分而单”。太平军以陈玉成、李秀成、吴定规三部，合围湘军李续宾部，形成“关门捉贼”之势，使湘军成为瓮中之鳖，最终实现了大胜。

【点评】

关门捉贼，从字面上可以看出，是一种围困并歼灭敌人（特别是小股敌人）的计谋。

军队战斗力的强弱不是取决于士兵人数的多少，而是取决于士兵力量的发挥程度。小股的军队，如游击队之类，如果有天然屏障的掩护，便能声东击西，神出鬼没，且战且隐，以小股力量击败十倍、百倍，甚至千倍于自己的敌人。

所以，对待小股敌人，要围困他们，歼灭他们。解放战争中的辽沈战役，就是典型的“关门捉贼”的战例。东北局在战斗中发现长春易守难攻，于是采取合围的战术暂时将长春守敌围住，而调集主力部队南下，在锦州与国民党军展开会战，并一举拿下锦州，从而封死国民党军逃跑的道路，也因此掌握了战争的主动权。可见关门打狗的战略部署是这场战役的关键。

关门捉贼的策略在商战中也多次被应用。国际上的大公司，往往都是先占领一项产品的技术制高点，然后再通过专利把这个产品的门关上，回过头来，用知识产权作为壁垒打击其他竞争者。

所以，在市场竞争中，我们也要学会用知识产权筑成壁垒，把“门”关上，让竞争者望而却步，从而在竞争中大获全胜。

第二十三计　远交近攻

【原文】

形禁势格[①]，利从近取，害以远隔[②]。上火下泽[③]。

【注释】

①形禁势格：受到地势的阻制和阻碍。禁，禁止。格，阻碍。②利从近取，害以远隔：此句意为先攻取就近的敌人有利，越过近敌先去攻取远隔之敌是有害的。③上火下泽：意思是火焰往上冒，池水往下淌，志趣不同的，也可以达到暂时的联合，就像两人同床异梦一般，换得一时的共同相处。语出《易经·睽》卦："上火下泽，睽君子以同而异。"睽，卦名。本卦为异卦相叠（兑下离上）。上卦为离为火，下卦为兑为泽。上离下泽，是水火相克，水火相克则又可相生，循环无穷。又"睽"，乖违，即矛盾。本卦《象》辞："上火下泽，睽。"意为上火下泽，两相离违、矛盾。

【译文】

当作战目标受到地理条件的限制时，攻取靠近的敌人就有利，越过近敌去攻取远敌就有害。火向上烧，水往下流，是我方与邻近者乖离的情形。

【计名讲解】

"远交近攻"是一种高明的外交谋略，它指的是结交离得远的国家而进攻邻近的国家。语出《战国策·秦策三》："王不如远交而近攻，得寸则王之寸，得尺亦王之尺也。今舍此而远攻，不亦谬乎？"这是秦国用以并吞六国，统一全国的外交策略。

远交近攻。

远交近攻最初作为外交和军事的策略，意为和远方的国家结盟，而与相邻的国家为敌。使用这种计策，既可以孤立邻国，又使敌国两面受敌，无法与我方抗衡。范雎用这一计谋灭六国而兴秦朝，足以证明远交近攻的神通。

不过，中国历史上也有错误运用远交近攻而导致亡国的例子，如宋朝“联金灭辽”和“联蒙灭金”。前者导致了靖康之耻的发生，宋朝幸有长江天堑，才勉强保住了半壁江山；而后者则直接导致了宋朝的灭亡。因此，施用远交近攻之计的时候，一定要认清形势，谨慎选择要联合的对象，否则有引火上身的危险。

古人按语云：“混战之局，纵横捭阖之中，各自取利。远不可攻，而可以利相结；近者交之，反而使变生肘腋。范雎之谋，为地理之定则，其理甚明。”

意思是说：在混乱的局势中，任何一方都会采取各种手段来谋取胜利。所以，对于远处之敌不可轻易发起进攻，不如给它一些好处，与其缔结外交关系。然而，对邻近敌国则不可妄用此策，如果也与其结交，反而会受到它的威胁。

远交近攻

语出《战国策·秦策》。范雎曰：“王不如远交而近攻，得寸，则王之寸；得尺，亦王之尺也。”这是范雎说服秦王的一句名言。远交近攻是分化瓦解敌方联盟，各个击破，结交远离自己的国家而先攻打邻国的谋略。

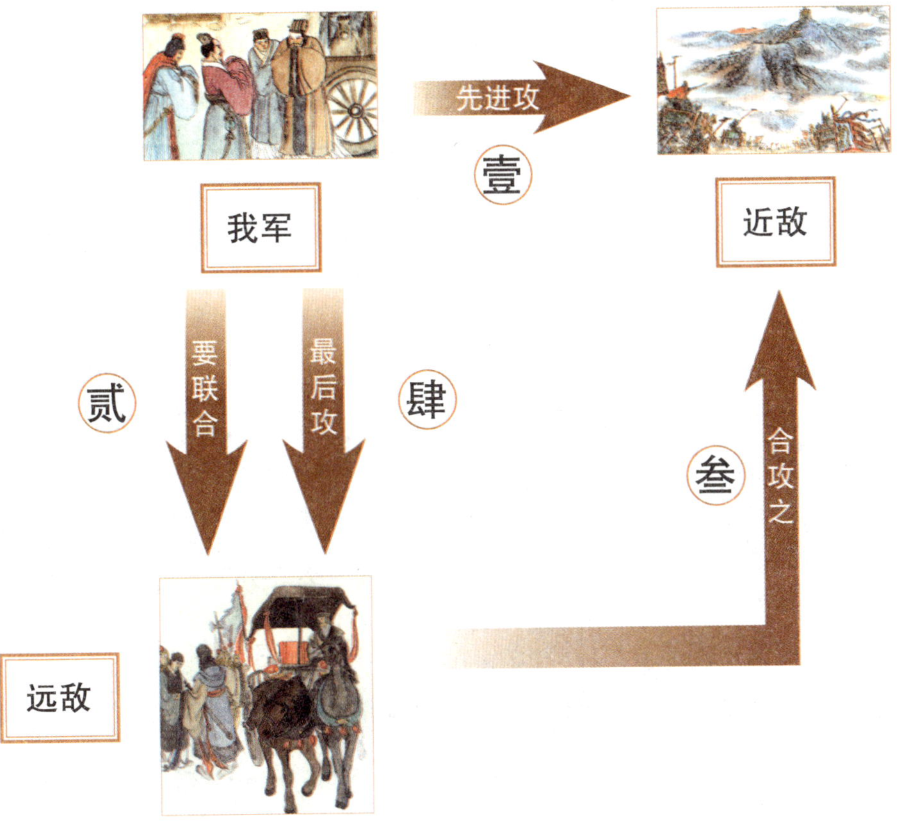

实用谋略

“远交近攻”的策划实施者——范雎

远交近攻，作为外交和军事的策略，既可以孤立邻国，又使敌国两面受敌，不能与我方抗衡。范雎一计，灭六国，兴秦朝，足见这一计策的神通。

公元前268年，范雎从魏国逃到秦国，向秦昭王提出了“远交近攻”的战略。远交近攻之策是范雎对秦国的重大贡献，也是我国古代兵家计谋和军事谋略学的宝贵遗产。

范雎是魏国人，他自小便立有远大志向，长大后投在魏中大夫须贾门下当门客。然而，范雎因得罪了魏国相国魏齐，险些丢掉性命。后来在机缘巧合之下，范雎来到秦国，秦昭王听说范雎有才能，便召他入宫，并亲自向他求教。

范雎见到秦昭王，慷慨陈词，纵论天下大势，并向他提出了远交近攻的主张。范雎认为，秦国要想消灭六国，就要首先攻打与秦国接壤的魏、韩两国，以除心腹之患。而对齐、楚等距秦较远的国家，应暂时与他们和好，稳住他们，在秦国与韩、魏的交战中让他们保持中立，使他们不干预秦国攻打邻近诸国的事。下一步，等打败魏、韩等国之后，向北可威慑赵国，向南能讨伐楚国，最后再攻齐。这样由近及远，逐步向外扩张，这就好比蚕食桑叶一样，渐渐地秦国必能统一天下。

秦昭王对范雎的主张非常赞成，对范雎的才能也十分赞赏，于是封他为客卿，经常和他商议国家大事。几年后，范雎当了秦国的宰相。

昭王三十九年（前268），秦昭王采纳范雎的计谋，派兵讨伐魏国，攻占了魏国的怀地。两年后，又攻占邢丘。昭王四十二年（前265），范雎又为昭王谋划攻打韩国，首先攻占韩国咽喉之地荥阳，将韩国一分为三。韩国濒临灭亡，不得不听命于秦。经过一系列征战，秦国势力越来越强，各国无不震惊。

秦国在慑服魏国和韩国之后，开始把进攻的矛头指向赵国。公元前260年，秦国派大将白起、王龁率兵伐赵，大败赵将赵括，消灭赵军45万人。经长平之战，赵国一蹶不起，秦国则更加强大。

在攻打临近的韩、赵、魏三国的同时，秦国又派使者出使远方的齐、楚等国，并与齐、楚订立盟约，使它们在秦国攻打其他国家的时候保持中立，这样，秦国的“远交近攻”策略获得成功。

【点评】

远交近攻是一个分化或防止敌方联盟，达到各个击破的战略策略。在兼并战争中，各自都有联合与分化的策略。各个击破，应从哪里开刀，如何开刀，这是需要权衡利弊和认真研究的问题。

范雎与秦王交谈。

远交近攻最初作为外交和军事的策略，指的是和远方的国家结盟，而与相邻的国家为敌。远交近攻的策略，不但适用于外交和军事领域，也适用于政治和社会生活领域。

诛杀开国功臣，贬放权臣，罢免任职长久的将相，起用没有根基的新人，等等，都属于对远交近攻谋略的运用。

运用此计的时候，应注意以下几点：

首先，对于帝王或领导人来说，重用任职长久的重要人物是极其危险的，起用没有根基的新人，才能避免其对主上的威胁；所以，没有威望、没有大的功劳的新人才是安全的。

其次，重用新人，新人就会感恩戴德，就会尽心尽力地效忠你。

再次，重用新人，可以捞取诸多好的名声。最后，还能笼络人心。在现代管理谋略中，某些用人之道同上如出一辙。

从经营项目上看，远交近攻之计也适用于企业的规划发展，如果贸然从事非自己所擅长的行业，就如在远处作战一般，必遭失败。

在日常生活中，对于如何待人处事，远交近攻的思想仍可以获得广泛的运用，凡事总有轻重缓急，囿于条件暂时不能做到的，实行“远交”，先把它放在一边，而集中力量“近攻”力所能及的事情，然后一步步接近远交的目标。如此循环往复，方能获得成功。

第二十四计　假途伐虢

【原文】

两大之间，敌胁以从，我假以势[1]。困，有言不信[2]。

【注释】

①两大之间，敌胁以从，我假以势：句意为处在我与敌两个大国之中的小国，敌方若胁迫小国屈从于它，我则要借机去援救，造成一种有利的军事态势。假，借。②困，有言不信：意为处在困乏境地，难道不相信这些吗？语出《易经·困》卦。困，卦名。本分为异卦相叠（坎下兑上），上卦为兑为泽，为阴；下卦为坎为水，为阳。卦象表明，本该容纳于泽中的水，现在离开泽而向下渗透，以致泽无水而受困，水离开泽流散无归也自困，故卦名为“困”。困，困乏。卦辞：“困，有言不信。”此计运用此卦理，是说处在两个大国中的小国，面临着受人胁迫的境地时，我若说援救他，他在困顿中会不相信吗？

【译文】

处在敌我两个大国之间的小国，当敌方威胁它屈服时，我方应立即出兵援助，以借机扩展势力。

【计名讲解】

“假途伐虢”语出《左传·僖公五年》：“晋侯复假道于虞以伐虢。”

假途灭虢。

此计指的是以向对方借道为名，达到消灭对方或夺取对方要地的目的。以借路为名，实质上是将兵力渗透到对方的势力中去，以了解对方的情况，甚至控制对方，继而发起突然袭击，最终吃掉对手。也作“假道灭虢”。

此计的关键在于“假途”。善于寻找假道的借口，善于隐蔽假道的真正意图，突然出动奇兵，往往可以取得意想不到的效果。

古人按语说：“假地用兵之

举，非巧言可诳。必其势不受一方之胁从，则将受双方之夹击。如此境况之际，敌必迫之以威，我则诳之以不害，利其幸存之心，速得全势，彼将不能自阵，故不战而灭之矣。如：晋侯假道于虞以伐虢，晋灭虢，虢公丑奔京师，师还，袭虞灭之。”意思是说：采取假道用兵的军事行动，并不是仅仅依靠花言巧语就可以欺骗的。选择“借道”的这个国家，必须受到来自敌我双方其中一方的威胁，或是受到两方的夹击。在这种情况下，假若敌人以武力相威胁，则我方就应该以不侵犯其利益为诱饵，利用其侥幸图存的心理，迅速地把己方的力量渗透进去，以控制全局。

这条按语讲了一种情况，说是处在夹缝中的小国，情况会很微妙。一方想以武力威逼他，而另一方却不侵犯它的利益，目的就是来诱骗它，乘它产生侥幸心理的时候，立即把力量渗透进去，控制它的局势，所以，不需要打什么大仗就可以顺利消灭它了。

假途伐虢

此计是一种以借路渗透、扩展军事力量，从而不战而胜的谋略。其关键在于：对于处在敌我两个大国之间的小国，当敌人迫使他屈服的时候，我方要立即出兵援救，借机把军事力量扩展进去。

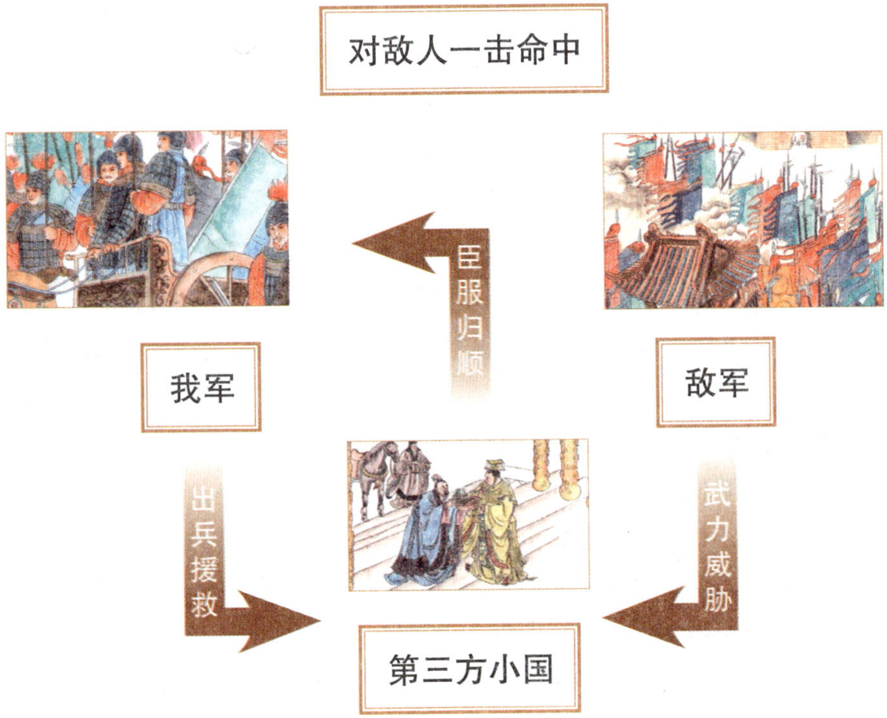

对敌人一击命中

臣服归顺

我军

敌军

出兵援救

武力威胁

第三方小国

实用谋略

晋献公假途伐虢

“假途伐虢”用在军事上，其意在于先利用甲做跳板，去消灭乙，待达到目的之后，回过头来连甲一起消灭。

春秋时期，各诸侯国之间的兼并战争此起彼伏。位处中原地带的晋国，在这场弱肉强食的大混战中不断征服和兼并弱小的国家，势力迅速崛起。

晋献公时，晋国的南面有两个小国，即虞国（今山西平陆县东北）和虢国（今河南陕县东南）。晋国早有吞并这两个小国的野心，但是由于虞、虢二国是盟友，晋国同其中任何一国开战，就意味着要同时应对两个敌人，这必然会陷入两线作战的泥潭之中。因此，要想灭掉这两个国家，就必须拆散虢、虞两国的同盟关系。

为此，晋国大臣荀息向晋献公献上一计。他建议晋献公先用厚礼贿赂虞公，向虞国假道攻打虢国。等到虞国中计，虢国败亡之后，晋国再攻打虞国。

晋献公听从了荀息的建议。不久，晋献公派荀息携带着良马、美玉等奇珍异宝出使虞国。见到虞公后，荀息把珍宝献上，力劝虞公允许晋国假途伐虢。虞公贪利，又被荀息的巧言所迷惑，于是答应了荀息的请求。

这年夏天，晋国大将里克、荀息带领军队与虞国的军队一起讨伐虢国，晋军很快就占领了虢国的下阳（古邑名，今山西平陆县北），并一举控制了虢、虞之间的要地。

三年之后，晋献公再次向虞国借道，去攻打虢国。大臣宫之奇极力劝说虞公，说绝不能再借道给晋国，宫之奇说：“虢国和虞国唇齿相依，虢国一旦灭亡，虞国也必定跟着灭亡。晋国的野心不能助长，借路一次已经是过分了，怎么还能再借呢？俗话说，唇亡齿寒。嘴唇没了牙齿也难保。这就说的是我们虞国和虢国。”

虞公听后，不以为然地说：“晋、虞同姓同国，晋国必然不会加害我国。结交一个力弱的朋友去得罪一个强有力的朋友，那才是愚蠢呢！”听完这话后，宫之奇预言：虞和虢将要同归于尽了。随即带领家眷逃往国外。

晋国大军借了虞国境内的道路，一举灭掉了虢国，虢公逃到了洛阳。晋军班师回国时，送给虞公很多劫夺来的财产。虞公见了更是大喜过望，盛情款待晋军。

等到虞公送晋军回国时，晋军大将里克装病，说这时不能带兵回国，暂时把部队先驻扎在虞国京城附近。几天之后，晋献公亲率大军前来，虞公出城相送，献公约虞公前去打猎。刚出城不久，就见京城中起火。虞公急忙赶到城外，没想到京城已被晋军占领了。就这样，晋国又轻而易举地灭了虞国，并生俘了虞公，终于达到了吞并两国的目的。

虞公被晋军俘获。

【点评】

“假途伐虢”是以借路渗透，扩展军事力量，从而不战而胜的谋略。

假道的本意不是为了“敌胁”我援，而是为了顺势把兵力渗透进去，发动突然袭击，实现控制对方的目的。春秋时，晋国借道虞境，不但灭掉虢国，也顺手灭掉虞国。在这一过程中，晋献公以伐虢为由而借道虞境，从而一举两得，灭掉两个国家；虞公因为贪利而受了骗，朝夕之间便被人消灭。虞国大夫宫之奇为粉碎晋国阴谋，曾提出“辅车相依，唇亡齿寒”的观点，这也成为后世弱国联合抗击强国的重要战略思想。

假道伐虢在现代常用来指蒙骗利诱、借机攻取的策略，也就是以一个堂皇的名义，利用甲做跳板，去消灭乙，达到目的后，回过头连甲也一并消灭。因此，行动的时候一定要注意隐藏自己的企图，要注意骗取假联盟对象的信任，使其毫无戒备。否则，一旦被联盟对象发现，就会被揭穿，导致偷鸡不着蚀把米。

假道伐虢之计有以下三大特征：

一、托名。以堂皇的名义或诱以厚利建立假联盟。

二、借机。趁势发展自己的势力，站稳脚跟，控制联盟对象。

三、过河拆桥。灭掉假联盟对象，自己控制局面。

在商业活动中，假道伐虢之计，是自己在遇到经济危机或其他不利因素时，想出策略和计谋争取一切有利于自己的时机或者找出一个合情合理的借口，如扶危济贫之举等，取得有关部门和群众的支持及信任，从而深入其内部同他们拉好关系，获得长久发展，完成自己的真正目的。经营者应用此计，关键在于“假道”。当竞争对手的力量较强大时，依靠其他强者求得生存发展；当弱小的企业面临危机，可以通过技术援助控制或兼并他人的企业；也可以通过别的渠道，迂回发展，最后达到战胜对手、夺取市场的目的。

第五套　并战计

第二十五计　偷梁换柱

【原文】

频更其阵①，抽其劲旅，待其自败，而后乘之，曳其轮也②。

【注释】

①其：本句中几个“其”字，均指盟友、盟军。②曳其轮也：语出自《易经·既济》卦。上卦为坎为水，下卦为离为火。水处火上，水势压倒火势，救火之事，大告成功，故卦名“既济”。既，已经。济，成功。本卦初九《象》辞：曳其轮义无咎也。意为拖住了车轮，车子就不能运行了；抽去梁柱，房屋就倒塌。

【译文】

频频变动友军的阵势（地），暗中抽换其主力，使其自趋灭亡，而我则暗中控制它、吞并它。这就像控制了车轮就控制了车子的运行方向一样，而为我所用。

【计名讲解】

“偷梁换柱”作为一个成语，原意指偷偷地用梁来换柱。后来多比喻暗中玩弄手法，以假代真。偷梁换柱与“偷天换日”或“偷龙转凤”意思相同，语见《渔家乐传奇》中“愿将身代人金屋，做人偷天换日”一句。

偷梁换柱。

作计谋时，其本意是乘友军作战不利，借机使其为己方所用。此计中包含尔虞我诈、乘机控制别人的权术，所以也常常作为一种政治谋略或外交谋略来用。

秦始皇活着时一直没

偷梁换柱

指用偷换的办法，暗中改换事物的本质和内容，以实现蒙混欺骗的目的。偷梁换柱应用到军事上，指的是联合对敌作战时，反复变动友军阵线，借以调换其兵力，等待友军有机可乘、一败涂地的时候，将其全部控制。

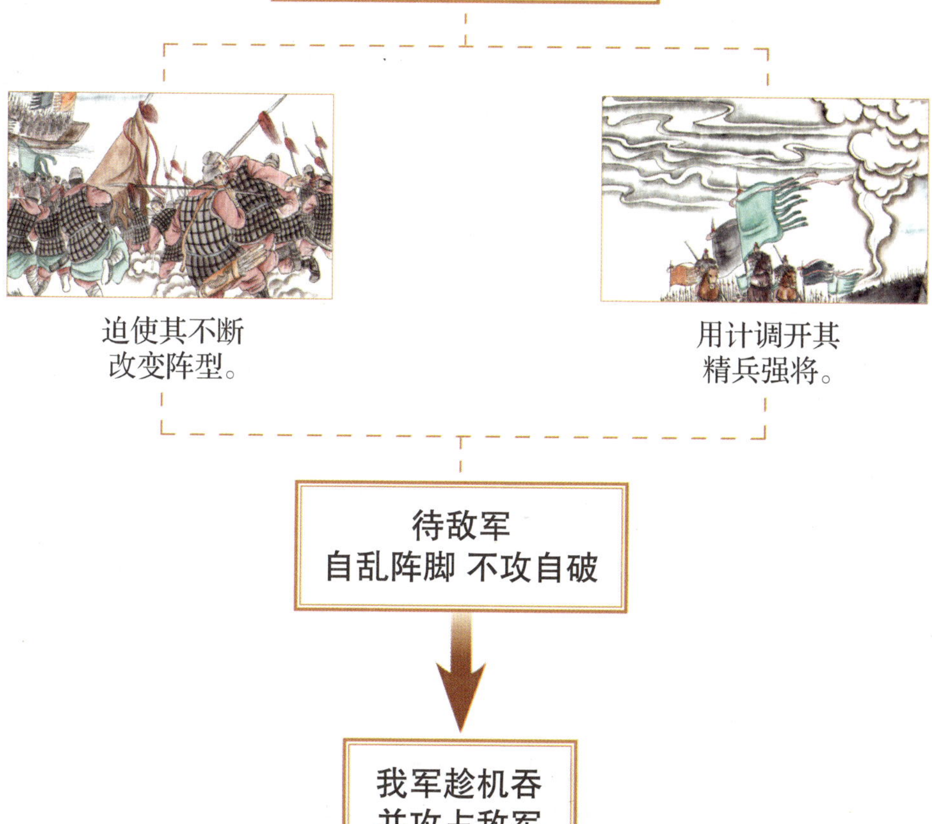

有立太子，有一次，他外出巡视，结果得了重病，知道自己命不久矣，就嘱咐丞相李斯立扶苏为帝。但李斯竟与始皇的幼子胡亥、权臣赵高勾结，擅改遗诏，改立胡亥做了皇帝，这就是一招典型的偷梁换柱。

古人按语说："阵有纵横，天衡为梁，地轴为柱。梁、柱以精兵为之。故观其阵，则知其精兵之所在。共战他敌时，频更其阵，暗中抽换其精兵，或竟代其为梁、柱；势成阵塌，遂兼其兵。并此敌以击他敌之首策也。"意思是说：布阵有东南西北的方位，“天衡”首尾相对，做阵的大梁；而“地轴”则连贯于中央，做阵的支柱。梁和柱之间的兵力部署，必须由主力来承担。所以，观察敌阵，就能够发现敌军主力的所在。而与其他军队联合作战时，就要时时改变其阵势，暗中抽换其主力，或派我方部队代其作梁、柱，这样一来，与己方联合作战的部队就无法守住阵地，我方可立即将其兼并，并立即把其兵力投入另一战斗中。这是吞并一个敌人，再去攻击另外一个敌人的谋略。

以上的这段按语，反映了战场上所谓的“友军”，不过是暂时与其联合罢了。因此，兼并盟友是十分寻常的事情。不过，作为一种谋略，此计的重点是对敌军“频更其阵”，也就是多次佯攻，促使敌人变更阵容，然后伺机攻击其弱点。这种调动敌人的谋略，往往能够收到很好的效果。

实用谋略

吕后杀韩信

“偷梁换柱”计经常在政治斗争中得以运用，可以起到蒙蔽敌人，使其麻痹大意的效果，吕后除韩信的过程中，就成功运用了偷梁换柱的计谋。

刘邦建立汉朝后，大封追随他征战的功臣们，有功的将领很多被封为王侯。而这些异姓诸侯王个个手握重兵，这无疑对刘氏天下形成了潜在的威胁。于是，如何翦灭异姓诸侯王，巩固汉朝的统治，便成了刘邦所要面临的首要问题。

在诸多异姓王中，以韩信势力最大，他自然也成了刘邦的首要敌人。项羽兵败后，手下的大将钟离昧四处逃亡，由于他以前与韩信关系很好，于是前去投奔韩信。岂料消息泄露，有人告发韩信谋反。韩信的谋臣建议韩信杀了钟离昧，以示自己的清白。韩信与钟离昧商议此事，钟离昧道：“现在刘邦之所以不攻打楚国，正是因为我在你这里。你想擒拿我去讨好刘邦，我今天死了，随后灭亡的就是你韩信。”说完就自尽身亡。

恰好刘邦采用了陈平的计策，宣称自己要巡游云梦泽。韩信不知是计，便带着钟离昧的首级去谒见刘邦。刘邦一见到韩信，就命令手下的武士将韩信捆绑起来，把他放在跟在皇帝后面的副车上。

韩信仰天长叹道：“人们都说‘狡兔死，良狗烹；飞鸟尽，良弓藏；敌国破，谋臣亡’，如今天下已定，我本来就应该被处死！”刘邦将韩信押回洛阳，最终还是赦免了韩信的罪过，将他贬为淮阴侯，并从楚地调回京城居住，实质上是变相软禁。

韩信被贬之后，深知刘邦畏惧他的才能和威名，所以经常装病不参加朝见或跟随皇帝出行。其实韩信虽然立有大功，但一直对刘邦忠心耿耿，当初楚汉相争最激烈的时候，谋士蒯通曾建议韩信背弃刘邦自立为王，三分天下，但韩信感念刘邦对自己的厚遇，断然拒绝了蒯通的建议，后设十面埋伏困项羽于垓下，最终逼得项羽乌江自刎，助刘邦一统天下。而今却落得这样的下场，心中的怨恨和不满越来越强烈了。

公元前200年，刘邦任命陈豨为代相，命其统率边兵对付匈奴。陈豨临行前向韩信辞行。韩信屏退左右，以自己的遭遇为例，告诫陈豨说："你所管辖的地方，屯聚了天下的精兵，而你又是陛下亲近宠爱的臣子，如果有人密告你谋反，陛下一定不相信；而如果有人再次密告你谋反，陛下心中就会有所怀疑；如果有人第三次告你谋反，陛下必定会勃然大怒，然后亲自率军征讨。你不如乘此机会，起兵反汉，我在京城里接应你。"陈豨平素就信服韩信的才能，当下表示一切听从韩信的指示。

公元前197年，陈豨果然在代郡反叛，自立为代王。刘邦亲自率兵前往征讨，韩信称病，没有随高祖出征。当初二人约定：陈豨起事后，韩信在夜里诈称奉刘邦密诏，赦放那些囚徒和官奴，然后率领他们去袭击吕后和太子。恰在此时，韩信的一位门客因得罪了韩信，就定下了铲除韩信的计谋。吕后派人在京城四处散布消息，说陈豨已被杀死，皇上得胜，即将凯旋。

韩信听到这个消息，又不见陈豨派人前来联络，心中甚是恐慌。恰好丞相萧何亲自来到韩信家中，宣称皇上得胜回朝，诸侯群臣都进宫朝贺，请韩信立即进宫。韩信素来对萧何比较信任，便与他一同乘车进宫。吕后一见韩信，便命武士把韩信捆缚起来，在长乐宫中的钟室里斩杀了他，并夷其三族。韩信临死前叹息道："吾不用蒯通计，反为女子所诈，岂非天哉！"

刘邦在云梦泽捆绑韩信。

可惜韩信聪明一世，却不知道陈豨已死的消息根本就是一个谎言，他死了两年之后，陈豨的叛乱才彻底被平定。

吕后和萧何设计在宫中除掉韩信，但是他们深怕韩信不中计，便谎称陈豨已经被杀，刘邦也已得

陈豨劝韩信谋反。

胜归来。韩信不知是计，这才误中圈套。在这则故事里，萧何和吕后施用的便是偷梁换柱之计。

【点评】

自20世纪80年代中后期一直到90年代初期，大众读物市场是属于新派武侠小说“金梁古温”四大家的辉煌时代。许多四十岁左右的人至今依然能够清晰回忆起自己初看“全庸著”小说时的恍惚与迷惑，以及搞清被愚弄之后的气急反笑。在他们的脑海里，其实不仅有“全庸”，还有“金康”、“全康”、“金唐”等名目。当这些“加减法”被识破之后，更高妙的技法应运而生：“金庸巨著”，四字连成一线，根本不容你分辨是“金庸巨——著”还是“金庸——巨著”，“金庸新著”、“金庸力作”自然也在此列。对应着古龙的有“古尤”、“吉龙”、“古犬”等。梁羽生除“梁诩生”外，尚被偷“梁”换“粱”为“粱羽生”。

梁和柱是建筑结构中最关键、最重要、最结实、作用最大、选料最精的部件。建筑物是否稳固，取决于梁和柱；梁软屋塌，柱折房垮。

正因为梁和柱在房屋建筑中起如此巨大的作用，梁和柱除了用来类比其他事物的关键与精华部件外，还经常用来比喻国家和社团里重要的、关键的、优秀的、起中坚作用的精英人物。虽然二者都很重要，但二者所起的作用是有重大区别的。偷梁换柱作为一个比喻，指使用手段，暗中更换事物的关键部分，从而改变事物的性质和内容。用现在流行的说法，是属于制假贩假一类的手法，因此，要对付它，就得打假。

无论用在政治上还是商业上，偷梁换柱都是不那么光彩的。可是有这么个故事，看了后你就会明白，熟悉它，掌握它，还是有用的！

清朝康熙年间，有一粮店的刘老板，为了提高利润，他打算把秤调小。当时的计量单位为十六两一斤，他想改为十五两一斤的。他摆了一桌酒席，让儿子把制秤的吴师傅请来。酒过三巡后，吴师傅问刘老板打算制作什么秤，刘老板就把自己的想法说了，接着把沉甸甸的五十两银子递了过去。吴师傅勉强答应了，可刘老板的儿子不同意这样做，他认为：这样只能骗一时，过不了多久人们就会察觉出来，再也不会来这里买粮食了，那样粮店也就黄了。但他没有立即表明自己的态度，当刘老板让他送吴师傅时，出了二门后，他悄悄地对吴师傅说："我父亲刚才说错了，其实想让您做十七两一斤的秤。"说着把一块足有七十两的银子递了过去，并对吴师傅说："给你添麻烦了，请您笑纳。"吴师傅愣了一下，接过银子，告辞走了。 三天后，刘老板的小儿子取回了秤并放在柜台上。又过了一个月，刘老板上店里看生意时，一个小伙计对他说："老板真是有福，隔好几条街的人都上咱这买粮食。"刘老板一听，心里别提多高兴了，但没有细想为什么会有这么多人来。一晃到了年底，盘账时比往年多赚了五千多两银子，当刘老板神秘地把因为秤上少一两才赚这么多钱的秘密告诉家人时，他小儿子突然跪下了。在场的人都愣了，小儿子磕头请求父亲原谅，当刘老板问什么事时，小儿子就把让吴师傅改秤的事说了一遍。刘老板听后大吃一惊，让大儿子把秤取来验证，果然是多一两。第二天，刘老板对全家人宣布，小儿子升为店里的掌柜，负责店里的经营。

第二十六计　指桑骂槐

【原文】

大凌小者，警以诱之①。刚中而应，行险而顺②。

【注释】

①大凌小者，警以诱之：强大者要控制弱小者，要用警戒的办法去诱导他。②刚中而应，行险而顺：语出《易经·师》卦。师，卦名。本卦为异卦相叠（坎下坤上）。本卦下卦为坎为水，上卦为坤为地，水流地下，随势而行。这正如军旅之象，故名为“师”。本卦《彖》辞说：“刚中而应，行险而顺，以此毒天下，而民从之。”“刚中而应”是说九二以阳爻居于下坎的中信，叫“刚中”，又上应上坤的六五，此为此应。下卦为坎，坎表示险，上卦为坤，坤表示顺，故又有“行险而顺”之象。以此卦象的道理督治天下，百姓就会服从。这是吉祥之象。毒，督音，治的意思。

【译文】

强者制服弱者，要用警告的办法来诱导他。主帅强刚居中间正位，便会有部属应和，行事艰险而不会有祸患。

【计名讲解】

“指桑骂槐”作为一个成语，本意指的是指着桑树骂槐树。后来比喻借题发挥，指着这个骂那个。指桑骂槐的意思与指桑说槐、指东说西、指猪骂狗、捉鸡说狗等相似。这几个词语意义相近，结构相似，由于桑槐、东西、猪狗、鸡狗等事物与人们的日常生活关系密切，故而人们在表达指此说彼的意思时，便自然用到了这些词语，以达到生动形象的效果。

指桑骂槐。

作为一计，语见于《金瓶梅词话》六十二回：“他每日那边指桑树骂槐树，百般称快；俺娘这屋里分明听见，有个不恼的？”

《红楼梦》第十六回中也说道：“凤姐道：‘你是知道的，咱们家所有的这些管家奶奶，哪一个是好缠的，错一点儿，他们就笑语打趣，偏一点儿他们就指桑骂槐……'"

作为作战的计谋，指桑骂槐本是一种间接训诫部下，以使其敬服的谋略。此计还引申为运用各种政治和外交谋略，“指桑”而“骂槐”，向对手施加舆论压力以配合己方的军事行动。对于弱小的敌人，可以用警告和利诱的办法，不战而屈人之兵；对于强大的对手，则可以旁敲侧击以威慑他。

古人按语说：“率数未服者以对敌，若策之不行，而利诱之，又反启其疑，于是故为自误，责他人之失，以暗警之。警之者，反诱之也。此盖以刚险驱之也。或曰：此遣将之法也。”意思是说：统率那些一向不听指挥的部队对敌作战，如果我发令而部下不执行，如果靠利益去拉拢，反而使其怀疑。这时，可以故意制造事端，责难其发生过失，借以暗示警告。所谓警告，是从另一面使其折服，这是使用强硬而果敢的手段以慑服部下的办法。因此，这也是调兵遣将的一种手段。

指桑骂槐

此计用在军事上，指的是战争指挥者用“杀鸡儆猴、敲山震虎”的最有效的暗示手段，来慑服部下、树立威严。通俗地说，作为一个有德、有信的军事指挥员，必须刚强而不偏激，果断而勇敢，这样才能使士兵信服和顺从。

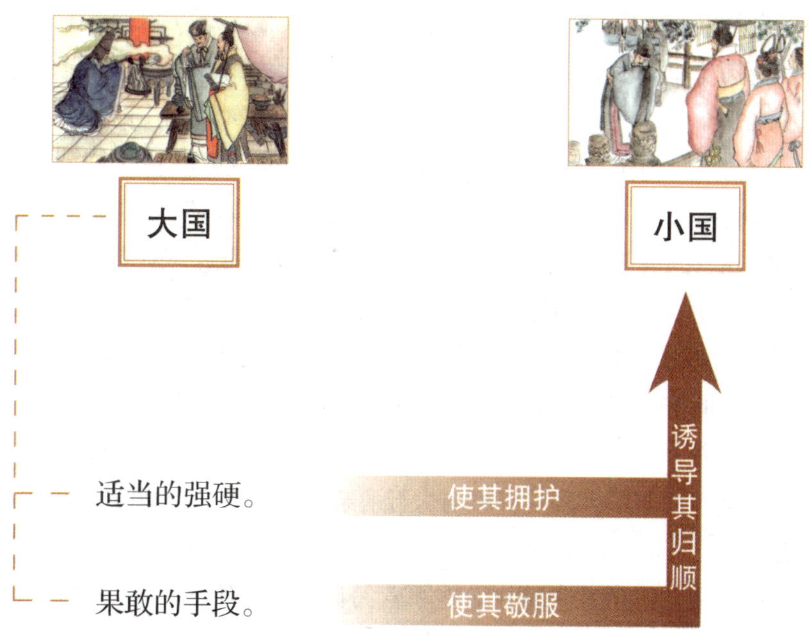

实用谋略

田穰苴严军纪斩庄贾

当自己身处高位，但尚不能服众时，可以借有人不服从自己的机会，扬刀立威，杀一儆百，以树立自己的威信。

春秋后期，晋国和燕国经常联合起来侵扰齐国西北部边境。公元前531年，燕国军队攻入齐国河上之地，晋国军队则侵入齐国的阿、鄄等地。边境的告急文书，一个接一个地飞往齐国的都城临淄，齐国国内大乱。齐景公忧心忡忡，便找来相国晏婴一起商量对策。晏婴认为，齐军屡败的原因，主要是主将无能，眼下当务之急是选拔一位有才能的大将，于是他向齐景公推荐了田穰苴。

田穰苴是齐国贵族田完的后裔，出身于田氏的庶支旁系，到他这一代田氏族人已经是一般平民了。虽然田穰苴地位卑微，但是他勤奋好学，尤其喜欢读前人的兵书。从军之后，田穰苴屡立战功，常常凭着自己的武略威慑敌人，是一位有勇有谋的军事人才。

齐景公听了晏婴的介绍，真是喜出望外。于是，齐景公立即派晏婴备厚礼，前往东海之滨请田穰苴。田穰苴来到临淄，齐景公拜他为大将，命他领兵去迎战晋、燕两国的军队。

田穰苴身材矮小、容貌丑陋，他深知自己人微言轻，难以调动军队，于是就请求派一位德高望重的大夫做他的监军，齐景公沉思片刻，决定派自己的宠臣庄贾担当监军之职。

一切准备就绪，田穰苴与庄贾向齐景公告辞，出来后田穰苴对庄贾说："现在军情紧急，请监军大人明天中午在军营门口会合整饬军马。"第二天，田穰苴提前赶到军营，在营门前竖起计时的标杆，上面挂着滴漏铜壶，等待庄贾的到来。

到了正午时分，还不见庄贾的踪影。于是，田穰苴命令部下，立即砍倒标杆，放掉漏壶中的水，然后返回营中，集合全军，点兵遣将，部署出征的事宜。庄贾为何没有及时赶到呢？原来，庄贾向来骄纵，仗着齐景公对自己的宠信，对新提拔的田穰苴根本不放在眼里，对于中午在军营门口会合的事更是不当回事，这次自己又是全军的监军，所以只顾与送行的亲友喝酒取乐，把昨天的约定完全丢在了脑后。

处理完军务后，田穰苴身着戎装在军营门口等待庄贾，一直等到日落西山，还没见到庄贾的踪影。田穰苴正要返回营帐，忽见庄贾乘着华丽的马车正向军营驶来。等到庄贾走下马车，田穰苴强压住心中怒火，厉声问道："军情紧急，约好监军大人今天中午在军营门口会合。现在太阳都下山了，监军才来到军营，这是为何？"

"啊，是这么回事，亲戚朋友听说我做了监军，特邀我去吃了几杯酒。所以来晚了一会儿。"田穰苴听罢，愤怒地说道："你作为监军，难道不知道军纪吗？执行命令是一个军人的天职！现在敌人侵我国土，边境上的将士都在浴血奋战，你倒有心思喝酒庆贺！"说到这里，田穰苴转过身，向后边的军法官问道："庄监军违犯军令，按军法该如何处置？"

"当斩！"

庄贾一听到"斩"字，吓得腿都站不稳了。他心知不妙，急忙打发随从快马加鞭，赶紧去向景公求救。

"立即拿下去斩首示众！"田穰苴一声令下，士卒将庄贾绑了起来，然后押到营门外等候处斩。

田穰苴把国君的宠臣绑了起来，三军将士见了无不震惊。过了一会儿，齐景公派来的使者手执符节，直驰营中，向田穰苴传达景公赦免庄贾的命令。田穰苴大怒道："将在外，君命有所不受！庄贾贻误军机，触犯军法，按军法当斩，谁都不能庇护！"

没过多长时间，庄贾的人头就悬挂在辕门的旗杆上了。

田穰苴又回头问军法官："在军中策马奔驰者，该当何罪？"

"当斩！"

齐景公的使者听说自己犯了"军中驰马"的死罪，顿时吓得瘫在地上，拼命地喊他是齐王派来的。田穰苴说："国君的使者不能斩首，如果那样做，是对国君的大不敬。既是国君派来的使者，可以不杀，但必须执行军纪。"于是下令斩了使者的仆人，砍了马车左厢的木柱，宰了左边那匹驾车的马，以此来代替使者的死罪，并号令三

齐景公任用田穰苴。

军，以正军法。顿时，三军军威大震，三天之后部队出发了。

正在进攻齐国的晋军得知田穰苴率军赶来，且听到田穰苴斩杀庄贾的事情，知道田穰苴不容易对付，便收兵离开了齐国。燕军听到晋军已经撤退回国的消息，感到势单力孤，不愿与齐军争锋，也急忙北渡黄河，撤兵回国了。田穰苴率军乘胜追击，一举收复了被晋、燕侵占的疆土，安抚那里的百姓，然后班师回朝了。

田穰苴领命之初，深知自己人微言轻，难以服众，所以便拿庄贾扬刀立威，作为严肃军纪的突破口。其目的是为了在军中树立起自己的威严，告诫部下必须严明执法。

其实田穰苴此举是设置了一个“圈套”，但这个圈套并不是故意陷害人的。如果庄贾严守军纪，对别人同样能够产生正面的榜样作用，将士们看到庄贾严守军纪，就会这样想：连齐景公的宠臣都无条件地执行司马穰苴的命令，我们还有什么好说的，谁还敢不服从命令？如果庄贾因违纪而被处罚，那就给全军树立了一个反面典型，假如有人胆敢违抗命令，就会得到与庄贾同样的下场。连齐景公的宠臣都敢杀，还有谁不敢杀呢？因此，可以说田穰苴斩杀庄贾是对指桑骂槐之计的一次巧妙运用。

【点评】

民间有很多关于“指桑骂槐”的轶事，在传说与历史故事中，又有很多指桑骂槐的高手，如淳于髡、孟优、东方朔等，几乎把这个“骂人术”变成了一门高雅的艺术。

在经商活动中，使用“指桑骂槐”之计，对于强大的一方来说，可以用来警戒震慑弱小的一方。对力量弱小的一方来说，采取强硬、果敢手段，也能取得意想不到的效果。

第二十七计　假痴不癫

【原文】

宁伪作不知不为，不伪作假知妄为①。静不露机，云雷屯也②。

【注释】

①宁伪作不知不为，不伪作假知妄为：宁可假装着无知而不行动，不可以假装知道而去轻举妄动。②静不露机，云雷屯也：语出《易经·屯》卦。本卦为异卦相叠（震下坎上），震为雷，坎为雨，此卦象为雷雨并作，环境险恶，为事困难。“屯，难也”。《屯卦》的《象》辞又说“云雷，屯”。坎为雨，又为云，震为雷。这是说，云行于上，雷动于下，云在上有压抑雷之象征，这是屯卦之卦象。

【译文】

宁愿假装不知道而不采取行动，而不要假装知道而轻举妄动。要沉着冷静，不露出真实动机，如同雷霆掩藏在云雷后面，不显露自己。

【计名讲解】

“假痴不癫”作为三十六计中的一计，本意指的是假装痴呆，掩人耳目，另有所图。此计出自《左传·僖公二年》：“晋荀息请以屈产之乘，与垂棘之壁，假道于虞以灭虢。”

计名是从民间俗语“装疯卖傻”、“装聋作哑”等转化而来的。商朝末年，箕子佯狂就是运用此计的一个典型。以后，人们把它运用于军事上，主要有两种用法：一是用于举行兵变，主要是为了麻痹敌人，以便自己积蓄力量，等待时机发起攻击。二是作为一种愚兵之计。

假痴不癫。

假痴不癫，重点在一个“假”字。这里的假意为伪装。装聋作哑，痴痴呆呆，而内心里却特别清醒。此计作为政治谋略，就是韬光养晦之术，在形势对自己不利的时候，表面上装疯卖傻，留给人以庸碌无为的假象，借此隐藏自己的志向或才能，以免引起对手的警惕。刘备早有夺取天下的抱负，只是当时自己力量太弱，根本无法与曹操抗衡。一日，曹操请他喝酒，席上曹操问刘备谁是天下英雄，刘备列了几个名字，曹操都一一否定了。这时，曹操突然说道："天下的英雄，只有我和你两个人！"一句话说得刘备惊慌失措，吓得手中的筷子掉在地上。幸好此时打了一声雷，刘备急忙遮掩，说自己被雷声吓掉了筷子。曹操见状，大笑不止，认为刘备成不了什么大事，不足为惧，于是对刘备放松了警觉。后来刘备摆脱了曹操的控制，终于成就了一番大业。

古人按语说："假作不知而实知，假作不为而实不可为，或将有所为。当其机未发时，静屯似痴；若假癫，则不但露机，且乱动而群疑。故假痴者胜，假癫者败。或曰：假痴可以对敌，并可以用兵。"意思是说：善于用兵制胜的人，并不沽名钓誉，也向来不炫耀自己的战功。当战机还未成熟的时候，要沉着准备如痴似呆。如果佯作疯狂，则不但暴露战机，而且因为过早行动而引人猜疑。所以说：装呆者必胜，佯癫者必败。

假痴不癫

此计可以当作政治谋略，就是韬晦之术。用在军事上，它指的是虽然自己具有相当强大的实力，但故意不露锋芒，装作糊涂而不行动，用以麻痹敌人，使敌人骄纵，然后伺机给敌人以措手不及的打击。

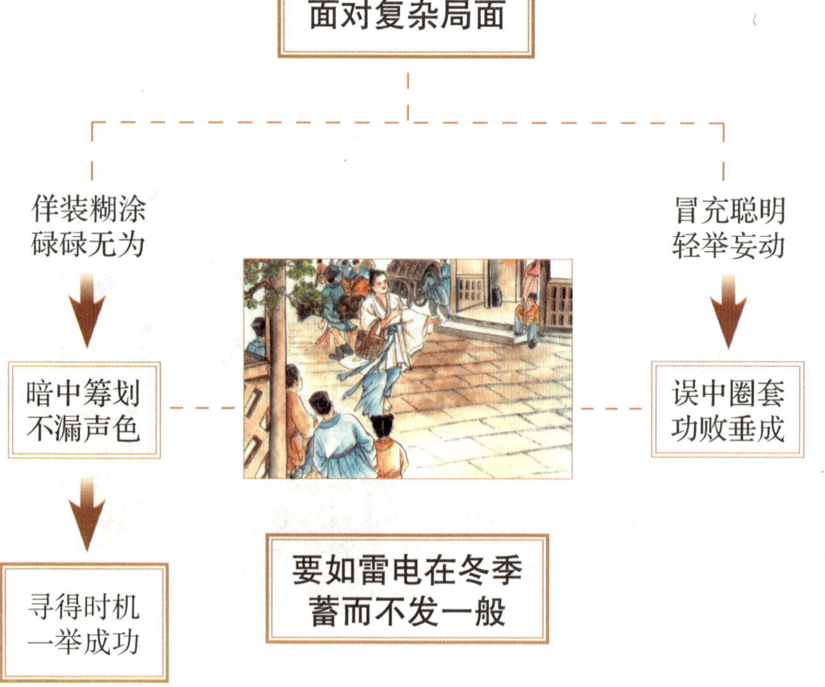

实用谋略

司马懿装病篡权

“假痴不癫”是一种以退为进，后发制人的策略。用在政治上，就是一种韬光养晦之术。三国时的司马懿，就曾用这种计谋除掉了自己的心腹大患。

司马懿是三国时期的政治家、军事家，他出身士族，很早就追随曹操南征北战，立下赫赫战功。在中国历史上，司马懿是一个不可多得的将才，同时又是一个善于玩弄权术的阴谋家。魏文帝曹丕当政时，司马懿受到重用，地位逐渐显赫起来。到魏明帝曹睿时，他曾多次抵御蜀国的进攻，成为曹魏的股肱之臣，并开始专擅朝政，扩充司马氏的势力。

魏明帝临终前，把年仅八岁的太子曹芳托付给大将军曹爽和司马懿，希望他们能够共同辅佐幼主。曹爽仗着自己是宗亲贵胄，便有些瞧不起司马懿，更不想让司马懿与自己分享权力。曹爽采用明升暗降的手段，让弟弟曹羲上表，将司马懿提升为太傅，从而剥夺了司马懿的兵权。司马懿丢了兵权，他知道曹爽的势力强大，自己一时斗不过他，只能暂时忍下这口气，待以后寻找机会，再把大权夺回来。于是，司马懿运用韬光养晦的招数，借口年老多病，从此不再上朝，他的两个儿子司马师、司马昭也退职闲居。

曹爽对司马懿还是有些不太放心，这时，朝廷命李胜做荆州刺史，曹爽让李胜以拜辞为名，到司马懿府中去察看动静。

司马懿听说李胜来辞行，早就猜透了他的来意，立刻想好了对策。他急忙爬上床，扔掉头冠，披头散发，然后躺在床上，由两名侍女在旁服侍。

李胜走进司马懿的卧室，只见司马懿“病容满面”，早已没了先前率兵出征时的豪气。司马懿躺在病床上，他见到李胜，连忙作势要披衣坐起，可是他的手颤颤发抖，不但没能穿上衣服，还把衣服滑落到了地上，最后还是在两名侍女的帮助下，司马懿才勉强穿上衣服。李胜看到司马懿的情况，心中暗暗高兴，他说：“我听说您旧病复发了，没想到病得这么厉害！我就要去荆州上任了，今天特地来向您辞行。”司马懿张口想说话，不料一口气接不上来，张大嘴喘了半天才缓过劲来，他故意上气不接下气地说道：“并州……在北方，离胡人很近，你……你要多加小心，严加防备。我这条老命快不行了，怕是再也见不到你了。我这两个儿子——司马师、司马昭，还请你多费心照顾啊。”

李胜见司马懿把“荆州”听成“并州”，只道他耳朵不好使了，便说道：“我

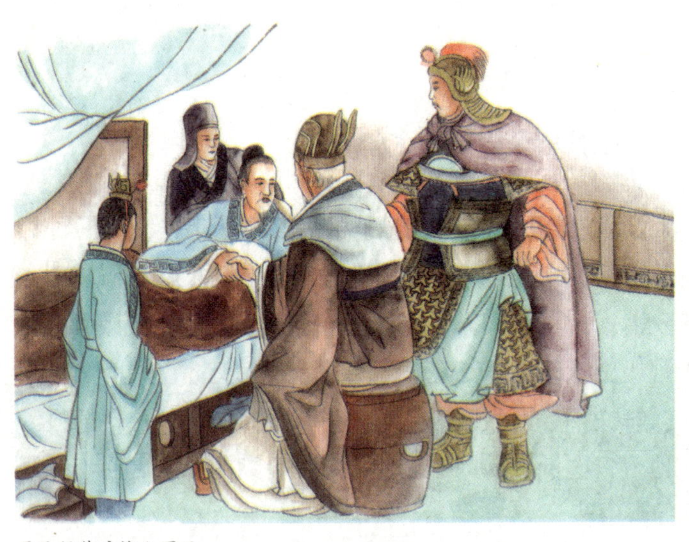
司马懿装病掩人耳目。

要去的是荆州，不是并州。”司马懿说：“是啊，是啊，你是说……你刚从并州回来？”李胜听后，觉得好笑，又重复了一遍。司马懿摇了摇头，似乎清醒了些：“我上了年纪，耳朵又背，都快成老糊涂了，难怪别人说什么都听不懂。”两个侍女给他喂药，他吞得很艰难，汤水还从口中流出，沾满了前胸，就像个小孩子一样。接着他对李胜说：“如今我年老病笃，死在旦夕，如果见了大将军，就请代我说，我的两个儿子不肖，还望大将军格外照顾。”说罢又上气不接下气地咳起来。

李胜回去后，向曹爽报告了自己的所见所闻，曹爽听罢，如释重负，说道：“看样子，司马懿马上就要死了。司马懿一死，我就高枕无忧了！”从此，曹爽放松了对司马懿的警惕。

一日，曹爽请魏主曹芳去拜谒高平陵，祭祀先帝，大小官僚皆随驾出城了。司马懿得知这一消息，认为时机成熟了，急忙与二子商量杀掉曹爽的计策。司马懿知道这时宫内空虚，于是密令司徒高柔代行大将军事。其后，司马懿亲自披挂上阵，召集了过去的老部下，带着司马师和司马昭迅速占领了曹爽的兵营。紧接着，司马懿进入宫中，在太后面前一一细数曹爽的罪名，威逼太后同意除掉曹爽。太后没办法，只得照他的话去做。

不久，曹爽为司马懿所擒，司马懿以篡逆的罪名，诛杀了曹爽一家以及曹爽的党羽，又把曹爽家财抄没入库，独揽了朝中大权。从此，魏国大权落在司马懿之手。曹芳封司马懿为丞相，加九锡，司马氏父子三人共管朝政，曹魏政权已是有名无实。

【点评】

有智慧的人表面看来往往有点“愚”。装愚可以掩盖自己的聪明，更可以掩盖自己的失误。一般来说，装得很愚的人，往往是个有远见、能成大事的人。

在现实生活中，那些有大智慧的人，往往不在众人面前，尤其不在同行、同事或同伴面前显露才华，外表上好像很愚笨，其实，这既是一种至高的人生境界，又是人生的大谋略。

外表愚笨而内心明智的人，是在人前收敛自己的智慧，表现出一副浑浑噩噩的样子。在小事上常常不如一般人精明，应变能力好像差一些。殊不知这正是“大智若愚”的表现。韬光养晦，让人以为自己无能，让人忽视自己的存在，而在必要时，能够不动声色，以自己的智慧，先发制人。

美国第九任总统威廉·亨利·哈里逊原出生在一个小镇上，他小时候是个文静怕羞的孩子，人们都把他看作是个愚笨的人，而且还经常捉弄他。他们经常把一枚五分硬币和一枚一角硬币扔在他的面前，让他任意捡一个，威廉总是捡那个五分的，于是大家都嘲笑他。有一天一位好心人问他：“难道你不知道一角钱比五分钱值钱吗？”

“当然知道。”威廉慢条斯理地说，“不过，如果我捡了那个一角的，恐怕他们就再没有兴趣扔钱给我了。”

大智若愚，从一个角度来说，也可理解为小事愚，大事明。对于个人来说，这是一种很高的修养。所谓愚，是指有意糊涂。该糊涂的时候，就不要顾及自己的面子、学识、地位及权势，而一定要糊涂。该聪明、清醒的时候，则一定要聪明。由聪明而转糊涂，由糊涂而转聪明，则必定会取得成功。

无数事实证明，人们在交际方面，不要表现得过于“精明”。交际应是人与人情感的沟通和交流，只要诚恳待人就足够了。如果在与人交往时表现得精明，那就很容易把应该纯朴真挚的关系，人为地搞复杂了。

“假痴不癫”之计，用于商业经营之中常常是经营者为了掩盖自己的企图，以“假痴”来迷惑众人，装出糊涂的样子，以掩盖自己的聪明。

第二十八计　上屋抽梯

【原文】

假之以便，唆之使前，断其援应，陷之死地[①]。遇毒，位不当也[②]。

【注释】

①假之以便，唆之使前，断其援应，陷之死地：这句话的意思是，借给敌人一些方便，即故意暴露出破绽，以诱导敌人深入，乘机切断对方的后援，最终陷对方于死地。假，借。②遇毒，位不当也：语出《易经·噬嗑》卦。噬嗑，卦名。本卦为异卦相叠（震下离上）。上卦为离为火，下卦为震为雷，是既打雷，又闪电，威严得很。又离为阴卦，震为阳卦，是阴阳相济，刚柔相交，以喻人要恩威并用，严明结合，故封名为“噬嗑”，意为咀嚼。本卦六三.《象》辞：“遇毒，位不当也。”本意是说，抢腊肉中了毒，因为六三阴兑爻于阳位，是位不当。古人认为，腊肉不新鲜，含有毒素，吃了可能中毒。

【译文】

故意（露出破绽）使敌人觉得方便（进攻我方），引诱它深入我方，然后截断它的后援和接应，使其陷入绝境。（敌人抢腊肉而）中毒，便会失去原有的地盘。

【计名讲解】

“上屋抽梯”作为三十六计中的一计，本意指上楼以后拿掉梯子。借指与人密谈。也用以比喻怂恿人，使人上当。

关于此计，有一个典故：东汉末年，益州牧刘表偏爱少子刘琮，不喜欢长子刘琦。刘琮的后母害怕刘琦得势，影响到儿子刘琮的地位，就非常嫉恨他。刘琦感到自己处在十分危险的环境中，于是多次向诸葛亮请教对策，但诸葛亮总是找借口推脱。一天，刘琦请诸葛亮到一座高楼上饮酒，当二人正坐下

上屋抽梯。

饮酒的时候，刘琦暗中派人拆走了楼梯。诸葛亮无奈，只得为他献上一计。

古人按语说："唆者，利使之也。利使之而不为之便，或犹且不行。故抽梯之局，须先置梯，或示之以梯，以乘机自起。"意思是说：唆使、引诱或资助对方，使对方在不知不觉中进入一个他自认为很好的位置。当对方正沾沾自喜的时候，我方突然停止援助或切断其退路，置对方于前进不得，后退不能的尴尬地位。这是对付强敌的有效方法。要想实现此计，关键要先不动声色地诱敌上屋，而不留下一丝痕迹；然后突然抽梯，完全不留给对方可乘之机。

按语中的"唆"指的是用利去引诱敌人。倘若敌人不上钩，这该怎么办？这就需要事先给敌人开个方便之门，即给敌人安放一个"梯子"。既不能让敌人猜疑，也不能让其意识到这个梯子的存在。只要敌人爬上了梯子，就不怕它不进我提前设置的圈套。苻坚就是中了慕容垂、姚苌的上屋抽梯之计，轻率地去攻打东晋，结果在淝水遭受惨败。而慕容垂、姚苌则趁机迅速扩张起来了。

上屋抽梯

—利用敌人贪求不应得之利益的心理，使其陷入孤立无援的死地。

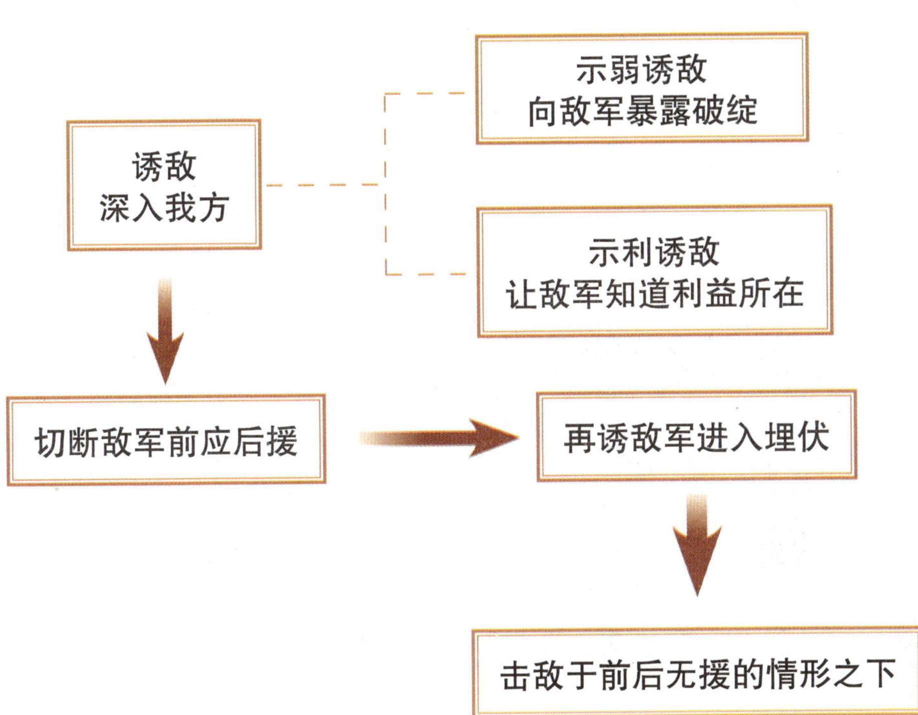

实用谋略

郑袖施计，美人割鼻

“上屋抽梯”是一种诱逼之计，在敌人面前，假意和他（她）友好，在骗取对方信任，使其放松警惕后，再从背后插上一刀，以实现消灭敌人的目的。

战国时期，魏王送了一个美女给楚怀王，楚怀王非常喜欢这个绝色美人，逐渐冷落了原来的宠妾郑袖。看到楚王对新来的美人百般宠爱，郑袖心里十分嫉妒。尽管如此，郑袖表面上却和美人以姐妹相称，对她疼爱有加。吃穿用度各方面，郑袖都把最好的东西送给美人，还时常陪她聊天谈心，对她的感情似乎比楚怀王还深。不仅如此，郑袖还时常在怀王面前赞赏美人。魏王认为郑袖识得大体，十分满意，感叹道：“郑袖知道我宠爱美人，还爱她胜于爱我，这就好比孝子侍奉双亲，臣子忠于君主啊！”看到美人和楚王都对自己信任不疑，郑袖开始施计除掉美人。

一天，郑袖又陪美人聊天。郑袖装作无意地说：“妹妹生得着实漂亮，难怪大王喜欢。可是，你的鼻子美中不足，真可惜呀。”美人不解，问郑袖何出此言。郑袖便告诉美人：“大王屡次跟我提起你的鼻子不美，我才好意提醒你。”美人心慌意乱，忙不迭地求郑袖指教。郑袖见美人中计，于是建议她再次见到大王的时候掩住自己的鼻子，这样才能一直得宠。美人得此良方，对郑袖感激涕零。之后，楚怀王每次见到美人，美人都想方设法捂住自己的鼻子。楚王心生疑惑，便向郑袖问起此事。郑袖见时机已成熟，便抓住机会说：“这件事不知当讲不当讲。”楚王更加好奇，忙向郑袖询问缘由。郑袖这才说：“其实美人一直不喜欢大王身上散发出来的味道，所以想掩住鼻子以免闻到。大王对她如此宠幸，她实在有些不识抬举。”楚怀王一听，顿时怒不可遏，立即下令把美人的鼻子割掉了，并将她打入冷宫。

郑袖施计，美人割鼻。

郑袖先是虚情假意，骗取了美人的信任，之后略施小计轻易除掉了美人，从此受到怀王专宠。这便是对上屋抽梯之计的一次成功运用。

张郃于木门道中计

“上屋抽梯”计用在军事上，就是制造某种使敌方觉得有机可乘的局面，引诱敌方进入某种境地，然后截断其退路，使其陷于绝境，给敌方以致命的打击。

蜀汉建兴九年（231）二月，诸葛亮第五次率领蜀军北伐。在行进过程中，诸葛亮下令割取陇上的麦子，以充军粮。又在卤城（今甘肃天水西南）伏击了司马懿，并大败西凉援兵。

诸葛亮大败魏军时，正值初秋季节，祁山一带连日大雨，道路难行。负责运粮的李严，深恐军粮无法按日运抵蜀国大营，遭受诸葛亮责怪，便假传后主刘禅的旨意，命诸葛亮班师回成都。诸葛亮接到圣旨，不由一惊，他不知道国内到底发生了什么事，眼下正是进攻曹魏的大好时机，无奈圣旨到了，只好做好退兵的准备。他知道，此时撤军，司马懿必定会乘机率大军追击。诸葛亮沉思片刻，终于想出了一招两全其美的妙计。

不久，诸葛亮命令马忠、杨仪领兵在剑阁和木门道两处埋伏，约定以响箭为号，一旦听到响箭声，便迅速塞断道路，两下夹击追兵。又令魏延、关兴引兵断后，并在卤城虚设旗号，然后大军向木门道撤退。

魏军打探消息的兵士把蜀军撤退的情况立即向司马懿禀报，司马懿听罢，高兴地说：“现在诸葛亮已经撤退，谁敢去追？”大将张郃主动请缨，要求领兵追击。司马懿想了想说：“不能让你去，你性子太急躁了。”张郃听了很不服气，他说道：“都督出兵之时，已命我为先锋。现在正是杀敌立功的好机会，却又不用我了，这是何故呢？”司马懿说：“蜀军现在撤退，一定会在险阻之处设下埋伏，性子太急躁了容易吃大亏，万一中了埋伏，将损兵折将，只有十分谨慎的人，才可以派去追击蜀军。”张郃听了，不以为然地说道：“这一点我明白，请都督不必担忧。”司马懿见张郃执意要去，只得让

张郃率军追击蜀军，逐渐陷入诸葛亮设好的圈套中。

他带领五千兵马先行，再让魏平率两万军队紧随其后，以防蜀军埋伏，司马懿亲自率领三千人在后面接应。张郃出发时，司马懿再三叮嘱说："蜀兵虽然撤退，途中必设埋伏，将军切勿大意。"

张郃率兵追赶蜀军。走到三十多里，忽然听到背后杀出一支人马，为首大将正是魏延。张郃见到魏延，立即率军冲杀过去。魏延佯装不敌，大败而逃。张郃引兵在后面追杀，又行了三十余里，刚翻过一座山坡，迎面遇到蜀将关兴。张郃见伏兵杀来，毫不畏惧，勇猛地向前冲去。关兴抵挡一阵，也仓皇而逃。

张郃直向前追赶，蜀军在沿途丢弃了许多衣甲辎重，魏兵见了，都下马争抢。张郃见蜀军狼狈逃窜，更加毫无顾忌地向前行进，把司马懿的叮嘱全都抛在了脑后。

到了傍晚时分，张郃追击蜀军到木门道口。木门道中漆黑一片，这时，只听得几声箭响，山上火光冲天，大石乱柴不断滚落下来，塞断了前面的山路。张郃大惊，知道中计，急忙后退，谁知后面的道路已经被木石堵住了。在悬崖峭壁间是一段空地，张郃被堵在这里，进退无路。这时，山上万箭齐发，张郃及魏军士兵都被射死在木门道中。等到司马懿大军赶到时，战斗早已结束，蜀兵也都撤走了。司马懿想去追赶蜀军，又怕中诸葛亮的埋伏，只好带兵退回了魏国。诸葛亮则率领军队安全地回到了汉中。

【点评】

"上屋抽梯"是一种诱敌之计，其步骤有四：一、首先制造某种使敌方觉得有机可乘的局面（置梯与示梯）；其次，引诱敌方做某事或进入某种境地（上屋）；接着是截断其退路，使其陷于绝境（抽梯）；最后一步是逼迫敌方按我方的意志行动，或对敌方施以致命的打击。

刘琦引诱诸葛亮"上屋"，是为了求他指点，"抽梯"，是断其后路，也就是打消诸葛亮的顾虑。此计用在军事上，是指利用小利引诱敌人，然后截断敌人援兵，以便将敌围歼的谋略。这种诱敌之计，自有其高明之处。要充分估计对方的力量，认真分析敌我双方的优势与劣势。敌人一般不是那么容易上当的，所以，应该先给它安放好"梯子"，也就是故意给敌人以方便，待敌人"上楼"，也就是进入已布好的"口袋"后，即可拆掉梯子，围歼敌人。

如何安放梯子，这里有很大学问。为了使敌方进入圈套，我方要设法进行引诱。引诱，即投放诱饵；投饵要准确有效，那就必须知敌性识敌情。诱敌，要知道敌人爱什么，要考虑投什么饵。生性贪婪的敌人，以财货为诱饵；放荡淫逸的敌人，以美色为诱饵；好大喜功的敌人，以我弱易战为诱饵；贪功图名的敌人，以权力为诱饵……总之是投其所好，才能诱其上钩。

第二十九计　树上开花

【原文】

借局布势，力小势大①。鸿渐于陆，其羽可用为仪也②。

【注释】

①借局布势，力小势大：句意为借助某种局面（或手段）布成有利的阵势，兵力弱小但可使阵势显出强大的样子。②鸿渐于陆，其羽可用为仪：语出《易经·渐》卦。渐，卦名，本卦为异卦相叠（艮下巽上），上卦为巽为木，下卦为艮为山。卦象为木植长于山上，不断生长，也喻人培养自己的德行，进而影响他人。渐，即渐进。此卦上九说“鸿渐于陆，其羽可为仪，吉利”，是说鸿雁走到山头，它的羽毛可用来编织舞具，这是吉利之兆。

【译文】

借助别人的局面，把我方的弱小的力量装点成阵势强大的样子。鸿雁飞到山上，落下来的羽毛可以用做装饰，增加气氛。

【计名讲解】

“树上开花”是由“铁树开花”一词变化而来的。《碧严录》上说：“体去歇去，铁树开花。”另见于明代王济的《君子堂日询手镜》：“俗谚见事难成曰须铁树开花。”

三十六计中的“树上开花”，意指制造假象，迷惑敌人。树本无花，经过精心伪装，就会看上去有花了。用在军事上就是通过伪装使自己看起来十分强大。

树上开花。

古代的按语说：“此树本无花，而树则可以有花。剪彩粘之，不细察者不易觉。使花与树交相辉映，而成玲珑全局也。此盖布精兵于友军之阵，完其势以威敌也。”意思是说：此树本来不开花，也可使其开花。把五彩丝剪成花朵粘在树枝上，不细心观察的人就不易察觉其真假。使美丽的花朵与树枝相互映衬，放出异彩，就显得精巧细致了。这是我把主力置于友军的阵地上，形成强大阵势以威慑敌军。此按语的最后一句，强调把自己的军队布置在盟友的阵地上，以造成强大声势而慑服敌人。不过，古今战争史上，能做到这一点的十分罕见。

由上可知，树上开花有三大要点。第一个要点是“布势”。这种布势是对形式的重视。形式通常是为内容服务的，这是一种规律；管仲所以所提出来的“三权”，就是注重形式为内容服务。第二个要点是“剪粘”。当树上需要用花来点缀的时候，可以人为地剪彩花，然后粘贴在树上。不仔细观察，是很难分辨花的真假的。第三个要点是“威敌”。这里强调的是与联军配合作战。配合慑敌，是此计的主要目的。使用树上开花的计策，一般是形势对自己不太有利的时候，借用其他一切可以借用的力量，虚张声势，有意造成大举进攻的态势，是以假乱真的疑兵之计。

树上开花

当自己的力量薄弱时，可以借别人的势力或某种因素，使自己看起来强大，以此虚张声势，慑服敌人。当己方处于劣势的时候，隐瞒自己的实力，明明乏力却故作很有实力的样子，让敌方摸不清真实情况，以便能出奇制胜。

实用谋略

田单孤城复齐

当己方处于劣势的时候，隐瞒自己的实力，明明乏力却故作很有实力的样子，让敌方摸不清真相，以便能出奇制胜，颇有置之死地而后生的味道。

战国后期，燕国派大将乐毅率领诸侯联军讨伐齐国，一举攻下齐国七十多座城池，只剩下莒城和即墨两座城池还在抵抗，齐国濒临灭亡的危险。就在这危急存亡的时刻，齐国出现了一名智勇双全的将领，他救齐国于危难之间，不仅挫败了燕国的进攻，还使齐国再次成为七雄之一，这位将军就是田单。

田单是齐国田氏血缘关系较远的宗族。齐湣王的时候，田单担任临淄管理市政的小吏，深得百姓的拥戴。燕国进攻齐国时，田单带领宗族来到即墨。齐湣王死后，大家都拥立田单为将军，希望他在即墨抵御燕国军队。

尽管被委以重任，但是田单深知要击败乐毅绝不是一件容易的事情，因为燕军除了自己的国土之外，还包括齐国的七十多座城池，而齐国现在就只剩下莒城和即墨这两个地方了，双方的实力过于悬殊，如果贸然硬拼，齐军不但不能打败燕国，反而会使仅剩的两座城池落入燕国之手。因此，在时机尚未成熟的情况下，田单决定按兵不动，静观其变。

不久，机会终于来临了，向来宠信乐毅的燕昭王去世了，而新立的燕惠王与乐毅素有间隙。这对齐国来说，实在是一个天大的好消息。田单认为这是除掉乐毅的大好机会，便派人潜入燕国，施用离间计，挑拨燕国君臣之间的关系。不久，乐毅果然被夺了军权。

田单深得军民拥戴。

乐毅去了赵国，燕军的士卒向来拥戴乐毅，因此均感到愤懑不已。这时，燕惠王派去的将军骑劫来到军中，准

田单令军民供出食物引飞鸟前来，以迷惑燕军。

备整饬军队，进攻即墨城里的齐军。

田单见燕军准备攻城，于是下令城中军民供出食物，以祭祀祖先。天上的飞鸟望见城里供奉着食物，都飞过来争着吃。燕军看到了，觉得非常奇怪，不知道齐军为什么这么做。

田单又暗下派人，假说城里有天神显灵，要派神师来相助，所以连海鸟都来朝拜，这城是永远攻不破的。燕兵听了，自然也信以为真，害怕起来，谁愿意去和神作对？

田单在即墨城里装神弄鬼，搞得燕军的将士都摸不到头脑，一时竟不敢轻举妄动，暂缓攻城的行动。田单见自己的计谋有了效果，又设法使燕军激怒齐军，齐军将士人人悲愤不已，都请求出城与燕军决一死战。

田单看到齐军士气高涨，觉得时机快要成熟了，于是亲自拿着夹板铲锹与兵士们一起修缮防御工事，把自己的妻妾都编在行伍之中，并将库存的酒食全部拿出来犒劳军士。同时，田单还命装备精良的兵士埋伏起来，让老弱妇孺都到城上去防御。

到了一天夜里，田单把城中一千多头牛集中起来，给它们披上大红色丝帛制成的被服，在上面画上五彩缤纷的蛟龙图样，在犄角之上绑着锋利的刀子，把渍满油脂的芦苇捆绑到牛尾上，然后点燃牛尾巴。牛尾巴一烧着，这一千头牛发了疯似的向燕国的兵营狂冲过去。五千名“敢死队”紧随其后，呐喊着向前冲杀。城上的老弱妇女拼着命地敲击铜器。霎时间，火光四起，声震天地。燕军被一片震天动地的喊杀声从梦中惊醒，跑出大帐一看，只见无数火龙东奔西突，所向披靡，顿时被吓得魂飞天外、转头就逃。燕军将帅一时都慌了手脚，很快就溃不成军。齐军乘机追击，大败燕军，杀死统帅骑劫。田单整顿好队伍，立即展开反攻。各地燕军听说主将阵亡，纷纷退却。那些已投降燕国的齐军将士也叛离燕军，准备迎接田单。田单的军队打到哪里，哪里的老百姓就起来响应，军民奋战，势如破竹，一鼓作气收复七十余城池。

田单运用“树上开花”之计，大摆火牛阵，一举打败了燕军，使齐国转危为安。

张飞怒吼吓退曹操

“树上开花”的关键，是人为地造成强大的表面声势，以便震慑敌人。张飞怒吼吓退曹操，就是借用了树上开花的计谋。

三国时期，刘备一度不敌曹操，退守江陵。在逃亡途中，刘备的妻子甘夫人、幼子阿斗在乱军中走散。刘备麾下的大将赵云不顾性命前去营救，并最终带着阿斗冲出重围。赵云策马飞驰，想尽快与刘备人马会合，然而曹军猛追不舍。赵云一路不敢停歇，到了长坂桥处，已经精疲力竭了。正担心时，他一眼看到蜀军另一员猛将张飞立在桥头。原来刘备担心赵云安危，派张飞前来援助断后。赵云大喜，谢过张飞后携阿斗飞奔而去。

赵云救走阿斗。

然而，由于蜀军势单力孤，兵力薄弱，张飞此次来援，只带了二十多个人。张飞自知手下骑兵虽然个个武艺高强，但难敌实力雄厚的曹军。危难之时，他心生妙计，命令率领的二十几个骑兵在曹军到来之前，到长坂桥附近的树林里砍下粗壮的树枝绑在马后，然后在树林中来回奔走打转。树林中的尘土被树枝搅动，高高飞扬，远看就如同千军万马远道而来扬起的尘土一样。刚刚布置好，曹操手下将领的兵马就到了。

张飞怒吼吓退曹操。

曹军将领见到张飞在战马上横跨长矛怒目而视，已经大吃一惊，又看见不远处的树林中尘土飞扬，害怕是诸葛亮的计策，不敢上前，只好叫人禀报曹操。曹操听说，急忙上马从阵后到前线指挥，果然看见张飞气势汹汹地挡住去路。他对左右将领说："这张飞在百万大军中可以轻易砍下敌将的头颅，犹如囊中取物一般，还是小心为上。"张飞见曹操亲自前来，想必他已经生疑，心里一急便突然大声喝道："我张飞在此，谁敢上来与我决一死战？"曹操见张飞底气十足，气概非凡，便料定有诈，萌生了退意。张飞见曹军阵脚有所移动，似要后退，便趁势将长矛一挺，又喊道："要战又不战，要退又不退，是什么原因？"这一声吼得地动山摇，实在威猛，竟将曹操身边的一名将领夏侯杰吓得肝破胆裂，应声栽倒在马下。曹操见此，赶紧撤军向西逃走，放弃了对赵云和刘备的追赶。

【点评】

"树上开花"之计，原意是指树上本来没有花，但可以借用假花点缀在上面，让人真假难辨。

由于战争现象较之任何别的社会现象更难捉摸，指挥员的主观判断就很容易为各种假象所迷惑。或设置假情况，巧布迷魂阵，以此虚张声势，常可以充作实际力量来慑服敌人。

此计用在军事上，是指当自己的力量薄弱时，可以借别人的势力或某种因素，使自己看起来强大，以此虚张声势，使敌人慑服。

这一计谋给从事商业活动的人提供了一个重要的谋略，那便是制造声势。"善战者，求之于势"，只有在激烈的市场竞争中大造声势，以适时、准确、广泛、生动的宣传，提高本企业的知名度，增强消费者对企业的信任感和企业产品对消费者的吸引力，以达到抢占市场，扩大销售的目的。此外，借助产品的规格、式样、包装，或借助商店店面装潢装饰，也可以吸引消费者，提高竞争能力。

第三十计　反客为主

【原文】

乘隙插足，扼其主机①，渐之进也②。

【注释】

①乘隙插足，扼其主机：找准时机插足进去，掌握它的要害关节之处。②渐之进也：语出《易经·渐》卦。本卦《象》辞“渐之进也”，意为渐就是渐进的意思。此计运用此理，是说乘隙插足，扼其主机。

【译文】

乘着有漏洞就赶紧插足进去，扼住它的关键要害部分，循序渐进地达到自己的目的。

【计名讲解】

“反客为主”是三十六计中的精彩一计，它的原意是：本是客人却用主人的口气说话。后来泛指在一定场合下，采取主动措施，以声势压倒对手。

反客为主最早见于《三国演义》第七十一回：袁绍屯兵河内，缺少粮草，十分忧虑。老友韩馥知道后，主动派人送去粮草，以助袁绍解决供应的问题。但是袁绍觉得等待别人送粮草，不能从根本上解决问题。他听了谋士逢纪的劝告，决定夺取粮仓冀州，而当时的冀州牧正是老友韩馥。袁绍竟不顾旧交情，马上对韩馥下手，他首先给公孙瓒写了一封信，建议与他一起攻打冀州，公孙瓒答应了袁绍的请求。袁绍又暗地派人去见韩馥，说：“公孙瓒和袁绍联合攻打冀州，冀州难以自保。袁绍过去不是你的故交好友吗？最近你不是还供给过他粮草吗？你为什么不联合袁绍，来对付公孙瓒呢？主动让袁绍入城，冀

反客为主。

州不就能够保存了吗？”韩馥只得邀请袁绍带兵进入冀州。袁绍入城后，表面上尊重韩馥，暗地里却将自己的部下安插到冀州的要害部位，这时，韩馥才明白过来，他这个“主”被“客”取而代之了。为了保全性命，他只得只身逃离冀州了。

古人按语说：“为人驱使者为奴，为人尊处者为客，不能立足者为暂客，能立足者为久客，客久而不能主事者为贱客，能主事则可渐握机要，而为主矣。故反客为主之局，第一步须争客位，第二步须乘隙，第三步须插足，第四步须握机，第五乃成为主。为主，则并人之军矣。此渐进之阴谋也。”意思是说：为别人所役使的是奴隶，受人尊敬的是贵宾，还不能站稳脚跟的是临时的宾客，能够站稳脚跟的才是真正的客人，长时间做客却不能参与军机要务的就不被尊重，能够参与其事而又渐渐掌握大权的才能（摇身一变而）成为主人。要想实现反客为主的局面，第一步要先取得客位，第二步要善于乘虚而入，第三步要站稳脚跟，第四步要掌握大权，第五步要摇身一变成为主人。做了主人之后，当然也就全盘地控制他人了。这是稳步依次而进的谋略。

反客为主

在战争中变被动为主动，争取掌握战争主动权的谋略。面对敌人时，要尽量想办法钻空子，插脚进去，控制它的首脑或要害，然后抓住有利时机，兼并或控制他人。古人在使用这一计策时，多是针对盟友的，往往是借援助盟军的机会，先站稳脚跟，然后步步为营，取而代之。

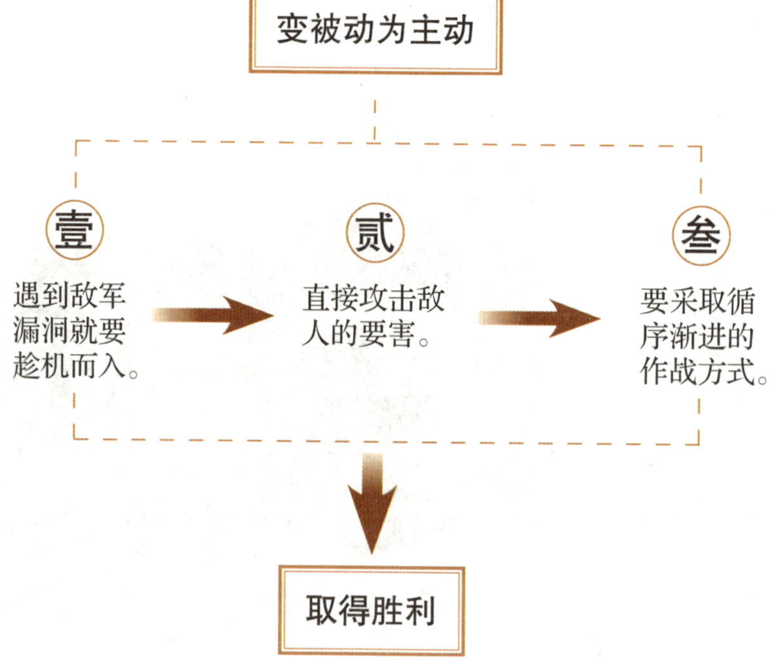

实用谋略

郭子仪单骑退敌群

尽量想办法钻空子，插脚进去，控制它的首脑机关或者要害部位，抓住有利时机，兼并或者控制他人，这便是“反客为主”的计谋。郭子仪到回纥营中退敌的故事，就是反客为主的典型事例。

公元765年，回纥、吐蕃受唐朝叛将仆固怀恩的挑拨，出动几十万大军进攻长安。唐代宗急忙下令官军前去抵挡，但是很快便被击退。回纥、吐蕃联军一直打到长安北边的泾阳（今陕西泾阳），京都受到严重威胁。

长安危急，唐代宗和群臣惊慌失措。这时，宦官鱼朝恩劝代宗逃出长安，大臣们极力反对，大家都认为，要想打退回纥、吐蕃，只有指望郭子仪。于是代宗急令郭子仪到泾阳御敌。

此时，郭子仪手中只有一万人马，一到泾阳，便被回纥、吐蕃联军四面合围，他一面吩咐将士不许跟敌人交战，加紧构筑防御工事，一面派探子去侦察敌军的情况。

派去侦察的人回来报告说，回纥和吐番两支大军虽说是联军，但他们内部不团结，谁也不愿听谁的指挥，两股力量捏不到一块儿去。

郭子仪知道情况后，决定采取分化敌人的办法，各个击破。早先，回纥的部族曾经出过兵，配合郭子仪平定安史之乱，其中不少将领跟郭子仪颇有交情。因此，郭子仪打算说服回纥退兵。

当天晚上，郭子仪派手下将领李光瓒悄悄地到了回纥的大营，去见回纥都督药葛罗。李光瓒见到药葛罗后说道：“郭令公特意派末将前来，向您问一句：回纥本来和唐朝友好，可如今为什么要追随回纥，来进攻唐朝呢？”

回纥兵回报说有唐军前来。

药葛罗听罢，说道：

郭子仪出使回纥兵营。

“仆固怀恩说郭帅被奸臣陷害，因此我与吐蕃一起来报仇。”李光瓒说道：“那是谣言，郭令公怎么会被陷害呢？眼下郭令公就在泾阳。”药葛罗说什么也不相信。并说：“要是郭令公真的还在，那就请他亲自来见个面。”

李光瓒回到唐营，把药葛罗的话转告给郭子仪。郭子仪深知，只有争取到回纥和唐军联合，才能击败吐蕃，取得最终胜利。于是，郭子仪立即决定，他要亲自到回纥军营走一趟，也许能劝说回纥退兵。将领们都觉得这是个好办法，但又都担心这样做太冒险。还有人提出，派五百个精锐的骑兵跟郭子仪一起去，万一有什么意外，也有人保护。

郭子仪说道：“带这么多人去，反而会坏事。只要几个人陪我一起去就行了。”说罢，郭子仪便命令兵士给他牵过战马来。

这时郭子仪的儿子郭希上前拦住马说：“您老人家现在是国家元帅，怎么能到虎口去冒这个险呢？”

郭子仪说：“这一趟我非去不可。现在国家更危险，我以至诚相待，亲自劝说回纥退兵，以使国家转危为安。这样，即便我有什么三长两短，也没有什么可顾惜的。我这次去回纥军营，如果和他们谈判成功，那就是国家的大幸啊！”说完之后，便纵马奔驰而去。

回纥兵士望见远处有几个人骑马过来，连忙去报告药葛罗。回纥将领们大吃一惊，药葛罗怕唐军前来袭营，赶紧命令兵士摆开阵势，弯弓搭箭，准备迎战。

郭子仪见回纥戒备森严，就命令随行兵士摘下头盔，卸掉铁甲，把枪也扔在地上，随后拉紧马缰，缓缓向营门这边走来。

郭子仪在回纥人中有很高的威信，回纥人一向称他为郭令公，以表示对他的尊敬。郭子仪来到回纥营寨，回纥将士一齐向他跪拜。郭子仪跳下马来，将他们一一扶起。当他走到药葛罗跟前时，上前一把握住他的手，亲切地说：“你们回纥人曾经帮助过唐朝平定安史之乱，还立过大功，唐朝待你们也不错，今天为什么要毁弃合约，变朋友为仇敌呢？你们帮助仆固怀恩闹叛乱，仆固怀恩背叛唐朝，连爹娘也可以不顾，对你们还能安什么好心吗？他这是在利用你们，借助你们的力量实现他的野心。”

药葛罗低下头，愧疚地说：“我们上了仆固怀恩的当，他说皇帝和令公都已经死了，中原没有主人，国内大乱，叫我帮他去收拾残局。原来令公还健在，见到你我才明白。这真是一场大误会啊！”

经过一番交谈，郭子仪猜透了药葛罗的心事，他进一步对药葛罗说：“吐蕃人确实不讲理，居然也怂恿你们来打我们，教我们大家互相厮杀，同归于尽，他便顺手共治两国臣民，好一个一箭双雕的毒计，真是岂有此理！你们和他们不是世仇吗？今天必须教训吐蕃一顿才行。”说到这里，郭子仪偷眼看看药葛罗，见他有些动容，就继续说道：“现在正可以乘机消灭吐蕃，劫了他们的物资，这不管是对回纥，还是对唐朝，都是一举两得的好事。”

回纥将领听了都很高兴，一致高喊：“坚决拥护都督和郭令公！”于是摆酒欢宴，互相敬祝。郭子仪高举酒杯，与药葛罗盟誓。随后，郭子仪又派人送来罗锦，唐朝与回纥和好如初。

郭子仪单骑访回纥，促成两国结盟的消息传开了，吐蕃的将领闻知，大吃一惊，连夜收拾辎重，拔寨向西南方撤走。回纥穷追不舍，郭子仪率大军紧随其后，在灵武台西原大破吐蕃，斩杀吐蕃士卒五万余人，生擒上万人，缴获的牛羊驼马，三百里内接连不断。

面对回纥与吐蕃联军的合围，郭子仪亲身犯险，来到回纥军营，并向回纥将领晓之以理，动之以情，使回纥归向自己一方，这正是对“反客为主”之计的一次成功运用。

【点评】

反客为主，指的是处于被主导地位的客，夺取主导地位，替代原来的主，并把原来的主放到客的位置上。概括地讲，就是变被动为主动，把主动权慢慢地掌握到自己手中来。因此，它是一种换位法，或者说是夺位法。

用在军事上，“反客为主”就要把别人的军队拿过来，控制指挥权。李渊在夺得天下之前，写信恭维李密，后来还是把李密消灭了。刘邦在兵力不能与项羽抗衡的时候，很尊敬项羽，鸿门宴上，以屈求伸，对项羽谦卑到了极点。后来他力量扩大，由弱变强，垓下一战，终于将项羽逼死在乌江。《三国演义》中，法正到了夏侯渊的地盘，巧施计谋，调动夏侯渊来攻，夏侯渊成为客，法正则反客为主，争取了主动权，一举拿下定军山，为蜀军进入汉中铺平了道路。此外，刘备得到荆州、益州，也均是采用了反客为主之计。

第六套　败战计

第三十一计　美人计

【原文】

兵强者，攻其将；将智者，伐其情①。将弱兵颓，其势自萎。利用御寇，顺相保也②。

【注释】

①兵强者，攻其将；将智者，伐其情：句意是对兵力强大的敌人，就攻击它的将帅；对明智的敌人，就打击它的情绪。②利用御寇，顺相保也：语出《易经·渐》卦。本卦九三《象》辞："利御寇，顺相保也。"是说利于抵御敌人，顺利地保卫自己。

【译文】

对于兵力强大的敌人，就攻击他的将帅；对于有智慧的将帅，就打击他的意志。将帅斗志沦丧，兵士颓废消沉，敌人的气势必然会自行萎缩。利用这些方法来控制敌人，可以顺利地保存自己。

【计名讲解】

美人计，简而言之，就是以美女诱人的计策。

美人计的例子，有史料记载的最早的是《韩非子·内储说下》：春秋前期，晋献公想要讨伐虢国，而虞国是晋国讨伐虢国的必经之地。晋献公想假道虞国，但是又担心虞君不答应。这时，晋大夫荀息向他建议：把屈地出产的良马和垂棘出产的美玉献给虞君，又向虞君献上几个美女，意在迷惑其心智，扰乱其朝政。虞君果然中计，没有听从大臣宫之奇的劝告，借道给晋国军队。结果，晋

美人计。

国灭掉了虢国，回师的时候又顺便灭掉虞国，并把虞君掳到了晋国。

先秦的兵书《六韬》中也说："养其乱臣以迷之，进美女淫声以惑之。"(《六韬·文伐》)意思是说，对于用军事手段难以征服的敌方，要善于使用"糖衣炮弹"，先从思想意志上击败敌方的将帅，使其内部丧失战斗力，然后再趁机进行攻取。

古人按语云："兵强将智，不可以敌，势必事之。事之以土地，以增其势，如六国之事秦，策之最下者也。事之以币帛，以增其富，如宋之事辽、金，策之下者也。惟事之以美人，以佚其志，以弱其体，以增其下之怨。如勾践之事夫差，乃可转败为胜。"意思是说：如果敌军强大，而其将也十分明智，就不要轻易与其作战，这是为形势所迫，必须暂时假装安抚敌人。安抚的方式有很多种：割地

美人计

在敌人气势正盛之际，采取不直接进攻的战略，而是坚守住自己的阵地，消磨敌人士气，使敌人疲于奔命。同时审时度势，寻找最有利的战机，从而后发制人、一举破敌。

以进献美人的方式消磨敌军将领意志

将士斗志衰退

士兵士气消沉

敌军失去战斗力
我军瓦解敌军

求和能使其声势壮大，就像战国时六国贿赂秦国那样，这是最下的策略；此外，用钱币布匹能使其财力与物力增强，就像宋朝向辽、金贡献岁币那样，这也不是高明的策略；只有运用美人计，以腐蚀敌军主帅的意志，并能刺激敌将部属的不满情绪，就像越王勾践对吴王夫差那样，才可以转败为胜，变弱为强。

实用谋略

范蠡施美人计而灭吴

中国历史上关于“美人计”的有名的例子有很多，勾践借西施灭吴的故事当属著名的一个。

公元前496年，吴王夫差为报杀父之仇，领兵攻打越国，大败越王勾践，并把勾践围困在会稽山。勾践走投无路，只得向吴王求和，并以自己为人质，与夫人和大夫范蠡到吴国都城姑苏做了奴隶。

三年后，勾践三人回到越国，并开始实施自己的复仇计划。一方面，勾践任用文种主持国政，采取休养生息政策，努力恢复和发展经济；另一方面，勾践让范蠡训练军队，做好随时讨伐吴国的准备。同时，为了迷惑吴国，越国还搜罗大量金银珠宝，并寻找了一批美女，一起送往吴国。

吴王夫差贪利而好色，他一见到财宝和美女，便欢喜得不得了。尤其是越国进献来的美女，个个长得美丽动人，夫差左拥右抱，对这些美人爱不释手。在进献来的美人中，以西施最为出名。

据载，范蠡出访民间的时候，来到诸暨苎萝山下若耶溪，巧遇正在浣纱的西施，当即为她的“倾国倾城貌”所倾倒，于是两人在若耶溪畔订下白首之约。

后来，范蠡随勾践到吴国为奴，等他回到越国，便开始筹划以美人计惑乱夫差的心智，使夫差丧失进取之心。这时，范蠡便想忍痛割爱，献出自己的爱人西施，与其他美女一起进献给夫差。最初，西施不愿意去吴国充当美人，范蠡对西施晓以利害，劝西施以国家利益为重。最后，西施被范蠡的爱国热情感动了，挺身而出，同意去吴国。

夫差见到西施后，见她生得国色天香，便立即封她为妃子。从此，夫差沉迷于西施的美色，过着骄奢淫逸的生活。

西施聪明、伶俐，她知道自己来吴国的使命，便用尽浑身解数得到吴王的宠爱。大臣伍子胥认为这是美人计，苦心劝谏，夫差却充耳不闻，并将西施升做贵妃。此后，西施集“三千宠爱于一身”，吴王夫差命人在灵岩山为西施建了馆娃

夫差宠爱西施。

宫，在馆娃宫附近修了玩花池、玩月池、吴王井、琴台，还有采香径、锦帆径和打猎用的长洲苑。

夫差中了越国的“美人计”，越来越贪图享乐，致使国家空虚，人民生活苦不堪言。后来，夫差听信西施及伯嚭的谗言，杀了忠臣伍子胥。这时的吴国，貌似强大，实际上已经“病入膏肓”了。

果然，在公元前473年，勾践趁着吴国内忧外患，以范蠡为大将军，率领越国大军攻入吴国。吴军毫无斗志，屡战屡败。最后，越军攻入吴都姑苏，夫差后悔没有听伍子胥的忠告，羞愧自杀。

【点评】

在中国古代，曾有很多关于“美人计”的故事。在现代政治与军事斗争中，也不乏使用美人计的例子。现代美人计多采用间谍的方式来实现目的。

常言说：英雄难过美人关。施展美人计是消灭敌人的有效方式，但运用美人计时，也要懂得策略：

第一、要投其所好。美人计中所用的“美人”，只有被接受的时候，才能产生威力，也就是美人只是外因，必须通过内因才能起作用。所谓内因即对方接受美人后沉迷于酒色不理政务。要使对方的内因起作用，首要的一条就是要投其所好。

第二、要伐情损敌。美人计是用以摧毁敌人心智的武器，是通过“伐情”来损敌的，也就是消磨敌之意志，挫败敌之锐气。

第三、要相机取事。美人计一般是实现最终目的的辅助手段，其主要目标是摧毁敌人的精神壁垒，但达不到彻底歼灭敌人的效果。所以在施用美人计的时候，要积极创造或寻找其他的方式，以实现彻底消灭敌人的目的。

第三十二计　空城计

【原文】

虚者虚之，疑中生疑[1]；刚柔之际[2]，奇而复奇。

【注释】

①虚者虚之，疑中生疑：第一个“虚”为形容词，意为空虚的，第二个“虚”为动词，意为使它空虚。全句意为空虚的就让它空虚，使他在疑惑中更疑惑。②刚柔之际：语出《易经·解》卦。解，卦名。本卦为异卦相叠（坎下震上）。

【译文】

兵力空虚时，愿意显示防备虚空的样子，就会使人疑心之中再产生疑心。用这种阴弱的方法对付强刚的敌人，这是用奇法中的奇法。

【计名讲解】

空城计亦为三十六计中的著名的计策，它指的是在敌众我寡的情况下，己方缺乏兵备而故意表现出不设兵备的样子，给敌方制造错觉，从而惊退敌军的计谋。后来泛指在危急处境下，掩饰空虚，骗过对方的高明策略。

诸葛亮在城楼上抚琴。

此计出自明朝罗贯中的《三国演义》。《三国演义》第九十五回中说：“‘如魏兵到时，不可擅动，吾自有计。’孔明乃披鹤氅，戴纶巾，手摇羽扇，引二小童携琴一张，于城上敌楼前，凭栏而坐，焚香操琴，高声昂曲。”这讲的就是诸葛亮摆空城计智退司马懿的故事。

古人按语说：“虚虚实实，兵无常势。”意思是说：用兵必须虚虚实实，而没有固定的方式。之后，古人又举了张守珪和祖珽的例子，其中对于祖珽大摆空城计的例子，古人这样描述道："北齐祖珽担任徐州刺史的时候，刚到职就遇上了南陈的大举来犯，当地的百姓大惊，趁机发动了叛乱。祖珽见到这种情况。于是下令不关城门，并让士兵到城中的各个街巷进行防守，并禁止路人通行。这样一来，徐州城陷入一片寂静之中，就连鸡鸣狗吠的声音都听不到了。南陈的探子想刺探军情，但是什么也没有发现，怀疑这是一座空城。就在敌军疑惑不定时，祖珽突然下令士兵高声呐喊，声音震天，南陈军队大吃一惊，（以为城内伏有重兵，）就立刻纷纷撤走了。"这是古代巧用"空城计"的著名战例。

空城计

当己方兵力空虚的时候，要故意向敌人暴露己方的空虚，这就是所谓的"虚者虚之"。敌方心存疑虑，就会犹豫不前，这就是所谓的"疑中生疑"。敌人担心城内有埋兵，所以就不会攻击我方。使用此计的关键在于，要清楚地了解并掌握敌方将帅的心理状况和性格特征。

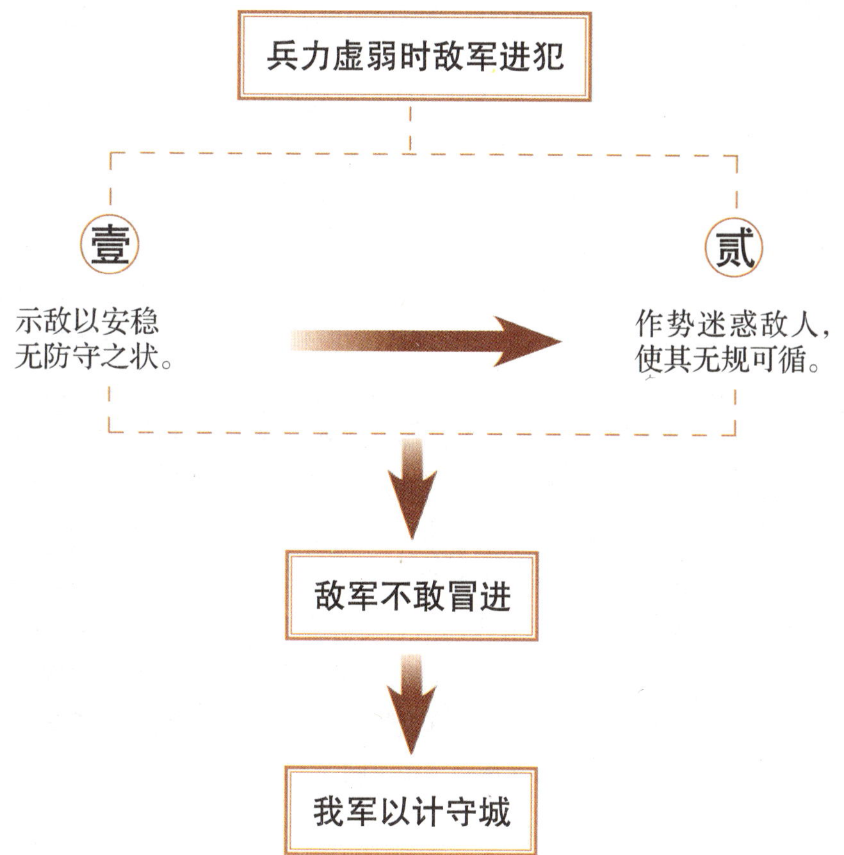

实用谋略

楚国与郑国互施“空城计”

在敌盛我虚的时候，一定要掌握对方主帅的性格和心理特征，对其展开心理战，这样才有脱离险境的机会。

公元前676年，楚文王因过度操劳，一病不起，不久便离开了人世。其后，楚成王即位，当时他还是个十多岁的孩子，他以叔父子元为令尹，主持政事。素以“桃花夫人”著称的妫夫人，虽然年龄已过三十，但姿色仍不减当年，子元对这位天下绝色的嫂嫂逐渐产生了非分的念头。为了排解妫夫人寡居孤独的苦闷，子元在她的宫室旁边盖了一座豪华的新殿，常命乐伎在这里奏乐，跳万舞，一时热闹非常。

一天，妫夫人问身边的侍女，宫外乐舞之声从何处而来？侍女回答说，是从令尹的新殿中传来的。妫夫人听了不禁叹息道：“先君以万舞演习备战，征服诸侯，来楚朝贡的人络绎不绝。今楚兵不至中原已十年了，令尹不以为耻，整日沉溺于乐舞之中。”

这些话不知怎么传到子元的耳朵里，子元感慨地说：“妇人尚不忘中原，我反而忘了；我不打郑国，非丈夫也！”从此便有了攻打中原的念头。其实，他是打算通过战争的胜利来博取妫夫人的欢心。不久，即公元前666年，子元亲自挂帅，发兵车600辆，浩浩荡荡杀奔郑国而来。

楚国大军一路连下数座城池，直逼郑国国都。郑文公听说楚兵杀来，急忙召集百官商议。大家都知道郑国国力较弱，都城内更是兵力空虚，无法抵挡楚军的进犯。

郑国危在旦夕，群臣顿时慌乱起来，有的主张拼一战死，有的则主张纳款请和，还有的主张固守待援。上卿大臣叔詹说：“依我之见，楚兵不久就会自行退兵了。”郑文公听了不解地说：“这次出兵令尹亲自挂帅，怎么肯轻易退兵。”叔詹说：“大臣们的这些主张一时都难解国之危。请和与决战都非上策。固守待援，倒是可取的方案。我听说郑国和齐国订有盟约。而今郑国有难，齐国会出兵相助。现在固守恐怕是难守住。以前楚国用兵，都没有用六百乘兵车，这次出动如此多的兵力，说明子元势在必得，他想打个胜仗。子元伐郑实际上是想邀功图名讨好文夫人，他一定急于求成，又特别害怕失败。若楚兵来了，我有一计，可退楚军。”

正在商议，忽有士兵来报告，说楚军已进桔秩关，不久就要到逵市了。叔詹让大家不要怕，他自有破敌之计。于是，叔詹安排甲士埋伏在城内，放下吊桥，大开城门，街市百姓来往如常，没有一丝慌乱之色，摆出完全不设防的样子。

街市百姓来往如常。

楚军先锋到达郑国都城城下，见此情景，不敢妄动，等待子元。子元赶到城下，也觉得好生奇怪，他心里起了怀疑：莫非城中有了埋伏，诱我中计？他率众将到高地眺望郑城，见城内旌旗整肃，甲士林立，看了一会儿，叹息说："郑国有三位贤臣，其谋不可测！万一失利，有何面目见妫夫人？待探听虚实，方可以攻城。"于是按兵不动。

第二天，有人来报告说，听说齐侯同宋、鲁诸侯，亲率大军，前来救郑。子元听了大惊，便对诸位将领说："齐、宋、鲁大军若截我去路，我腹背受敌，必定损兵折将。我们好在也打了几个胜仗，还是赶快撤退为妙。"他害怕撤退时郑国军队会出城追击，于是暗传号令，全军连夜撤走，人衔枚，马裹蹄，不出一点声响。所有营寨都不拆走，旌旗照旧飘扬。

到了清晨，叔詹登城瞭望片刻，说楚军已经撤走了。众人见敌营旌旗招展，不信叔詹的话。叔詹分析说："楚军确实撤军了。如果营中有人，怎会有那样多的飞鸟盘旋上下呢？他也用空城计欺骗了我，急忙撤兵了。"

死诸葛吓走司马懿

三国时，刘备三顾茅庐，请出了卧龙诸葛亮。此后，诸葛亮尽心竭力，辅佐刘备成就了王霸之业。刘备白帝城托孤之后，诸葛亮继续辅佐后主刘禅。

为了报答刘备的知遇之恩，诸葛亮希望能在有生之年收复中原，所以几次与曹魏开战，怎奈魏国国富民强，兵多将广，加上对手司马懿深通兵法，又谨慎小心，后来一直坚守不出，诸葛亮六出祁山均未能成功。

诸葛亮身为丞相，又受命托孤，平日事无巨细均要亲自过问，饭量越来越小，身体也每况愈下。司马懿正是料定了这一点，才有意拒不出战。

事情也真如司马懿所预料的那样，第六次北伐时，诸葛亮因为积劳成疾，在五丈原病倒了，他知道自己将不久于人世，于是将平生所学传给了晚年所收的弟子姜维。

这一天，诸葛亮强支病体，最后一次巡视各营，回到帐中，他召来众人安排后事，将军国大事托付于费祎、蒋琬等人，又交代了其他大小事务，最后吩咐杨仪负责撤退事宜，并对他言道："我死之后，不可发丧。你派人制作一个大龛，将我的尸体坐于龛中，在我口中放上七粒米，在脚下点燃明灯一盏。军中不可举哀发丧，一切安静如常。司马懿心中必然惊疑，不敢前来劫营。撤退时可令后军先退，然后一营一营缓缓而退。如果司马懿领兵来追，可布成阵势，回旗返鼓。等他来到阵前时，就将我先前所雕的木像安放在车上，推到两军阵前，令军中大小将士分列左右。司马懿见到后，必然大惊而走。"杨仪领命而去。

死诸葛吓走生仲达。

建兴十二年八月二十三日，诸葛亮病逝于军中。

因为诸葛亮事先做了安排，杨仪和姜维按照他的嘱咐，秘不发丧，对外则严密封锁这一消息，并传令各营缓缓而退，魏延断后。

司马懿仓皇逃走。

司马懿本来听说诸葛亮已死，亲自带着两个儿子司马师和司马昭一起领兵追击蜀军。蜀军撤退缓慢，眼见要追上了，正在这时，忽然传来一声炮响，从树影中竖起中军大旗，上书"汉丞相武乡侯诸葛亮"几个大字，姜维等数十员上将簇拥着一辆四轮车现身。

司马懿远远看去，却见车上端坐着面色与平时无异的孔明，顿时大惊失色，觉得自己又中了计，心中叫苦不迭。与此同时，杨仪等人率领部分人马大张旗鼓向魏军发起进攻。

魏军见蜀军军容严整，旗鼓大张，又见诸葛亮稳坐车中，面色如常，便不敢轻举妄动。司马懿素知诸葛亮“诡计多端”，一见蜀军这副架势，立刻如惊弓之鸟，怀疑他此次退兵也是早已设下的诱敌之计，不知蜀军还有什么花招，立刻拨转马头落荒而逃，一见主帅带头撤退，魏军也跟着一路狂奔。

姜维见司马懿退兵，知道机不可失，马上指挥蜀军主力火速撤离，安全转回汉中。

司马懿后来得到消息，才知道他刚一离开，蜀军军营中立刻哀声震天，全营将士尽皆戴孝，诸葛亮是真的已经死了。

不过，他此时再想派兵追击，为时已晚。最后，司马懿最后不得不叹服一声：“我能料其生，不能料其死。”

诸葛亮临死前还用“借尸还魂”之计吓退了司马懿及魏国大军，使蜀军得以全身而退。

【点评】

空城计，是一种被动作战的行为，要挽救危局，还是要凭真正实力。只有到了走投无路的时候才可能采用此招，目的就是企图蒙混过关或避免遭受更大的损失。由于此计具有很大的不确定性和风险性，主动权和机遇掌握在对方手里，因而，非在万不得已的情况下，不宜使用“空城计”。同时，“空城计”也不宜重复、多次使用。因此，“三十六计”把它列为“败战计”的一种。空城计的奇巧之处，在于要善于正确、及时地把握对方的战略背景、心理状态、性格特性等，因时、因地、因人地以奇异的谋略解除自己的危机。

在战争中，进攻与防守是经常的事，它是人力物力的较量，更是勇气与智慧的较量。在商业活动中，经营者一个大胆的计划，一种奇异的构思，配以虚张声势的行动，往往能收到意想不到的效果。

第三十三计　反间计

【原文】

疑中之疑[1]。比之自内，不自失也[2]。

【注释】

①疑：疑兵、怀疑。②比之自内，不自失也：见《易经·比》卦："比，辅也。"意思是有来自对方内部的援助，自己就不会受到损失。

【译文】

在疑局中再布设一层"迷雾"，顺势利用隐蔽在自己内部的敌人间谍去误传假情报，这样就不会因有内奸而遭受损失。

【计名讲解】

反间计是三十六计中著名的计策，它原指使敌人的间谍为我所用，或使敌人获取假情报而有利于我的计策。后来多泛指用计谋离间敌人引起内讧。语出元曲《英雄布》。

在战争中，敌我双方使用间谍是十分常见的事情。《孙子兵法》里就特别强调间谍的作用，认为将帅作战前必须事先了解敌情。要准确掌握敌情，不能依靠鬼神，也不能依靠经验，而是要"必取于人，知敌之情者也"。这里所说的"人"，指的就是间谍。《孙子兵法》里有一篇《用间篇》，专门讲了用间的种类和方法。间谍的种类有五种：利用敌方乡里的普通人作间谍，这是因间；收买敌方官吏作间谍，这是内间；收买或利用敌方派来的间谍为我所用，这叫作反间；故意制造和泄露假情况给敌方间谍，并使其将假情况回馈给敌人，这叫作死间；派人去敌方侦察，

反间计。

再回来报告情况，称为生间。唐代杜牧曾经说道："敌有间来窥我，我必先知之，或厚赂诱之，反为我用；或佯为不觉，示以伪情而纵之，则敌人之间，反为我用也。"这就很好地解释了用间的方法。

我可以对敌施反间计，敌也可以对我施反间计。为了谨防后面的情况的出现，我方可以采取以下几个对策：一、封锁信息。凡是重要情报，绝不可随便泄露出去，要对知道情报且有可能接触敌方的人员进行严格审查。二、要选择可靠的间谍。凡我方派出的间谍，不但要具备做间谍的基本素质，更要有坚定的立场。三、情报要仔细推敲。即便我方派出的间谍不被收买，他所获取的情报也未必就是真的。四、多方取证印证。比如，对于同一件事情，可以派出若干间谍，让他们从各个方面获取情报，这样我方便可以用得来的信息相互印证了。

古人按语说："间者，使敌人相疑也；反间者，因敌人之疑，而实其疑也。"意思是说：间谍的任务之一，就是设法挑唆敌营内部互不信任，使其内部产生矛盾；反间则是利用敌人离间我方的阴谋，再转而对敌使用。

反间计

在疑阵中再布疑阵，使敌内部自生矛盾，我方就可万无一失。说得更通俗一些，就是巧妙地利用敌人的间谍反过来为我所用，这样自己就不会有损失了。

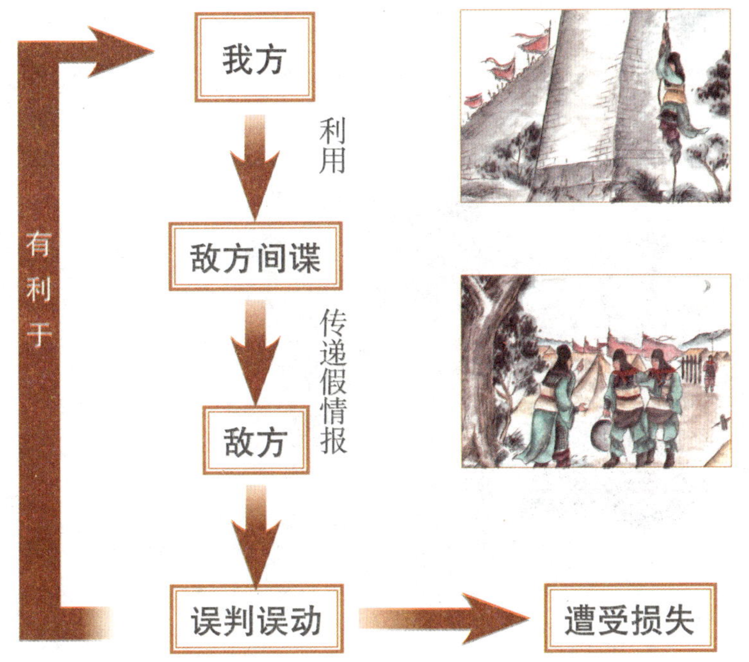

实用谋略

诸葛亮计黜司马懿

三国时期，曹丕之子曹睿即位。顾命大臣司马懿担任骠骑大将军，负责训练监督雍州、凉州等地的兵马。

消息传到蜀国，丞相诸葛亮忧心忡忡，他知道司马懿谋略过人，现在统领雍州、凉州等地兵马，等他训练好军队，必定成为蜀中的大患，所以他决定趁早发兵攻打司马懿。

参军马谡说："现在丞相刚刚平定南中，军马疲乏，只宜存恤，岂可再次远征？我倒有一计，能使司马懿死于曹睿之手。"诸葛亮问是何计，马谡说："司马懿虽是魏国大臣，但曹睿对他素怀疑忌之心，何不暗地派人前往洛阳、邺城等处散布流言，说司马懿想要谋反，使曹睿心疑，杀死此人呢？"

诸葛亮听后，觉得此计甚妙，于是派人前往中原密行反间计。

果然，司马懿准备谋反的消息传到曹魏朝廷，曹睿大惊失色。大臣华歆、王朗等人也都说："太祖皇帝（曹操）早就说过，司马懿有'鹰视狼顾'之相，又深明韬略，善晓兵机，且素有大志，不可付以兵权，久必为国家之祸。今日果然应验，可速诛之，以绝后患。"

曹睿听罢，立即下旨，要御驾亲征，讨伐司马懿。唯有中军大将军曹真认为司马懿没有造反之心，并说道："这一定是蜀、吴奸细所行的反间之计，目的是使我君臣失和，他们便可以乘虚而入。"

马谡向诸葛亮献计。

曹睿听了，犹豫不决。华歆等人奏道："即使如此，也不可以把兵权交给他，恳请皇上罢了他的官职。"曹睿依言，遂将司马懿削职，令其回乡，改命曹休总督雍、凉兵马。

消息传到蜀中，诸葛亮很高兴，说："我早

有伐魏之心，奈何有司马懿总督雍、凉兵马。今司马懿既遭贬黜，此乃天赐良机。”遂向后主奏上《出师表》，尽起蜀中之师，开始了北伐战争。

李世民智退突厥兵

故布疑阵，使敌内部自生矛盾，我方就可万无一失。李世民以“反间计”退突厥兵，就很好地体现了这点。

唐朝初年，突厥经常侵扰唐朝边境地区。公元624年，突厥倾全部兵力，大举入侵唐朝。突厥的两位首领颉利可汗、突利可汗率军深入到唐朝的豳州地区。豳州临近长安，如果豳州不保，唐朝将面临覆灭的危险。于是，唐高祖李渊急忙派秦王李世民和齐王李元吉带兵前往抵御。

面对来势汹汹的突厥大军，李世民认为，不能与之硬拼，而只能运用智谋使其退军。于是，李世民说服了李元吉，亲自率领一百多名骑兵来到突厥大军的阵前。颉利、突利两位可汗见唐兵只有一百多骑前来，感到非常奇怪，他们担心唐军暗设埋伏，因此不敢轻举妄动。

李世民来到突厥阵前，见到颉利可汗，大声说道：“我是大唐的秦王，你若有胆量，就与我单独较量！”

然后，李世民又走到突利可汗的身边，对他和善地说道：“你我曾订立盟约，说有急事互相救助。现在你不但不救助，反而引兵来攻，哪里还有香火之情、兄弟之谊？”颉利隐约地听李世民说“订立盟约”、“兄弟之谊”之类的话，疑心突利与李世民之间有密谋，遂引兵后退。突利见状也领兵退去。

此后，接连下了十几天雨。李世民在一天夜里率军偷袭敌人。突厥军队遭到重创，被迫向后撤退。李世民又派人以重金贿赂突利，说明利害，突利有些动摇。颉利主张再战，突利表示不同意。颉利怕突利与李世民之间有什么阴谋，为避免自身遭

李世民智退突厥兵。

受祸患，便同意与唐朝订立盟约。突厥旋即退兵。

在此，李世民运用了反间计。他知道颉利、突利二人虽同是突厥的可汗，但分属于不同的部落，相互之间也有猜忌。李世民正是利用这一点，假装与突利有过秘密交往，使颉利起了疑心。主帅之间不和，这就导致军队没有战斗力了。颉利怕中了李世民和突利之间的圈套，所以才最终退兵。

【点评】

清代朱逢甲先生在《间书》中提出著名观点："古名将之遇名将，用间者胜。"用间之要在于用心，以假骗敌，诱敌上当，才是本计的真谛。

这里还要注意区别离间与反间。离间与反间是不同的计策，"三十六计"的解释是：离间是使敌人自相怀疑和猜忌；反间是使敌人的间谍反过来为我所用。所以，周瑜用蒋干是反间，田单害乐毅则是离间，陈平除范增是反间和离间并用的。二者相比之下，反间更为巧妙，更让人拍案叫绝。

不过，作为计谋的离间不属于道德的范畴。如果要作出区别的话，或许可以这样说：作为计谋的离间主要用于对敌斗争；如果把它用在朋友身上，就属于不道德的行为了。所以，要用离间计得看对象，千万不要随便施用，避免人与人之间的相互怀疑和猜忌。

第三十四计　苦肉计

【原文】

人不自害，受害必真；假真真假，间以得行[①]。童蒙之吉，顺以巽也[②]。

【注释】

①间：计谋。②　童蒙之吉，顺以巽也：出自《周易·蒙》卦。童蒙，幼稚的孩子。顺，恭敬顺从。巽，通“逊”，谦逊。本义是正受启蒙教育的孩子对老师是很顺从谦逊的，可引申为只要顺着性情哄玩幼稚孩童，他就会相信你。

【译文】

人们通常不会自我伤害；如果受了伤害，大家就会认为是他人所为。因此，假若我方以假为真，以真为假，就会使敌人信而不疑，这样，我方的计谋就得以实施了。这就像对待天真的孩子，只要顺着其性情逗玩，他就会相信你一样。

【计名讲解】

苦肉计是三十六计中“败战计”里的一计，它指的是故意毁伤身体以骗取敌人的信任，从而施展反间的计谋。

此计出自《三国演义》。说到苦肉计，人们总会想到“周瑜打黄盖，一个愿打，一个愿挨”，这可以算是中国最有名的苦肉计了。但是，在施用苦肉计的时候，往往也要付出很大的代价。要离想刺杀庆忌，为了赢得庆忌的信任，不但让阖闾砍去他的一只胳膊，而且还把自己的老婆也叫来，让阖闾当众把她杀了。这个苦肉计付出的代价不可谓不大。至此，要离得到庆忌的信任。最后，当要离刺中庆忌时，庆忌还没有断气，说要离是个勇士，可见这个苦肉计是相当成功的。“王佐断臂说文龙”的事迹，也是受了“要离断臂刺庆忌”

苦肉计。

的启示，王佐拿刀砍下自己的一条胳膊，这样才得到金兀术的信任，才可能靠近陆文龙，然后把实情告知文龙，使文龙最后投奔到宋军大营中来。

古人的按语说："苦肉计者，盖假作自间以间人也。凡遣与己有隙者以诱敌人，约为响应，或约为共力者，皆苦肉计之类也。"意思是说：运用苦肉计，就是要假装受到迫害以打入敌人内部，再乘机进行间谍活动。凡是派遣与己有矛盾的人去诱骗敌人，不论作为内应，或协同作战，都是属于苦肉计一类的计谋。

苦肉计

在敌人气势正盛之际，采取不直接进攻的战略，而是坚守住自己的阵地，消磨敌人士气，使敌人疲于奔命。同时审时度势，寻找最有利的战机，从而后发制人、一举破敌。

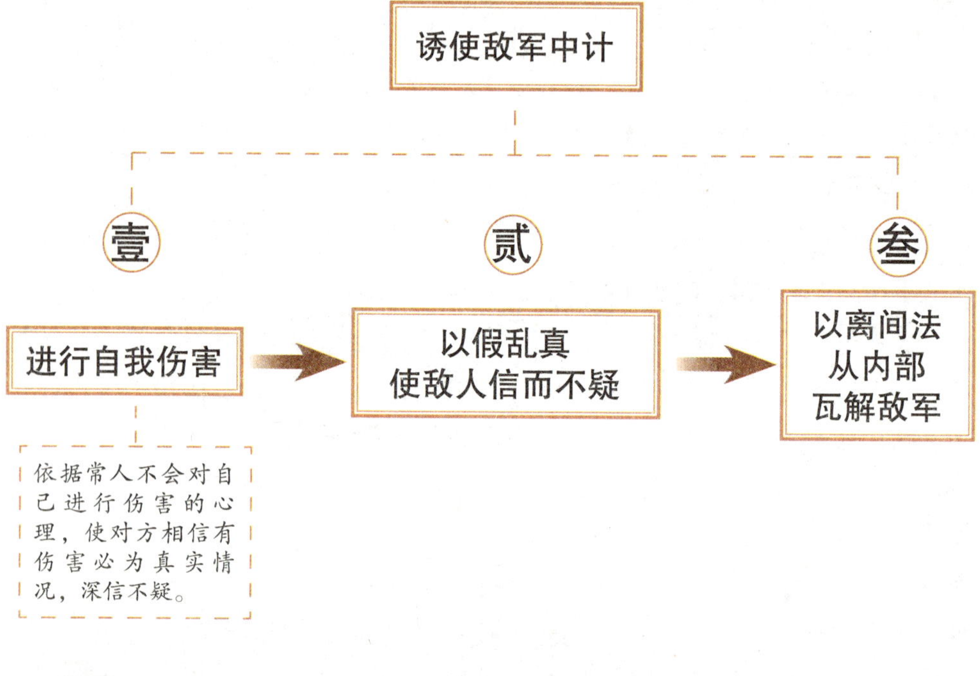

实用谋略

周瑜打黄盖

要想让敌人放下对自己的戒心，把自己当成朋友那样信赖，不付出点代价是不行的。三国时期，周瑜和黄盖之所以要上演"苦肉计"，就是为了要博取曹操的信任。

赤壁大战前，周瑜与诸葛亮商定了火烧曹军的作战计划。而这个计划要想顺利实施，就需要一个在东吴有一定军事影响力的人以投降为名，引着装满草垛的船队接近曹营。

周瑜想到了老将黄盖。这天，周瑜故意对黄盖说：“现在尚无人自愿去曹营诈降，我该怎么办呢？”黄盖一听，马上毛遂自荐：“我愿前往。”周瑜说：“如果这样的话，只得让老将军受些苦，否则曹操怎能相信你？”黄盖说：“我受东吴大恩，无以为报，即使肝脑涂地，亦无怨言。”于是，周瑜与黄盖商定了“苦肉计”。

第二天，周瑜对众将说：“曹操有百万大军，看来破曹非一日之功。你们每人先领三个月的粮草，准备长期御敌。”话音刚落，黄盖大声嚷道：“不要说三个月，就是三十个月也破不了曹操，依我看，还是依张昭所言，向曹操投降罢了！”周瑜大怒：“吴侯有令，再敢说降曹者必斩。今日你说出此话，扰乱军心，定斩不饶。”众将见状不妙，忙跪下苦苦求情。周瑜免了黄盖的死罪，打了黄盖五十军棍。黄盖被打得皮开肉绽，鲜血直流，几次昏死过去。

黄盖回到营帐，一连数日卧床不起。好友阚泽看出了其中的奥秘，愿替黄盖去送降书。曹操看了阚泽送来的降书也有些怀疑，由于阚泽机智应付，没有露丝毫马脚，加上刚得到探子送来的黄盖被打的情报，曹操才信以为真。

到了约定的日子，黄盖率几十艘大船，张满风帆，直驶北岸。接近曹军兵船

周瑜打黄盖。

时，黄盖令士兵们放火。曹军兵船因被铁链锁在一起，无法分散，顷刻间被大火烧成灰烬。

要离刺杀庆忌

春秋末年，吴国发生了一场动乱，在这场动乱中，吴王僚被刺身亡，幕后主使者是吴王僚的堂兄公子光。公子光登上王位后自称阖闾。

吴王僚有个儿子叫庆忌，力大无比，武艺超群，能走追奔兽，手接飞鸟，有万夫不当之勇，曾独自一人斩杀水中蛟龙，在吴国号称“第一勇士”。庆忌还是一个智勇双全的将领，善于带兵打仗。

阖闾很担心庆忌为父报仇。当时，庆忌正在卫国扩大势力，暗中招兵买马，妄图为其父报仇。如何才能除去这个心腹大患，成了阖闾的一块心病。阖闾整日提心吊胆，要大臣伍子胥替他设法除掉庆忌。

伍子胥向阖闾推荐了一个人，名叫要离。阖闾见要离矮小瘦弱，说道：“庆忌人高马大，勇力过人，你如何杀得了他呢？”要离说：“刺杀庆忌，不能靠气力而要靠智慧。只要我能接近他，事情就好办了。”阖闾说庆忌为人猜疑，一向防范很严，常人难以接近。”要离听了阖闾的话，说道：“只要大王砍断我的右臂，杀掉我的妻子，这样我就能取信于庆忌。”阖闾不肯答应。

要离对阖闾说：“为国亡家，为主残身，是我心甘情愿的。”阖闾还是不忍心，但是后来一想，只要庆忌一日不死，自己就会寝食难安，于是答应了。

伍子胥向阖闾举荐要离。

不久，吴都忽然流言四起：阖闾弑君篡位，是个无道的昏君。吴王下令追查散布流言的人，知道是要离干的。于是，阖闾下令捉了要离和他的妻子，要离当面大骂昏王，阖闾大怒，挥剑斩断了要离的右臂，逮捕并杀死了他的妻子，当众焚尸扬灰。

这件事很快就在吴国传开了，邻近的国家也都知道了。要离逃到卫国，来到庆忌的军营。为了接近庆忌，要离在军营找了份养马的差事，等待机会。

要离很善于养马，不久就引起了庆忌的注意。庆忌见要离虽然形容瘦小，然而谈吐不凡，觉得他不是个普通人，就问要离说："我看你也算是有抱负的有识之士，怎么会愿意屈居此处养马呢？"

要离望了一眼庆忌，恨恨地说："我本是吴国人，因与当今吴王有仇，才逃到这里。我的右臂就是吴王砍断的，我发誓，一定要报此仇。我听说大王在此招兵买马准备攻打吴王，所以特来投奔，可惜大王的将军都嫌我瘦小，不愿收我，我只好去养马了。"庆忌听了后，没说什么便离开了。

几天后，庆忌身边的一个人从外面回来，禀报说果然有这回事，要离曾因在吴王宴会上大骂吴王而被砍了右臂，他的妻儿也都被阖闾杀死了。

要离求见庆忌，要庆忌为他报断臂杀妻之仇，庆忌于是将要离调到身边做近侍，常与他谈论如何治军。渐渐地，两人竟越来越投机，庆忌对要离越来越信任重用，视要离为心腹，委任他训练士兵。

吴王听说了这些，又见要离迟迟不行动，怕要离反悔，于是派人送信给要离。要离叫来人带话给吴王，说他要离是重守承诺的人，从没忘记此行的目的，叫吴王放心，之所以至今没动手，是因为时机未到。

眼见庆忌的军队一天天强大，吴王害怕，不断派人催促要离动手，要离都说时机未到。

这一天，庆忌对要离说："我就要攻打吴国了，你我的仇终于要报了。"要离先是惊愕，随即大喜。

大军驶向吴国，庆忌走水路进军，要离手提短刀站在庆忌的身边。船行驶到江心，忽然刮来一阵强风，战船被风刮得摇晃不定，庆忌随着船体的摇晃也有些坐立不稳，他用宽阔的袖子掩住眼睛。要离一看时机来了，猛地掏出短刀向庆忌的腹部刺去，动作之猛用力之大以致连刀柄都陷入腹中，刀尖穿出后背。庆忌转过身，一把抓住要离，大声说："我以诚待你，视你为知己，你怎么还要杀我？"

要离回答说："之前有几次机会我都可杀你，却一直不忍下手，因为我也把你当朋友。然而我毕竟与吴王有约在先，大丈夫不能言而无信，事到如今我也没有办法，我只能遵守承诺。"

庆忌的属下想把要离碎尸万段，庆忌摇着手说："天下竟有如此勇士敢行刺我！能杀我庆忌的，也是天下英雄。你我总算是有交情的，我就成全你，你既已完成任务就回去吧。"

庆忌知道自己必死无疑了，于是命众人放了要离，出手抽出刺穿身体的短刀，之后便倒地而亡。

吴王听说庆忌死了，十分高兴，立即派人去接要离，要给他封赏。要离和几个随从返回吴国，途中他突然停了下来，不愿往前走了，随从们问他为什么不往前走。他说："我为了杀庆忌而搭上我的妻子和孩子们的性命，是不仁义的；庆忌对我不薄，可我为了给新君主效命而杀死了他，是不讲义气的；庆忌死了，我即便得到高官厚禄，还有什么脸面活在这个世上呢？我是个不仁不义的人啊！"说完，一剑砍断了自己的双脚，接着就自刎了。

【点评】

"周瑜打黄盖——一个愿打，一个愿挨"，这已是尽人皆知的故事了。两人事先商量好了，假戏真做，自家人打自家人，骗过曹操，诈降成功，火烧了曹操八十三万兵马。

苦肉计，不仅用于战争之中，还广泛地见于社会生活的各个领域。在现代经商活动中，经营者利用"苦肉计"，对自己不合格产品集中进行销毁，用以引起广大群众的注意，树立自己企业的良好形象，为下一步赚回更多的钱而埋下伏笔，是非常可取的计策。

就苦肉计的用法而言，使自己遭受皮肉之苦只是最简单的方法，更多的时候，需付出更大的牺牲，甚至性命，才能诱敌中计，其关键在于必须假戏真演，更要演得真切，既要障敌眼目，又要不为己方不知内情的人所识破。反之，倘若不能瞒过众人，很容易被识破，也就只能落得个"赔了夫人又折兵"的结果，连"老本"也要丢了。

第三十五计　连环计

【原文】

将多兵众，不可以敌①，使其自累，以杀其势②。在师中吉，承天宠也③。

【注释】

①敌：抵挡。②杀：削弱，减杀。③在师中吉，承天宠也：其含义是带军的将帅指挥正确的话，就是大幸大吉，就像得到了神明帮助一样。出自《周易·师》卦。在师，带领军队。中，不偏不倚。天，天子，有人说应指“神明”。宠，恩宠、支持、帮助。

【译文】

当敌方兵多将广时，不能够硬拼，要想方设法使其互相制约，以减弱其势力。因此，只要将帅指挥恰当，就会像得到神明的相助一样。

【计名讲解】

“连环计”的本意为环环相扣、互相呼应的一组计策。它本是元杂剧中的一个剧本的名称，剧本写汉末董卓专权，王允设计，先许嫁美女貂蝉与吕布，后又献给董卓，以离间董、吕二人的关系，致使吕布杀死董卓。后来，连环计用以指一个接一个相互关联的计策，语出《儿女英雄传》：“莽撞人低首求筹画，连环计深心作笔谈。”

一般来说，连环计就是叫敌人行动不灵并自相牵制，然后我方再谋攻围歼敌人的策略。前计累敌，后计攻敌，两计结合运用，任何强敌都能被摧毁。

连环计。

古人按语说：“庞统使曹操战舰勾连，而后纵火焚之，使不得脱。则连环计者，其结在使敌自累，而后图之。盖一计累敌，一计攻敌，两计扣用，以摧强势也。如宋毕再遇赏引敌与战，且前且却，至于数四。视日已晚，乃以香料煮黑，布地上。复前博战，佯败走。敌乘胜追逐。其马已饥，闻豆香，乃就食，鞭之不前。遇率师反攻，遂大胜。皆连环之计也。”

在上面这段按语中，古人举了庞统和毕再遇的战例，形象说明连环计是一计累敌，一计攻敌，两计扣用的计策。而此计的关键正在于使敌“自累”，因此，我们要从更高层次上去体会这“使其自累”四个字。

由上可知，连环计有时并不见得要看用计的数量，而要重视用计的效果，“使敌自累”的办法，可以当成是战略上使敌人自己牵制自己，让敌人兵力分散、战线拉长，为我军集中优势兵力，实施各个击破的策略创造有利的条件。这也正是连环计在谋略思想上的集中反映。古人说：“大凡用计者，非一计之可孤行，必有数计以襄（辅助）之也。……故善用兵者，行计务实施。运巧必防损，立谋虑中变。”这句话表明，用计重在是否奏效，一计不成，又出多计，在形势变化的时候，要相应再出计策，这样才可以使敌人防不胜防。

连环计

敌人兵力强大的时候，不能与之硬拼，应当想方设法分散他们的力量，不能使之形成一股合力。将帅如果能够正确地运用计谋，就能战胜敌人。

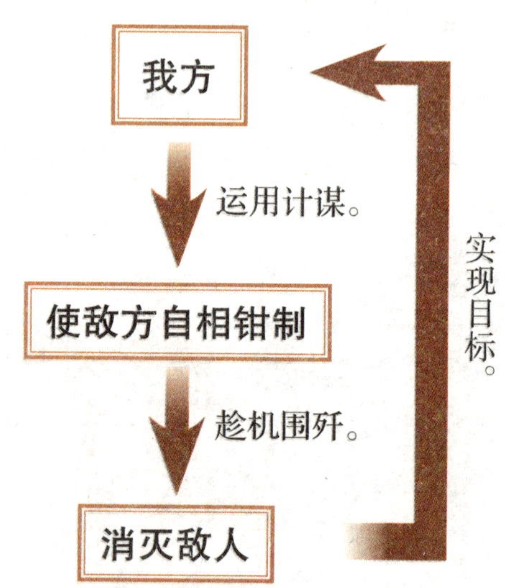

实用谋略

开连环计先河的子贡

外交活动中，一个连环计便有可能改变很多国家的命运。子贡游说诸侯的故事就充分证明了这一点。

春秋末期，齐国大夫田常想在齐国作乱，但是他忌惮高、国、鲍、晏四个家族的势力，所以想调动他们的军队攻打鲁国。此时，正周游列国的孔子听到这一消息，心里很忧虑，因为鲁国是自己的祖国，他不想看到祖国灭亡。孔子的弟子子贡看出老师的心意，因此主动请缨，说他有办法解救鲁国的危机。孔子思量再三，终于答应让子贡去试一试。

子贡到了齐国，他见到田常，先向田常表示“伐鲁”不是明智之举。田常听后，自然觉得疑惑，便向子贡询问理由。子贡向他解释说：“忧患来自国内，那就攻打强大的国家；忧患来自外部，那就攻打弱小的国家。现在您的忧患来自国内，即使攻打弱小的鲁国而取胜，也是理所应当，没有什么特殊功劳，对您不但没有利处，反而会令国君疏远您。这样一来，您在齐国就很危险了。所以说不如讨伐吴国，讨伐吴国不能取胜，百姓死在外面，大臣势力空虚，这样齐国就很容易掌握在您的手中了。”

子贡游说吴王夫差。

田常听罢，非常高兴，便让子贡出使吴国，让他说服吴王夫差救助鲁国而讨伐齐国。

子贡来到吴国，见到夫差，说齐国将要讨伐鲁国，这对吴国建立霸业很不利，因此建议夫差率兵援救鲁国。夫差对子贡的建议很感兴趣，但是他也有自己的难处，那就是与吴国临近的越国一直是自己的心头大患，他担心越国会趁机攻打吴国。子贡了解到他的忧虑，便对他说道："越国的国力超不过鲁国，吴国的强大超不过齐国，大王舍弃齐国而攻打越国，到时齐国就已经平定鲁国了。况且仁义的人不使别人处于困境，现在大王保全越国向诸侯展示吴国的仁德，救助鲁国讨伐齐国，向晋国施压，诸侯一定争相来到吴国朝见您，这样霸业就会成功。"为了彻底打消夫差的顾虑，子贡表示愿意去越国说服越王勾践率军追随夫差北伐，到时就不必担心越国趁吴国内部空虚而进行偷袭了。吴王听了很高兴，就派子贡到越国去。

来到越国后，越王亲自打扫道路，到郊外迎接子贡，然后又驾着马车载子贡到达接待外宾的馆舍。子贡见勾践态度恭敬，便向他说明来意，建议勾践派出一支军队随吴国北伐，并说："倘若大王派兵辅佐吴王以迎合他的志向，拿贵重的宝物以讨他的欢心，他一定会去讨伐齐国的。倘若他不能取胜，这正是您的福祉啊。倘若能够取胜，一定会出兵到达晋国，到时我请求向北拜见晋君，让他联合您一起攻打吴国，削弱吴国一定会成功的。"勾践对子贡的建议很赞赏，同意了子贡的请求。

子贡出使吴国。

说服越王勾践成功后，子贡返回吴国，见到吴王夫差，说越王已经答应追随吴国出兵伐齐。夫差心里很得意，便决定出师伐齐。

子贡离开了吴国，抄近路来到晋国，对晋君说："我听说，计谋不率先制定好就不能应付突然发生的事情，兵士不率先准备好就不能战胜敌人。现在齐国将要和吴国交战，倘若它不能取胜，越国叛乱是一定的；倘若与齐国交战能取胜，必定会发兵到晋国。”晋君很害怕，说：“这该怎么办？”子贡说：“铸造兵器，休养军队，伺机消灭吴军。”晋君答应了。

不久，吴国的军队与齐国军队在艾陵展开一场大战，齐军大败，吴军活捉了齐军的七员大将，并一鼓作气攻到了晋国。

吴、晋两国军队在黄池相遇了，吴王因打了胜仗并不把晋军放在眼里，而晋君听从了子贡的劝告，早已作好了战斗的准备，两军一阵厮杀，晋军越战越勇，吴军吃了败仗。

越王听到吴军被打败的消息，马上带领部队渡江进攻吴国。

夫差听到勾践偷袭吴国的消息，急忙率领残部返回吴国。在五湖正遇上进犯的越军，接连交战三次，吴军都失败了。几年后，吴国为越国所灭。越国也因此成为春秋末期的霸主。

子贡一次出使，本意在保全鲁国，却由此引起一串连锁反应：鲁国平安无事，齐国却遭战乱之苦，吴国灭亡，晋国日益强大，越国成为霸主。子贡所施的连环计，在十年之内使五个国家的命运发生了大的转变。

【点评】

连环计，顾名思义，是一种多步骤、多环节的计谋。少则两步骤（两环节），多则无定数，步步相接，环环相扣，如同长链环环相连。简单说，连环计就是两个以上的计策连用。赤壁大战时，周瑜巧用反间，让曹操误杀了熟悉水战的蔡瑁、张允，又让庞统向曹操献上锁船之计，再用苦肉计让黄盖诈降。三计连环，打得曹操大败而逃。

在现代商业活动中，经营者采用一环扣一环的公关营销活动，确能显示出该计的妙处。

第三十六计　走为上

【原文】

全师避敌[①]。左次无咎，未失常也[②]。

【注释】

①避：回避，退却。②左次无咎，未失常也：出自《周易·师》卦。左次，古人都崇尚右，表示升职、向前，所以左次就是降职、退却之意。咎，灾难、罪责。失，违背、违反。

【译文】

在面临强大的对手时，要进行有计划、有目的的退却。退却待机就不会遭受祸患，也没有违反正常的用兵法则。

【计名讲解】

此计名出自《南齐书·王敬则传》："檀公三十六计，走为上计。"檀公指南朝名将檀道济，相传有《檀公三十六计》。这句话意为败局已定，无法挽回，唯有退却，才是上上之策。此语后人经常拿来引用，宋代惠洪著《冷斋夜话》："三十六计，走为上计。"到明末清初的时候，引用此语的人就更多了，于是有心人采集群书，编撰成《三十六计》。

"走为上"计，用在军事上，指的是战争中看到形势对自己极为不利时就逃走。前人曾经提出过相类似的谋略，《孙子·虚实篇》中这样说："退而不可追者，速而不可及也。"意思是说主动撤退而无法追击的敌人，即使快速地追赶它也不能赶上。

走为上计。

此外，我国古代其他兵法对于此计也多有论述。《淮南子·兵略训》上说："实（力量强大）则斗，虚（寡不敌众）则走。"在我国的另一部兵书《兵法圆机》中也提到“避而有所全，则避也”；《吴子·料敌》也说“凡此不如敌人，避之勿疑；所谓见可而进，知难而退也”，这些都与“走为上”意义相近。

古人按语说：“敌势全胜，我不能战，则必降、必和、必走。降则全败，和则半败，走则未败；未败者，胜之转机也。”意思是说：当敌军占绝对优势，而我方没有丝毫战胜可能时，出路只有投降、媾和或退却。前两者都含被动的意味，而退却则是主动的，它也是转败为胜的关键。按语的最后，举了“悬羊击鼓”的故事，就很好地体现了“走为上”的合理性：

南宋时毕再遇与金兵对垒，为了保存实力，他于一天晚上把一些活羊吊起来，

走为上

在敌人气势正盛之际，采取不直接进攻的战略，而是坚守住自己的阵地，消磨敌人士气，使敌人疲于奔命。同时审时度势，寻找最有利的战机，从而后发制人、一举破敌。

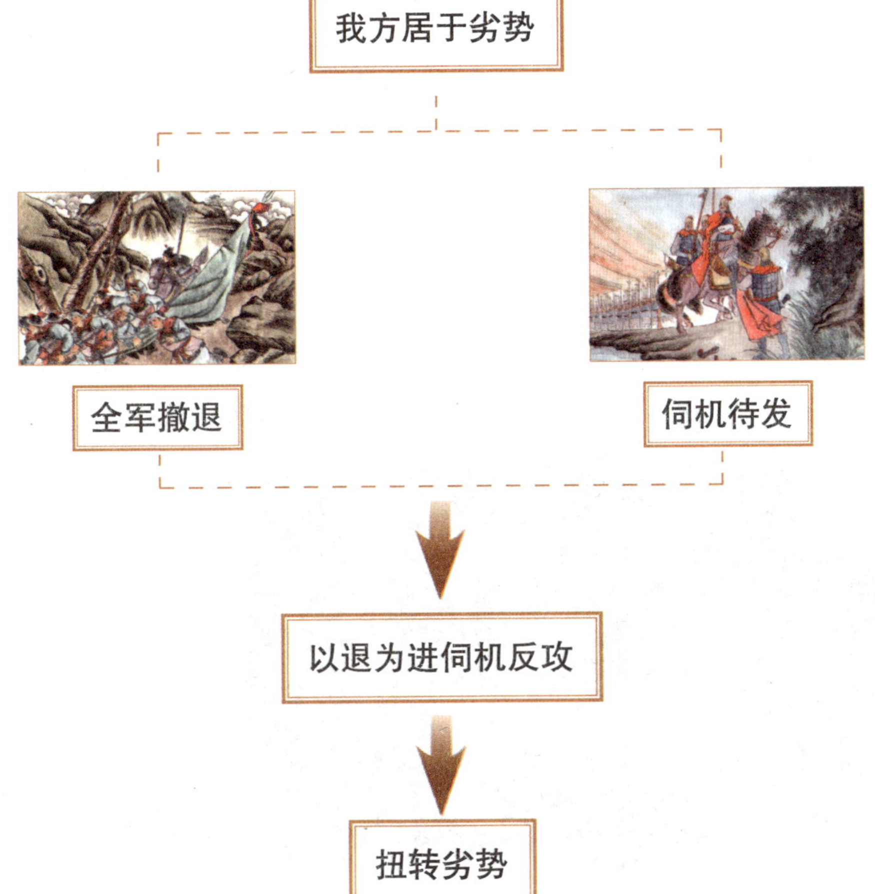

使它们的两只蹄子放在鼓面上。羊受不了倒悬的痛苦，挣扎中两只前蹄便频频击打在鼓面上发出响声，而宋军则趁乱转移主力。金兵没有察觉宋军撤走了，几天后才发现宋军的营地空了，这时宋军早已远去了。这可以称得上是善于退却的了。

实用谋略

范蠡功成身退累万金家产

“走为上”用在军事上，是看到形势对自己极为不利时就逃走。同时，这一计策也可以作为一种为人处世的谋略。如果自己身处的形势不利，就选择退却、逃避，这样不但可以保全自己，有时还会使自己获得更多的好处。

范蠡，字少伯，楚国宛人。他出身贫寒，但是勤奋好学，又富有文韬武略，是个很有抱负的人。由于他在楚国不得志，所以转而投奔了越国。范蠡在辅佐越王勾践期间，身经劳苦，勤奋努力，帮助勾践治理越国二十二年，终于灭掉了吴国，雪洗了勾践当年在会稽所受的耻辱。

以后，他又向北进兵，渡过淮河，紧逼齐国和晋国，进而向中原各国发号施令，尊奉周王室。勾践实现霸业以后，范蠡号称上将军。

范蠡功勋卓著，不过，正是由于他与勾践相处的时间很长，所以才十分了解勾践的为人，知道其可以共患难，但难以共处安乐。而范蠡知道自己名气大了，难以久留，如果不急流勇退，后果不堪设想。所以，在越国处于最强盛的时候，范蠡向勾践递交了一份辞职信，信上说：“我听说主上心忧，臣子就该劳累分忧；主上受侮辱，臣子就该赴死难。从前君王在会稽受侮辱，我所以没有死，是为了报仇雪耻。现在已经报仇雪耻，我请求追究使君王受会稽之辱的罪过。”

范蠡、文种事越王。

勾践看到范蠡的信，非常生气，立即把他找来，沉着脸说道：“我要把越国的江山分给你一半，让我们共同享有。不然的话，就要惩罚你。”范蠡知道，勾践所说的话前一句并非真心，但后一句倒是实意，对此他早有准备，便从容地向勾践说道：“君主执行自己的命令，臣子实践自己的意愿。”

回到家后，范蠡就打点包装了细软珍贵珠玉，与私属随从乘船从海道走了，以后再也没有回到越国。范蠡走后，勾践曾让工匠铸了一尊铜像，放在自己的座位旁边；另外，他还把会稽山作为范蠡的奉邑，以表示对他的怀念之情。两百多年后，司马迁在谈到有些人“知进而不知退，久乘富贵，祸积为祟”时，还以范蠡的事迹与这些人做比较，认为范蠡功成身退，名传后世，这是很难达到的境界。

离开越国之后，范蠡经由海路来到齐国，改名换姓，自称“鸱夷子皮”。

后来，范蠡一家在齐国的海滨定居下来，他们吃苦耐劳，勤奋努力，治理的产业颇为丰厚。住了没多久，范蠡就累计了数十万的财产。齐国人听说他有才能，就让他做了相国。范蠡叹息说：“住在家里能弄到千金财产，做官做到卿相，一个普通人能这样，也就达到顶点了。长期享受尊贵的名号，是不吉利的。”于是归还了相国的印信，全部发散他的家财，分给相知的好友和乡亲们，带着贵重的财宝，悄悄地离开，到陶地住了下来。他认为这里是天下的中心，交易买卖，和各地相通，做生意可以致富。于是他自称为“陶朱公”。又规定父子耕田畜牧，囤积储存，等候时机，转卖货物，追求十分之一的利润。待了不久，范蠡就积累了万万的家产。

【点评】

俗话说：三十六计，走为上计。凡图谋事情的时候，都必须事先分析成功的概率。在与敌人或对手较量时，如果我方明显处于劣势，一旦面对的是一个死局，就不要硬走下去，凡事不要好胜逞强，硬拼是以鸡蛋碰石头。

智者应知进知退，以保存自己实力为根本。“走”并不是一味逃跑，是在认清自身劣势下进行的战略调整，保存、积蓄实力，以图东山再起，争取更大、更全面的胜利。如果遇事只是一味硬拼，到头来会令自己一蹶不振。忍一时风平浪静，退一步海阔天空。

走看起来容易，但是真要实践起来，也并非易事。因为我们总想着争利，而忘记了放手。要知道，退一步你会有更多的选择。很多时候，摆脱痛苦和困境的最好办法就是离开。